根植鄉土，心懷台灣。

許錦文——著

Part1 （2007-2010）環境保護與農業政策的關懷

Part 2 （2011）民俗文化與教育本土化的省思

Part 3 （2012）財經與交通政策的省思

Part 4 （2013-2017）台灣主權地位及認同的省思

Part 5 （2014-2017）其他層面

Part 6 散文與新詩

1. 散文

2. 新詩

推薦序
永懷關懷鄉土之心

陳亮宏（台北醫學大學臨床教授。京都大學醫學博士）

　　許兄是五十二年前，筆者在台北成功高中就讀時的室友。當年我們都是畢業於虎尾中學初中部後，遠從雲林鄉下遠赴台北市讀書，有緣租屋同居三年。許兄高中就迷上文學及哲學，書架上擺放諸多中外文哲書籍，滿腦子充斥理想主義。因此，聯考時許兄並未填選熱門的醫學院醫科或牙醫系，反而選擇農學院。這在當年填選丙組高中生崇尚就讀醫學院氛圍裡，算是少數。

　　台北醫學院畢，服完兵役後，1979年教師節，筆者遠赴日本京都大學繼續修習牙醫科學，後取得醫學博士學位，續在京都大學附屬醫院工作，及至前年退休。在受聘北醫臨床教授之際，每年暑假返鄉時，跟許兄回當年虎尾中學校址（現為虎尾科技大學）及整修後的糖廠舊鐵橋，撫慰思鄉情懷。也由於關懷沿海鄉鎮地層下陷問題與實際，偕許兄造訪口湖成龍濕地，至台西濁水溪出海口考察，也造訪故宮南院及至蒜頭糖廠坐小火車，或嘉義東石漁人碼頭，品嘗海鮮，欣賞落日餘暉景緻。由於早期黨國教科書的荼毒，台灣人往往只知遠在天邊的中國長江與黃河，卻不知自己家鄉濁水溪的入出海口在那裡？這是很悲哀之憾事。

　　許兄在學校退休後仍不改赤子心，經常在報章雜誌撰文，關懷雲林家鄉及台灣社會所發生的大小事，這是筆者所感佩者。筆者雖跟許兄在不同領域發展，然關懷台灣之心是相同的。今許兄將2007─2017所發表的文章集結成書出版，囑咐筆者為文推薦，筆者頗感光榮並樂意為之。

推薦序
台灣心、土地情、鄉愁味

蔡玉真（台灣資深媒體人）

　　一種鄉愁，因為渴望親吻家鄉泥土的味道，讓我每一次看了許老師的文章都產生了共鳴，從關心本土文化的發展，對教育、對土地的熱愛，對環境的細心保護，對不公不義之事發出的怒吼，我們都有著同樣的心情！

　　台灣心、土地情，正義的呼喚，許老師寫這本書的時候，還來不及認識他。到最近他對著被誤認代表「雲林女婿」的韓國瑜發出怒吼與抗議，我們找到更多的交集。真正的台灣心、土地情，對我這樣一個雲林鄉下長大的孩子，那是早已潛移默化根深蒂固的熱血，後來我才明白，那叫DNA，和當年跟隨蔣介石來台的一群人，有著不一樣的DNA。

　　正義的呼喚，始終是我踏出社會工作近三十年的堅持。為了追蹤台灣科技業的有害廢棄物回收，我曾經暗訪新竹科學園區，突擊業者，了解他們如何處理高科技產業的廢棄物，雨天偷排的情況到底多嚴重？「竹科對不起台灣」是我在財訊做過的環保專題。而許老師關心雲林的地層下陷，他所付出的努力，超越我千百倍。

　　小時候在雲林東勢鄉的月眉村長大，當時在教室抽屜裡養蠶寶寶，那不稀奇。但是，只有鄉下的孩子才懂，太陽出來後脫了殼的蟬已經飛到樹上吱吱叫，但是，可以作為名貴藥材的蟬衣，要一大清早穿梭在蘆筍田間尋找，柔細的蘆筍葉上比泉水還乾淨的露水，可以清楚找到掛在上面褐色的蟬衣。還有，穿梭在田埂間抓青蛙，腳踩泥巴，像穿了灰色的襪子，再跑進乾渴的嘉南大圳溪裡玩「抓水鬼」，那是此生忘不了的快樂童年。

台大畢業後，在沒有背景之下去考了中山獎學金，其實是根本拿不到的，經濟環境不許可「來來來來台大，去去去去美國」，於是選擇了開始拼命工作。我的職場生涯，手上很少低於三份工作，後來，持續最久的是生活永遠不會一成不變的記者生涯。

　　揭發不合理的制度，清除政府早期圖利特定人的錯誤政策，一直是我從事媒體工作最大的堅持。我的父親是老師，生活當中最常消費的地方是「軍公教福利中心」，我始終的懷疑軍公教福利品比外面通路品質差。原來，這樣的特權事業不但每年獲得內政部高額的補助，營運全聯社的台中七信張啟仲家族還向業者收取高額的上架費。後來，揭發全聯羅姓總經理與內政部科長勾結曖昧，兩人相約泡溫泉、合買豪宅。1998年6月我揭發了「全聯社弊案」，全台各地兩百多個原本免稅的全聯社一夕變色，改為必須開發票的全聯福利中心，後來張家再賣給元利建設林敏雄。

　　當時的全聯弊案，改變了原來政府的補助政策，政府每年省下數千萬元的補助款，年營業額超過350億的全台據點，光營業稅每年就替國庫增加20億的進帳。有一天我去全聯福利中心拿到發票，我很開心的告訴媽媽，這是我對台灣微薄的貢獻。

　　對於許老師的作品，細細品味中無形的同頻共振，出於自然。因為，我們都熱愛這塊從小生長的土地，熱愛雲林，更有著相同的熱血，用文字發聲，尋求這個社會的公平正義。希望更多的雲林人，更多與我們一樣熱愛這塊土地的人，都能產生共鳴。

自序

　　本散文集是筆者退休後出版的第三本書。收錄筆者(2007－2017)
在報章雜誌發表過的評論文章，散文及新詩則不受此限。這些評論性
的散文涉及層面極廣，舉凡政治、教育、經濟、文化、人類學皆涵蓋
之。筆者將其歸類成六大部分。分別含有(1)、環境保護與農業政策(農
藥濫用及地層下陷)的關懷。(2)、民俗文化與教育本土化的省思。(3)、
財經與交通政策的省思。(4)、台灣主權地位及認同的省思。(5)其他。
以及(6)散文及新詩。都是植基於對雲林鄉土及台灣這塊土地的熱愛
及關懷而撰寫之。

　　文學無法抽離自己生長的鄉土及社會，綜觀世界偉大的文學家
的處境及哲學思維大都如此。所以當諾貝爾文學獎得主索忍尼辛(A.
I.Sozhenitsyn)不見容蘇聯獨裁政權而被驅逐出境時，他說了語重心長
的話：「正如一棵在某地已經紮了根的植物，當它被連根拔起，拋到
另一角落時，未免會擾亂其他植物，甚至會失去中樞神經，徬徨無
依」。但他還是表示：「即使是一棵老樹，處於這種境遇時，它仍有機
會且有能力尋找到新的紮根地方」。從早期制式的反共八股文章，進
化到關懷台灣這塊土地的定位及前途，在黨外報章雜誌撰寫批判時事
文章，事實上是需要良知良能及道德勇氣的。海明威說過：「如果你
不能逃避尖刀，就得轉身來面對它，戰鬥也許勝於死亡」。索忍尼辛
更是認為：「沒有人能阻止通往真理之路，為提升它的價值，我甚至
願意接受死亡」。

　　寫作的題材其實就是身邊的人、事、地、物，寫作者更無法獨善
其身，對社會所發生的事物充耳不聞，即便見解各異，所幸筆者當年
提出的觀點，大都逐步驗證，本土政權重新執政，避免被中共吞併統

一的危機。在全球本土化(glocalization)思潮下，迫使國民黨外來政權不得不走向本土台灣化，儘管其部份領導人猶作困獸鬥，仍企圖將台灣帶向中國，但在台灣強大民意壓力下，終將功虧一簣，此為筆者可預料者，也是筆者身為知識分子，為文批判時政的主要目的。

托爾斯泰(L.N.Tolstoy)認為人往往被歷史大事捲著走，但索忍尼辛卻肯定個人的影響力，認為個人善意且具建設性的干涉力量，其結果能挽救別人與造福人群。從早期撰寫純粹哲思，寄情寓意性的新詩及散文，直到後期帶有政治色彩的關懷社會散文，筆者都欣然以赴。所幸台灣解除戒嚴，社會走向民主自由及開放多元，批判時事文章才得以見諸報章雜誌。流行吟唱歌者巴布‧狄倫(Bob Dylan)創作短篇但具反戰性歌詞，能勇奪2016年諾貝爾文學獎；以及最近政治受難者彭明敏教授及詩人文化評論者李敏勇等人，將平素在報章雜誌發表過，簡短篇幅但具批判性文章集合成書出版，此都激起個人希望能藉出版社出版短論的想法。

杜威(J.Dewey)揭櫫「教育即生活」(Education as life)，而政治是管理眾人之事務，因此「政治即生活」(Politics as life)乃順理成章之事，是寫作者無可迴避之責。基於此，書中所關注地層下陷及農藥過度使用問題，雖未能立即改善，但也受到中央及地方政府的重視，雲林縣要求農漁民向縣府登記違法口井，進而管控數目，禁止新鑿水井，省自來水公司在各縣市所鑿大口深井也都紛紛封井。為降低超抽地下水速率，舒緩地層下陷，今年農委會結合縣政府，從彰化到雲林高鐵沿線左右打造省水景觀花海的黃金廊道，鼓勵農民不種水稻，這些都是好的方向。

雲林縣貴為農業大縣，農會、漁會及水利會是日本人留下來的可貴組織，但交給國民黨政府就變了樣，成為地方派系的禁臠及選舉機器，扭曲為農、漁民服務及推廣農漁技術為目的神聖任務，誠可遺憾。如何轉型及組織再造，或成為公務機關，提高人力素質，避免近親繁殖，凡此，皆有待新政府的戮力為之。

在台灣的大學及中小學校園裡，仍到處豎立蔣介石銅像。此構成教育轉型正義的諷刺與缺憾。基於民主多元及教育中立價值言，校園本不該有政治銅像，它是威權象徵，中興大學已移除蔣介石銅像，黨性濃厚的政大也將步其後塵，在中小學方面，台南市早以行政命令移除校園銅像，台中市也即將效尤，冀望包括雲林縣在內的其他縣市也能急起直追，做出真正的教育轉型正義。

在此要特別感謝前衛出版社社長文欽兄厚愛，願意出版拙著。也感謝雲林人出身，有社會正義及道德勇氣，知名媒體人蔡玉貞小姐，以及有強烈台灣意識的高中室友，旅日醫學博士亮宏兄兩人不吝撰寫推薦序。筆者才疏學淺，無黨無派，是自由主義的捍衛者，今植基於對雲林家鄉及台灣這塊土地的深情厚愛，得以為文批判時政，闕陋之處在所難免，唯望先進賢哲不吝指教，是所至盼。

Part 1

環境保護與農業政策
的關懷

(2007-2010)

台電是台灣地層下陷的幫兇與共犯

屏東林邊鄉由於養殖業的超抽地下水，以及彰、雲、嘉、南地區農民及養殖業違反水利法鑿井灌溉造成地層嚴重下陷，這些已是老掉牙的問題，但只重經濟卻輕忽環保，無能又無效率的政府始終拿不出辦法，這是讓我們感到痛心與無奈者。

根據學者研究，林邊鄉十年間下陷約240公分，而雲林縣的下陷早已延伸至內陸地區，平均下陷220公分。只要颱風一來，雲林縣沿海地帶即豪雨成災，積水盈尺，成為水鄉澤國，民眾經常須涉水或藉皮筏而行，水林鄉境內重要排水道，遇漲潮即海水倒灌，耕地鹽化愈來愈嚴重，若不能有效改善而繼續下陷的話，高鐵行經雲嘉地區恐有翻車危險。而所有這些都是地層下陷惹的禍。

居住於農村部落的筆者，經常目睹農民日以繼夜，全面性的，以一畦一畦各自擁有的馬達抽水灌溉，即使住家後面的大河滾滾而流，他們寧願讓其浪費而流入大海也不願引水灌溉，雖這些河川水含豐富的有機質，種出的稻米風味佳，但因容易滋生雜草，因此農民根本不屑利用它。尤有進者，住筆者附近有一異想天開的農民，將河川水引入刻意安排的空田地裡，讓河沙沉澱在空的田地裡，再賣出他攔截的河沙營利，這真是一幅諷刺的畫面。

我們納悶的是，如果台電沒有供電，抽水馬達能運轉嗎？台電為區區電費讓農民違反水利法抽水灌溉，而台電的解釋是，農民係申請噴霧農用，推說他們不知農民是用來抽取地下水，這真是睜眼說瞎話，也是一種官場文化，為人所不恥與憤慨。水利署已編列500億元展開國土復育，但如果沒抓住防治重點，到頭來還是浪費一場。

農民鑿一口深井灌溉須花六、七萬元，淺井也要四、五萬元，今

即使嘉南農田水利會能供給足夠的地表水（目前仍然調配不足），農民也不可能封井，更何況在選票考量下，縣市首長也很難真正為地層下陷的環保重大議題斷然封井。比較有效的作法是責成台電斷電及撤電錶，不就一勞永逸嗎？但無效能的縣市首長或環保署敢嗎？政府官員應該去看看日本或韓國、以色列是如何管理灌溉的問題吧！

（人間福報/2007/09/20）

在台中國人的有品教育

　　已經下市的太平洋電纜董座，也是前台灣大哥大董事長孫道存要娶小他三十二歲，初中同學的女兒為妻。孫道存與華新集團的焦佑衡、焦佑均；裕隆集團的嚴凱泰；遠東集團的總裁徐旭東；東森集團王令麟都是隨蔣介石撤退來台外省第二代的紅頂商人，這些外省紅頂商人在國民黨政府刻意的呵護以及官商勾結的文化體制下順利發展企業王國，孫道存也從其父親手中接下電線電纜事業，如今卻欠債百億，之前緋聞不斷，同居女人一個接一個，如今再婚雖是其個人權利，但理應低調為之，然他卻大言不慚要請吳伯雄替他證婚，實在可笑。

　　據媒體報導，孫道存父親當年刻意讓他就讀金門高中，美其名是藉此磨練其心志，但筆者認為那是為了外島學生可加分，才能考上大學。試想馬英九明明在東莞出生，其父親為卻弄個香港醫院的出生證明，說穿了也是為了能讓馬英九以香港僑生加分而考上建中與台大。三十多年前筆者唸大學時期，也有專為外省權貴子弟開方便之門的教育政策，此即志願到金馬服役就可不必經自費留學考出國深造，一些外省權貴子弟就這樣大搖大擺出國去了。是誰一直在製造特權，導致台灣社會的不公不義？難道不是國民黨外來政權嗎？

　　從媒體上，我們也看到現任警政署長王卓鈞坐在孫道存旁有說有笑的，這種場景根本不會出現在日本政府裡，這是官商勾結文化公然搬到檯面上的顯示，而這就是國民黨帶給台灣人的教育價值觀。今國民黨執政的教育部要花巨資搞所謂的三品教育，不是構成諷刺的畫面嗎？馬英九愛將，外省籍的王卓鈞升任警政署長後，台灣治安反而更加惡化，這就是目前馬流政府的政績嗎？

（台灣時報/2009/07/20）

自給自足，
建立理想家園的教育意義

　　某有線台推出「建立自給自足理想家園」、「元氣家族田園消遙樂」節目，經常播出藝人參訪日本自給自足的農家生活情形，自給自足者有原住東京的作家夫婦，回鄉下一面務農一面寫作者，有曾留學德國回日本，短暫開過計程車的三十五歲未婚女子，有原是小學教師退休後，從事自給自足生活者，以及未婚女大學畢業者向人租地，過著農婦般自給自足生活⋯。體驗自給自足生活者，其原本所從事的工作可謂繽紛多元，琳瑯滿目。而這種意義場景拉回台灣政治界，有如前國安會秘書長邱義仁，農委會副主委戴振耀，政務官卸任後，下南部種起絲瓜成為自給自足的一族般。最近，謝長廷與友人在宜蘭買下民宿，作為新臺灣文化基金青年訓練基地，而自己也開始種植有機蔬菜，以物易物，拿蔬菜與鄰居交換雞蛋，這也是一種自給自足的田園生活方式。

　　無獨有偶，另一有線台也經常播出日本「來去鄉下住一晚」節目，同樣很有環保、自然田園的教育意義，可說是相當優質且富含環保教育的節目，這是台灣的電視公司不願製作或難以實地取景者。如果純粹以收視率的立場視之，這種賠本節目如果沒有政府機構介入獎勵推動，根本沒有電視台願意製作的（可以公視節目為之）。台灣的電視台大都以收視率非以社會教育的立場來思考。譬如麻將賭博性或一些色情節目可公然在電視播放，這就是日本文化與深受中國醬缸、自私貪婪文化影響下的台灣差異之處。

　　早期的農家子弟，包括筆者在內，在放學後，尤其是星期假日大都須幫忙農事。後來由於國民黨政府來台後逐漸重工商而輕農漁，尤其是將台灣視為反攻大陸的跳板，沒有真心善待這塊土地，藉由功利

思想導引，而忽視農漁牧生活帶給社會安定的積極意義，逐漸演變成如果書沒唸好，將來就得放牛當農夫，成為沒出息的人，而國中能力分班的結果，後段班或就業班被比喻為放牛班，即可看出農、漁、牧者在台灣社會被輕視的程度，而到底是誰營造出台灣社會笑貧不笑娼的文化價值觀來？還不是國民黨外來政權？

　　而這種中國科舉文化唯有讀書高，偏差的社會價值觀顯然與公德重於私德，能為他人設想的日本文化迥然不同，當然台灣社會治安也不可能變好。外省權貴子弟如馬英九、郭冠英、李慶華…這些小時候沒機會碰觸、體驗農耕生活，不食人間煙火且自認為是台灣當然的統治者，因而輕視台灣本土文化（包括原住民），也是源自此種優越、傲慢的霸權文化價值觀。

　　德國自由學校區教育運動者（農村之家社會教育運動）魏尼鏗（wynecken）認為要使青年成為青年，其最重要的課題為：為青年安排善的情境，將人性灌輸給他，內化成文化觀作為一種「文化的深思」，這種文化的深思有其高級的意義，除了對文化本質的深入思考外，尚具有道德價值。自由學校區雖然設在森林中，但並沒有與社會斷絕關係，因此仍然重視道德教育，認為德性是精神的一部分，也是社會的一部分，道德教育的實施，就是社會體的建立。魏尼鏗以農村自然環境作為孕育道德的善場所帶給咱們的教育啟示不言可喻。夫如是，國民黨政府慣常的重商工而輕農、漁、牧，重新執政後仍然不改其向財團傾斜而不顧農民、勞工的死活，向中國的過度投資以及意圖簽ECFA，都是這種價值文化思維。如今大學畢業者找不到工作，失業如此嚴重，應重新肯定農耕價值，鼓勵其回鄉租地從事有機農業栽培，過自給自足生活，總比失業流落在外無所司事，甚至作奸犯科造成社會的負擔來得好。筆者認為教育部諸公如果有此認知並付諸行動，總比配合馬英九花大錢搞三品教育要來得高明與有效能。

（台灣時報/2009/07/28）

何處尋覓八田與一？

　　坦白說，像筆者身為農家子弟，唸過大學農學院，擁有教育學碩士學位的知識份子，五年前仍然不知鑿井抽水會造成地層下陷，以及農民在自己農地鑿井灌溉是違反水利法，更何況一般農漁民？直至高鐵的興建，日本工程師提出警告，認為如果地層繼續下陷，行經雲嘉南線，恐將有翻車危險，以及表兄在筆者住家旁鑿井灌溉二十多年，造成房屋傾斜下陷，五年前的一次颱風來襲，下起較充沛雨量，由於住家屋前路面積水盈尺，雨水居然從客廳及廚房的排水孔進入而損毀傢俱（物理學的連通管原理），這是建屋二十多年從未發生過的。此次莫拉克颱風來襲亦同，又重蹈五年前的情景。

　　筆者以自己的體驗來引述，主要在凸顯農漁民的無知與無奈，而最該譴責的是政府。如同農藥的濫用戕害消費者，農委會應負起最大責任，因為權責單位沒有對農民作出正確的推廣教育與鼓勵農民走向有機栽培，尤有甚者，還縱容鄉鎮農會推廣部大剌剌賣起農藥大賺黑心錢。民國四十八年八月七日的大水災，當時筆者再過一年就讀初中，在當時不甚良好的排水設施，也無龐大的抽水機組下，還是沒有此次嚴重，當時的農民都用地表水灌溉，養殖漁業者也未超抽地下水，根本沒有地層下陷的問題。即使下大雨，災情也不可能如此嚴重。

　　試想，日本與台灣都是島國，都是四面環海的海洋國家，也都必須面對颱風與地震等大自然的無情肆虐。在日本，不論在鄉間或山地、海邊從未目睹農民鑿井灌溉或抽地下水養殖，日本政府不會短視如此。台灣如果讓日本繼續統治，這種糟蹋國土，不重視環保永續經營的行為也不可能發生，也不會發生遇雨成災讓居民受苦的現象，這就是治國與管理的方向與效能，而這些是統治台灣五十年的國民黨政府

無法做到的。

　　再想想，高雄市如果讓國民黨繼續執政，愛河及前鎮河能整治成功嗎？接著也不可能世運的揚名國際，這是有無台灣心與執行力的問題，而這些都是官商勾結文化，具中國心的國民黨政府所欠缺的。貓纜與內湖捷運以及新生高架橋修建問題都可看出馬英九及國民黨從政者的沒擔當與昏庸無能。筆者認為水利署與嘉南農田水利會如果無法解決封井及其配套措施問題，乾脆花錢請日本水利專家，如同當年的八田與一工程師，再次擘劃整個雲嘉南灌溉系統，而後嚴格要求台電撤電錶及農漁民守法封井，使用地表水灌溉，澈底解決地層下陷問題（至少減緩），再現福爾摩沙美麗之島，讓人民免於淹水惡夢。

（台灣時報/2009/08/24）

人民最大抑或台商、財團最大？

　　配合中共島內說的吳伯雄在南京寫下軟趴趴的「人民最大」四字，表面看來國民黨是以蒼生為念，與台灣人民站在一起，實則是把台灣人民當芻狗，筆者這樣形容國民黨當權者實不為過。然大多數的台灣人民卻未真正覺醒過來。

　　馬英九就任一年多，快速傾中流失主權，把台灣的資金、人才、科技逕往大陸輸送去協助中國經濟復甦，創造大陸人民就業機會，卻無視台灣哀哀子民，現還要開放十二吋晶圓及面板廠登陸。不受國會監督，不接受公投，威權心態的馬政府硬要與中國簽ECFA，難怪外國媒體諷刺馬英九大膽向中國示愛。崛起的中國大陸是強大的磁吸器，靠得越近對台灣經濟自主發展越不利，終會賠了夫人（經濟）又折兵（主權）。它並非懷抱中國心的統派經濟學者如高希均者流所期待的共創雙贏。

　　馬英九不把台灣經濟掏空誓不休，八月台灣的失業率已達6.13%，幾近一百萬人（包含隱性）找不到工作，成為亞洲第一名，國民所得已降破二萬美元。其競選提出的633美麗謊言早已被戳破，但他不必向人民道歉及捐出薪水，傲慢及霸權心態不言可喻，這就是馬英九的有品教育。

　　代表國民黨核心政治價值—化獨漸統的馬英九當選後所施行的政策大都圖利自私貪婪，心中無母國台灣的台商及財團，好似這些台商及財團能賺錢，過得好活得下去就好，就能提昇GDP，而廣大的工、農、漁下階群眾怎麼辦？難道要他們去喝西北風？這就是馬英九所謂的苦民所苦嗎？國民黨施政是視多數台灣人民為大，抑或台商、財團最大？是捍衛財團的生存權，抑或廣大人民的生存權？值得大家批判與省思。

（台灣時報/2009/10/16）

回台籌資抑或回台設廠？

前高鐵董事長殷琪曾道出台灣產業外移是造成高鐵的虧損主因。台商一窩蜂前進中國大陸欲賺人民幣，在李登輝總統任內即開始，唯當時在戒急用忍政策下，很多人只能迂迴轉進，資金還不至嚴重失血外移，及至民進黨執政時代喊出「積極開放，有效管理」，對大陸的投資上限為40%，甚至定出相對投資策略，即對大陸投資時必須相對投資台灣。

這種保障台灣住民工作權益的措施在馬英九上台後完全被打破。不僅把投資上限從40%放寬為60%，如果營運中心設在台灣的話投資上限為100%。兩岸大三通後更助長資金、技術與人才的外流，而華航與長榮航卻繼續嚴重虧損。

馬政府最近又開放台商回台上市，發售存託憑證（TDR）來籌措資金，包括康師傅將回台籌資171億台幣。讓自私貪婪的台商有機會回台掏金而非籌設工廠，俾讓民眾有工作就業的機會，這種不當政策讓人失望，此更證明國民黨只是捍衛財團的生存權而非普羅大眾的生存權（就業權）。

夫如是，筆者必須呼籲馬政府的金管會，包括極力促成簽定MOU的李紀珠副主委，請不要再以知識的傲慢，自以為是的符應馬英九的親中賣台心態而傷害台灣基層勞苦、弱勢民眾，真正做到苦廣大人民所苦。

（台灣時報/2009/12/17）

沒有吳三桂，清兵如何輕易入關？

　　國民黨文傳會主委蘇俊賓配合馬英九的統一意識，假惺惺說出，沒有人能替二千三百萬人民決定統一或獨立，國民黨政府目前的政策就是維持現狀。但蘇俊賓還附帶說，如果大陸能讓台灣人民90%支持統一，那是他們的本事。此跟馬英九之前所說〝decades，到底十年或數十年會如中國所願達成統一的爭議，其骨子裡心態相同。

　　根據遠見的民調，目前支持統一的人約為10.5%，是主張獨立（不包括維持現狀）的一半而已。令人痛心者為，主張終極統一，自己是台灣人也是中國人的馬英九執政以來，就一直在建構有利統一的政經環境，勾結中共，欲圖將台灣推向沒有民主、自由、人權的生活方式，走向被中共吞併統一的道路。ECFA的簽定就是血淋淋的例子，藉經濟議題大搞統一戲碼。

　　馬英九的黑手甚至伸入教育部，安排其平素所稱的「大哥哥」，中國統一聯盟副主席，學哲學的王曉波教授，撈過界而進入高中歷史課綱小組，欲在高二增加中國歷史時數，並欲圖修改台灣史課綱，可謂居心叵測。其他可舉的例子很多，與大中國主義的王曉波一樣，馬英九執政以來，一直鋪設有利統一的道路，中國心甚於台灣心，對台灣這塊滋養、扶持其安身立命，成家立業的土地的無情無義已是相當清楚，親中賣台心態也可說相當明顯。然台灣住民能接受嗎？能不覺醒嗎？

　　如果將馬英九比喻成當年的吳三桂，不是很貼切嗎？為了咱們後代子孫的長遠利益，有正義感的台灣住民還要繼續受騙嗎？年底五都選舉能不用選票教訓他嗎？

（台灣時報/2010/07/14）。

霸權中國隨時可取消零關稅，
那有早收清單？

　　馬政府執意簽ECFA，不讓人民公投，可說開民主倒車。最近，松山、虹橋對飛，為增加福州、廈門二十航班配額問題，中國認為當時未形諸文字，因此不認帳，連帶新增的三十六航班也全部飛不了。之前，民眾向航空公司或旅行社訂購青島與南京直航的機票，頓成幽靈票了。

　　類此，簽ECFA後續問題，包括所謂的早收清單，以後只要台灣的總統不聽話，向國際社會太過強調主權獨立，甚至爭取重返聯合國，如同流氓國家北韓對待南韓，這些早收清單隨時可撤銷不認帳，甚或禁止台灣產品輸入。簽了ECFA，台灣就被中共勒住脖子，等於向全世界宣示台灣如香港，是中國的一部分，這是馬英九把經濟鎖在中國可悲及可怕之處。

　　如同秘書長金浦聰的說法，馬、金兩人均認為與中國簽ECFA可以險中求勝，此不知是落入中國人吹牛的民族習性抑或自我感覺良好，覺得台灣人好騙？揭櫫終極統一的馬英九，選前就表示不沾台獨的鍋，說不統、不獨、不武只是障眼法而已。選後藉經濟議題，極力打造被中國吞併、統一的政經環境，欲讓台灣獨立沒有發揮的空間。更可悲的是，陳雲林及大陸官員來台，竟連中華民國與國旗都被藏起來，不敢見人，這不是賣台行為又是什麼呢？

（台灣時報／2010/08/03）

沒有環保理念的馬英九

　　貓纜可以不經環評就草率建造，結果是什麼下場？最近馬英九走訪屏東養殖石斑魚達人，宣揚其 ECFA 早收清單，而避談抽地下水造成屏東縣林邊鄉平均下陷高度已達 240 公分以上，遇颱風下雨頓成水鄉澤國，造成人民生命財產嚴重損失。

　　馬英九上台後，其節能減碳的理念僅止於不穿西裝結領帶，節約用電用水，或檢查總統府人員有無帶手帕等細節問題，其「環保優於經濟」說詞只是一種口號。中科三期明明法院判決必須重做環評，包括健康風險評估，然環保署及中科管理局卻讓廠商繼續施工，視司法於無物，事後又互推皮球。國民黨立委費鴻泰及謝國樑還聯合環保署長召開記者會批評法官干預行政權，是拖垮台灣經濟的罪人。這都是沒有真心對待台灣這塊土地，在台中國人沒有環保理念與永續經營台灣的心態使然。

　　環保署長沈世宏不是擁有過楓葉卡嗎？他在台北市當環保局長做出什麼成績？他那在乎台灣土地、空氣、水質被無情的污染？如同馬英九般，當年如果不是蔣經國有機會讓他進入總統府作翻譯，擁有綠卡的馬英九會回台嗎？憑他的低能，其實他留在美國也成不了什麼氣候的。撮爾島國台灣，濁水溪出口南邊已有全世界規模最大的台塑六輕，今北邊還想蓋八輕，經濟部視彰、雲、嘉、南人民健康於何地？老是藉發展經濟而糟蹋台灣土地，如同藉免關稅議題將台灣經濟鎖進中國，創造被吞併、統一的政經環境般。日本是重工業國家，曾是全球第二大經濟體，然彼邦重視環保及永續發展，節能減碳的成績讓沒有環保元素的台灣及中國大陸汗顏。

　　馬英九夫婦擁有綠卡，兩位女兒都是美國人，全世界有那位國家

元首這麼厚顏無恥？選後才說自己是台灣人也是中國人，如同台大哲學系退休教授王曉波或郭冠英等人的心態，這些人怎會真心面對台灣這塊土地及其文化？怎會在意台灣土地被污染？台灣只是其巧取豪奪，當官撈錢致富的跳板而已。年底五都選舉，有正義感的台灣住民應有所覺醒及表態。

（台灣時報/2010/08/12）

中生來台就能永保和平？

　　馬英九近日表示中生來台可永保台海和平，也可刺激台灣學生勤奮讀書。這種謊言掩蓋不住其「終極統一」的政治信仰。愛好民主自由，有正義感的台灣住民會再相信他的胡言亂語嗎？他應該說，台灣甘脆投降，接受被吞併統一，如此台海就能永保和平。

　　馬英九留學美國多年，擁有綠卡，有學習到美國的自由、民主與人權價值觀嗎？在「波士頓通訊」撰文砲打黨外民主鬥士，醜化美麗島事件。從政以來稟承中國人的民族劣根性，霸權文化的遺毒一路反民主。當年他反對總統直選，自己卻是總統民選的受益人。如今同樣反對人民行使ECFA公投，留學美國多年的馬英九到底學到了什麼？

　　再者，唸過國立大學的人都知道自己班上的香港、印尼、馬來西亞僑生的程度與求學態度，他們能激勵台灣學生勤奮向學嗎？僑生留在台灣教書或從事其他行業，不會擠壓到台灣本土學生的就業機會嗎？馬英九難道不知來台求學的中生是經過特別訓練，負有統一的任務嗎？如同他自己在美國留學負有特別任務般。

　　馬在哈佛大學深造時，曾蒞臨聆聽蘇俄流亡作家索忍尼辛演講，從其聽後的感想文章裡，筆者發現其相當認同索氏批評美國聯匪制俄是愚蠢的行為，如今對自己親中賣台行為又如何解釋？

　　索氏不是提醒西方世界如果不能克服意志力薄弱的弱點，再精良的武器也毫無用處嗎？他認為一個有高度物質享受的社會，完全沒有犧牲生命的心理準備，這些都是社會發展邁向死亡的徵兆。筆者認為，如果不是馬一直弱化國防，台灣擁有足夠的自衛武器以及戰鬥的決心，中共敢輕意犯台嗎？

（台灣時報/2010/08/20）

應正視地層下陷問題

　　凡那比颱風過境，造成台灣到處積水，尤其是雲林縣以南直到恆春半島頓成水鄉澤國。日本與台灣都是海洋國家，每年也都必須面對地震與颱風的肆虐，但像台灣這種全面性的淹水還是少見。即使是八七水災也沒如此嚴重。

　　由於省自來水公司、各縣市農田水利會、農民及養殖漁業日以繼夜超抽地下水，造成台灣到處形成低窪地區，甚至像雲林縣台西、口湖鄉以及屏東縣的林邊鄉有些地方已低於海平面，再好的排水設施，包括抽水站的啟動有用嗎？

　　老實說，如果不是深怕高鐵翻車，台灣的地層下陷問題會受到政府的重視嗎？造成台灣地層嚴重下陷，其始作俑者是，昔日把台灣當成反共大陸跳板，今則把台灣視為中國的一區，極力釀造被中國統一的政經環境的外來政權—統治台灣半世紀的中國國民黨。以缺乏環保元素的中國思維治理台灣，在官商勾結、法治不彰、買票作票的選舉文化背景下，一切向錢看，台灣美麗的自然環境當然會被巧取豪奪，無情摧殘。

　　台灣地形山高水短，豐沛的雨量短時間就會入海，如何儲存這些雨水以供農漁民灌溉養殖或自來水廠淨水所需，經濟部水利署這些官員們有在用心嗎？經常編列預算到日本或歐美考察又得到什麼效果？不願台灣化（本土化）的國民黨重新執政會帶給台灣住民身家安全的幸福嗎？民眾自可深思？

（自由時報/2010/09/21）

這就是中國人的文化

　　為了多領拆遷補償費，中國南京許多老夫老妻排長龍爭辦離婚手續。目睹這樣的畫面，讓筆者不得不佩服大學者梁啟超及英哲羅素（B.Russell）對中國人民族性的洞察及批判。梁氏認為中國人缺乏公德，却重視私德。他把中國人的缺乏社會道德，歸咎於中國自古即以四書五經作為道德的典範，但是其中內容却以私德為本位，他認為公德被私德所掩蓋的結果，人民的心理易趨於庸懦、卑鄙與巧詐。

　　為了多領補償費而假離婚就是一種投機巧詐的行為。當然，深受中國文化影響的台灣，同樣會發生政治人物為了競選公職而假離婚的情形，如之前台東縣長吳俊立與花蓮縣長傅崐萁的假離婚事件。此種鑽法律漏洞而扭曲婚姻價值的行為在同是海洋國家的日本島國會發生嗎？能選上公職嗎？為防止此情形發生，南京市政府何不提高每戶的補助費或嚴禁此種假離婚事件的產生，才能兼顧法理與教育價值的意義。

　　英哲羅素對中國人民族性的批評為：「冷漠、懦弱與貪婪」。不過他讚揚中國是個藝術家的國度，她具有藝術家所希望的優點與缺點。馬英九、王曉波、郭冠英、星雲等大中國霸權文化主義者，渠等認為台灣文化是中國文化的一部分，馬英九還說要以中國文化來豐富台灣文化，此種霸權思維讓人無法領教。台灣文化是融合的多元文化，絕對不是中國文化的一部分，只不過外來國民黨政權配合自私貪婪，沒有國家觀念的台商，硬把台灣的主體經濟與主體文化弱化、流失而已。

（台灣時報/2010/09/23）

愛因斯坦口中的專家狗？

　　愛因斯坦曾批評現在的專家教育不是教育，否則專家豈不是一隻訓練有素的狗？國光石化環評即將定案，馬上就有包括台、成、交大55位化工系的教授跳出來，批評李遠哲等一些反國光石化的學者處在象牙塔內，不食人間煙火，說什麼台灣如果沒有化工的發展就沒有鴻海、台積電及面板業。此種說法顯然缺乏人文素養，自私且沒有遠見，是短視近利的說法，更何況石化產品只是化學工業的一環而已。

　　台塑六輕已經帶給麥寮、台西及附近居民，以及中油帶給高雄林園鄉居民長期的痛苦與禍害，罹癌率的倍增，這些教授竟可視而不見，完全沒有同理心與人道關懷，這樣的學者已經流於愛因斯坦口中的「專家狗」，不論是非曲直，只效忠於其主人─經濟部，教育台灣人要錢不要命，也不必理會造成嚴重的溫室效應。筆者相當懷疑這些化工學者平素有否拿到經濟部所屬中油的專案研究補助經費？

　　筆者要請問這些專家，撇開郭台銘的商業王國是否以血汗工廠所構築，他在中國創造的就業機會遠比在台灣的差異多少倍？他的中國心是否與馬英九一樣甚於台灣心？雲林縣及彰化縣民的生命難道比郭台銘賤？這些專家學者願不願意居住在彰、雲兩縣的近石化區？撮爾島國台灣需要這麼多座高污染的石化廠嗎？面積是台灣十二倍的日本，其石化廠數目比台灣多呢還是少？向來，「中國」國民黨外來政權治理台灣的環保成績能夠看嗎？

（台灣時報/2010/09/27）

談印度的衛生教育

　　目前還維持種性階級制度的印度，有人世代流於清糞的工作，居住於髒亂不堪的貧民區，其慘狀讓人不忍卒睹。印度是全世界貧窮國家之一，人口僅次於中國大陸。大約70%的人沒有衛廁，30%的人沒有乾淨的水可用，十五歲以上的人，有48%是文盲。印度是全球第一個實施家庭計畫政策（1952）的國家，但卻是失敗的。

　　髒亂是細菌的溫床，最近，在印度受到槍傷的台灣食尚節目攝影師，回台接受治療，其腸子內驗出帶有NDM-1超級抗藥性基因細菌。與中國一樣，印度已被列為金磚四國之一，也曾出現全球首富安巴尼（M. Ambani），他斥資約335億元台幣蓋屋給他一家人居住。其財產贏過比爾蓋茲及墨西哥大亨史林，當然也超過印度本國的鋼鐵大王米塔爾。近幾年來，印度的GDP成長迅速，但面臨的是貧富太過懸殊。從電影「百萬貧民富翁」多少也能嗅出此種現況。

　　或許是貧富差距甚大的體驗與思維，曾獲諾貝爾經濟學獎，福利經濟家兼道德哲學家印裔英人阿瑪狄亞・森恩（Amartya Sen），才會認為經濟學與倫理學如果漸行漸遠，則經濟學的內涵就會趨於貧乏。知識社會與道德目的（對他人與環境的社會責任）是彼此需要的，若沒有道德品質與深度，知識的技術性品質和其可用性將是表面膚淺的。

　　髒亂與貧窮不一定畫上等號，雖然有其關聯性。它牽涉到民族性及生活、道德教育，這方面日本做得很好。坦白說，如果不是被日本統治五十年，很多居民已融入日本文化，台灣的衛生教育不可能有今天的局面。對照今天的中國大陸，台灣城鄉環境的整潔還是比中國大陸佳，雖然落後日本甚遠，但諷刺的是，陸客還會嫌台灣髒呢！沿著東京灣畔，我們可以看到排列整齊的藍色小帳蓬，以供遊民、流浪漢

居住。不管是城市或鄉村的道路或住屋旁，實在很難看到紙屑或瓶瓶罐罐的廢棄物，但難道日本沒有窮人嗎？為何其社區環境能維持如此整潔？

　　印度貧民區的髒亂與中國大陸不是很類似嗎？近五、六年來，兩國的GDP都相當高，但經濟的成長若未能分享於全國民眾，包括投入衛生教育的經費，這根本不是真正的福利社會，這樣的啟示應同樣適用於台灣社會。

（台灣時報/2010/10/10）

五十年來最貴的花博

　　國際園藝生產者協會會長客套讚譽台北花博是五十年來辦得最好的一次，植基於當初荷蘭花十年辦花博，台北卻只花四年籌辦就達世界水準。

　　筆者要談的是，花博選在冬季舉辦已是違反常識，花費一百億以上打造，是否太過昂貴？再者，花兩千萬的煙火秀，即使沒有遇雨而成煙霧秀，也會讓百姓覺得太浪費，尤其在台灣國民所得下降，失業率如此之高，貧富差距拉大之際，人民納稅錢應花在刀口上，此自不待言。尤有甚者，農委會農糧署補助花博三十五億元，卻要求窮縣市花二千多萬配合其展示，更讓人覺得農委會心中根本沒有農民的利益思維。

　　儘管郝政府宣稱花博可創造一百六十億經濟效益，但那只是重蹈國民黨政府慣常的吹牛、欺騙、畫大餅的習癖，沒有實質意義。如同施放煙火，頓成過眼雲煙，不信將來台灣人民可拭目檢驗。

　　綜上所敘，筆者認為，與其說台北花博是五十年來辦得最好的一次，倒不如說是五十年來國際花博最貴的一次，是招標過程弊案重重的花博。花大錢堆積而成的花博能說是台灣的驕傲嗎？

（台灣時報/2010/11/14）

特定農業區當然不能蓋集村農舍

　　許多縣市二千多人北上抗議他們的集村農舍已成違章建築。「集村農舍」的概念是「農村再生條例」所推出，而不能蓋在特定農業區雖是亡羊補牢，事後諸葛的法令，但仍然不失有遠見的政策，祇是這些農地購買人覺得受騙，抗議農委會政策朝令夕改。

　　水田本是很好的滯洪池，在生態保育方面有其不可抹滅功能，而農業更是立國根本。唯台灣的農地面積，基於國民黨政府半世紀無效能的管理以及官商勾結文化，唯利是圖的財團壓迫下，不但逐漸棄守或減少面積並零碎化。據統計，台灣的農地面積不到50%，比起鄰近的日本或英美等國差距甚大（英國佔80%以上）。

　　之所以如此，肇因於政府長期不重視環保，重商工而輕農漁，犧牲農漁民的福利與權益，根本沒有永續經營台灣的雄心與眼光，如苗栗大埔農地被無情徵收給財團一事。國民黨政府早期把台灣視為反攻大陸跳板，今親中仇日的馬英九政府則把台灣視為中國的一區，如同地方政府般，台灣只是這些在台中國人撈錢致富的過站而已。

　　以立法院制定二分半農地可興建農舍為例，它可說是讓台灣農地破敗與零碎化的罪魁禍首，很多假農民因此在農地蓋起別墅、民宿或養豬或設鐵工廠，不但污染鄰近農地與房舍，更破壞生態景觀，這也印證作家柏楊所言中國文化是髒與亂的文化。悲哀者為，深受中國文化影響的台灣的農田灌溉溝渠早已逐漸水泥化與污染化。台灣農村的破敗與凌亂面貌根本無法與日韓或歐美先進國家相比。

　　問題是，台灣人民還相不相信這樣的政府？最近農委會拋出制定「農業基本法」，但如果農業官員沒有捍衛農地與生態的決心，還是會

發生教育部長公然違背「教育基本法」揭櫫教育中立原則，公然為胡志強助選等情事。

（台灣時報/2010/11/22）

是台灣文化而非中國的五倫

　　開放陸客來台觀光旅遊，即將破百萬人。根據觀光團體對陸客滿意度調查幾乎都達90%以上，其中對台灣人的親切、禮貌及善良，台灣民主多元的社會價值更讓陸客驚奇。這如同解嚴前的台灣社會，當土生土長的台灣人到民主多元的美國留學就會驚覺被國民黨騙了二十多年一樣的心情。旅美台灣留學生（大都是本省籍）因而被列入黑名單或遭暗殺。在馬英九親中仇日，經濟依賴中國的政策下，大陸觀光客被視為中華民國的同胞，他們的權益是受到保障的。

　　一位留美，台大國發研究所，外省第二代的教授認為台灣人的親切禮貌及善良是受到中國文化五倫的影響。對此，筆者很不以為然，理由很簡單，如果中國的五倫發揮影響力，那麼現今的中國大陸社會為何看不到這種親切、禮貌及善良的文化？這種文化反而是在日本社會裡看到，尤其是有別於中國而重視品質的文化，是受到日本全面品質管理（TQM）哲學的影響。

　　若從這個角度切入，台灣雖是移民社會，祖先大都來自大陸，但如同美國或瑞士也是移民社會，但台灣已經發展出自己獨特的融合文化，包括中華、日本、西方及原住民文化，這是毫無疑問地。它絕非馬英九、王曉波、陳長文、郭冠英或星雲這些在台中國人，還具有大中國優越霸權思維者，認為台灣文化是中國文化的一部分，馬英九面對溪州原住民，表示要把他們當人看，以及要以中國文化豐富台灣文化等荒謬語。

　　筆者生於國民黨敗退來台的前一年（1948）。可說是國民黨統治台灣歷史活的見證人，包括買票及作票的文化。小學至中學時代親眼目睹體驗農村社會還留有以物易物習慣，包括互易自家種植的蔬果，

這種敦親睦鄰文化普遍存在現今的日本農漁民家庭。日本人的相互鞠躬敬重、講守法與公德，導致今天日本的治安冠亞洲甚或全球，男女平均壽命亦冠全球。台灣被日本統治五十年，日本文化深深影響台灣住民的生活樣貌，此自不待言。

可悲的是，以馬英九為首的國民黨重新執政後，配合自私貪婪，沒有國家觀念的台商再度把台灣中國化，以便遂行這些懷抱鄉愁，大中國民族主義的在台中國人的心願，追求其終極統一的美夢，此實為台灣住民的不幸。

（台灣時報/2010/12/06）

政治型的教育部長

　　桃園八德國中發生霸凌事件，教育部長吳清基開始的說法，認為是小事一樁。後發現事態擴大，不得不親自到該國中瞭解一番。面對立委質問是否曾遭受霸凌，他卻回答說自己一直都當班長，所以沒有被霸凌的經驗。

　　五都選舉時，吳清基被立委指責行政不中立，在出席由教育部經費補助的「與部長有約」教育論壇，與台中縣國中小校長餐敘時比出2號手勢，公然為胡志強助選。但吳清基不但不覺羞愧不妥，竟然硬拗說是比YA，此種巧詐心態已違背誠實教育價值，可說做了很壞的示範。

　　吳清基從台北市教育局長、副市長到教育部長，一路受馬英九提攜，為了當官，一路配合馬英九終極統一的核心價值而制定教育政策，包括欲在高中加重中國歷史，以及開放陸生來台求學、承認中國學歷等，全面推行中國化的教育。

　　試問，民進黨執政時，儘管有教育部長個人政黨的偏好，但有那位敢明目張膽，在這種場合違背教育中立助選？事後還大言不慚狡辯。從歷屆國民黨或民進黨政府任職的教育部長，那一位曾有投入縣長選舉的經歷？這樣熱衷政治的人適合當教育部長嗎？

　　被喻為教育憲法的「教育基本法」揭櫫教育中立原則，遺憾者為，身為全國最高的教育首長卻不能以身作則。早在民國二十一年，已故台大校長傅斯年即指出中國教育是自上腐敗起，不是自下腐敗起。他更指出教育如無相當的獨立，是辦不好的。誠哉斯言！政客型的教育部長能辦好教育嗎？讀者自可評斷。

（台灣時報/2011/12/25）

政府應以贖罪心看待種電問題

國民黨政權統治台灣半世紀，由於沒有好的品質管理哲學，更無永續經營台灣土地之真心，竟日高喊反攻大陸。各地區的農田水利會可謂尸位素餐，宛然成為國民黨的選舉機器，平日不思如何儲備及調配水源，讓農漁民有足夠的地表水可供灌溉及養殖，也未宣導、取締農漁民違法鑿井灌溉，反而縱容經濟部所屬台糖農場及自來水公司鑿深井抽取地下水，此造成西部沿海地區地層嚴重下陷，對年平均雨量高居世界前三名的海洋國家台灣，簡直是一種諷刺，更糟蹋建造嘉南大圳灌溉系統的八田與一，這也是在日、韓等國無法目睹者。長期超抽地下水的結果，使得屏東林邊鄉平均下陷240公分，高居全國第一名。

在屏東縣長的鼓勵與規劃下，林邊、佳冬及東港民眾開始利用太陽能板種電，賣電給台電，除響應政府環保政策外，也兼能減緩地層繼續下陷。不料經濟部台電「再生能源政策」轉彎，躉購費率由「簽約日」改為「完工日」，使得包括一位法院庭長已供電5000度，台電未付半毛錢，還要收管線補助費。

平心而論，台電可說是台灣地層下陷的幫兇與共犯。君不見台電為區區電費，嘉南平原的農田旁到處林立綁著電錶的電線桿，以供抽水馬達運轉，此實蔚為世界奇觀，台電還夸夸其言，推說供電是以為農民要噴霧用。

台電這樣的作為，讓人懷疑其是否真心捍衛台灣這塊土地？是否真心實施再生能源政策，否則為何處處與民計較與爭利？就連「水污染防治法」頒布（1991）都落後美國（1970）二十一年的國民黨政府，理應帶著贖罪的心來看待種電問題。

（台灣時報/2010/12/27）

作業員！作業員！
沒工作那有金元？

　　根據主計處的報名，今年平均失業率約5.2%，高居亞洲第一名，如果扣掉短期就業人數，失業率更高。

　　馬政府主政以來即帶著濃厚的中國心，輕視台灣文化，違背人類學重視全球本土化（glocalization）的價值取向，馬英九與王曉波、郭冠英、星雲等人都認為台灣文化是中國文化的一部份，美其名為台灣人賺錢，強簽ECFA，實則搞終極統一的欺詐戲碼，配合自私貪婪的紅頂商人，台灣的資金、人才、技術全面往中國輸送，簡直是掏空台灣經濟。

　　諷刺的是，馬政府毫無限制地把台灣資金往中國輸送，台灣對外投資總額，中國大陸就佔一半以上，今如何妄想外資投資台灣？根據統計報告，包括鮭魚返鄉的外資進入台灣大都是炒匯、炒股與炒樓，反而攪亂台灣金融次序，以經濟層面視之，馬政府是一種捨本逐末，倒行逆施的作法，令人蚩之以鼻。根據經濟部的統計，近三年的外資投資金額都是負成長。

　　而厚顏無格，家人在中國做特許事業的在台中國人，海基會董事長江丙坤還大言不慚，表示經濟依賴中國大陸沒什麼不好。這樣的經濟政策，產業繼續外移的結果，徒助長貧富差距及失業率而已，因為原先在台灣的工廠作業員都被中國人民取代了，此慘狀如果不能改善，再高的GDP成長率也無法改善失業率及貧富差距。

（台灣時報/2011/01/01）

Part 2

民俗文化與教育
本土化的省思

(2011)

難道ECFA無關台灣未來嗎？

馬英九又再騙選票了，元旦又重申台灣未來由二千三百萬人民決定，這樣的說法在2007年總統選舉時不是講過了嗎？當選後結果又如何？與台灣加入WHA觀察員一樣的模式，他假藉經濟議題，推說要幫台灣人民做生意，在虛構的九二共識，一中原則下，強行簽定ECFA，他有讓二千三百萬台灣人民公投決定嗎？ECFA難道無關台灣前途嗎？

馬在面對綠卡問題，原先的回答是他們的家人沒有綠卡問題，試圖掩蓋真相，後來綠卡序號被揭露出，才不得不承認在美擁有綠卡過，但隨後又硬拗綠卡已因回台當官而自動失效。馬的欺詐台灣人民行為記錄可謂罄竹難書。馬與國民黨的核心價值就是走向被中國吞併的「終極統一」，此違反人類學重視本土化的價值取向，帶著優越霸權文化觀輕視台灣人民及其建立的融合文化，厚顏認為台灣文化是中國文化的一部份。

馬執政已近三年，不斷親中賣台的心態與行為，人民還會相信他嗎？

（自由時報/2011/01/03）

論嘉南農田水利會的組織改革

最近，國民黨立委張嘉郡、蕭景田，偕同同黨十九位參與連署，提案修「農田水利會組織通則」法。即受緩刑之宣告，未經撤銷者仍然可成為會長及會務人員參選人。藍委此種作為被批評為排黑條款開後門，讓黑金樁腳繼續掌控水利會，因此馬英九說改革是喊假的。

之前，經濟部水利署第三河川局長涉貪被檢察官求刑二十年，前後任河川局長均涉及貪污，此顯示台灣官商勾結及回扣文化相當嚴重。無獨有偶，雲林縣農田水利會前會長因在立委選舉期間透過水利會系統買票，其子終被判當選無效而失立委資格。嘉南農田水利會原隸屬於水利署，現又改隸屬於農委會，其組織及其有關事宜，是依水利法第十二條規定而制定。依據農田水利會組織通則，會長是由會員代表選出。

基本上，台灣的政治文化屬於派系文化，雲林縣的農會與水利會早已結合自成一派系，這些年來鄉鎮長或鄉鎮民代表選舉流行「同額競選」。水利會員代表選舉時也不能例外，都被操弄成同額競選，掌握會員代表就能掌控會長人選，這就是所謂人民團體（公法人）的真面目。如同農會總幹事的選舉，此種被特定派系操弄成同額競選的選舉，根本違背民主政治的意義，這是值得咱們省思的課題。

水利會進用的職員本有準公務員性質（視同刑法上之公務員），但卻不須經過基層特考或高普考，很多還是靠裙帶關係，花錢而進用，而成為近親繁殖體，請問素質怎能提昇？行政效能自然也無法提高。這難怪會發生因長年水源調配不當，無法及時供應地表水以利農民灌溉，農民只好自力救濟，乾脆違反水利法花錢鑿井抽取地下水灌溉，就連經濟部所屬的台糖農場也如法泡製。如今，雲林縣沿海地區地層

下陷平均下陷220公分，日本工程師認為如繼續惡化，高鐵會有翻車的危險，其誰為之，孰令致之？

　　由於政府早已取消對農民課徵水利稅，各水利工作站也早就不請工人疏浚清除農田灌溉排水溝，且農民早已花錢鑿井抽取地下水灌溉，即使水利會有水可供灌溉，那個農民還會花時間力氣去打開閘門，引水排入田間溝渠？筆者住家附近有人甘脆敲開水泥排水溝，引河川灌溉水進入他空的田地裡，讓河沙沉澱淤積再賣起河沙來。這種情景讓人看了悲痛。再者，用水泥砌成的小溝渠雖有利於灌溉排水的順暢，但它破壞環境生態，讓青蛙或其他生物無處躲藏，加上農藥的濫用，以及養豬場排出的糞水堆積，我們再也聽不到蛙鳴聲。最諷刺的還是，這些豪華排水溝根本派不上用場，節儉的農民，有時還發揮物盡其用功能，在淤積的水泥溝渠內種起水稻來。

　　筆者認為，除非立法院修法，讓水利會及農漁會改變其組織結構與性質，其職員的進用須具公務人員資格，否則這些組織機構根本無法提昇功能，常會淪為政治派系的禁臠與選舉機器，徒攪亂民主政治價值而已。除無法發揮組織功能外，更奢談如何治水及績效。之前，立法院通過被喻為黑金法案的「農漁業部分條文修正案」，修成法院二審判決定讞，涉嫌的總幹事才須停職，這種修法徒助長官商勾結文化的氾濫罷了，根本無法澄清吏治。

（台灣時報/2011/01/03）

話說當年稻穀換肥料政策

　　親民黨宋楚瑜在接受某有線新聞台面對面談話，論及當年蔣經國制定政策如何周延時，也提到稻穀換肥料政策，但宋楚瑜並未說明、評價此政策最後帶來農民經濟生活的影響，其談話挑動筆者的悽苦回憶。

　　外來的國民黨政府，不但沒有生態、環保意識，也沒有教育如日本農民般科學與道德化的有機栽培農耕技術，反而在官商勾結文化背景下，告訴農民使用昂貴的農藥與化學肥料，提高種植成本，好似沒有使用農藥與化學肥料就無法耕種般，最後造成土壤酸化、肥力下降與消費者慢性中毒的後果。試問，全球有那個國家的農藥或肥料公司（台肥）像台灣賺那麼多錢？

　　農民收成稻穀而後出售，方能養家活口，讓子女繼續升學受教育，今以低價稻穀向農會換取昂貴的化學肥料，農民等於做白工，這不是在剝削農民嗎？也因此家父當年雖擁有良田約二台甲，但由於穀賤傷農，所以還是入不敷出。民國五十到五十三年，筆者雖唸省立虎尾初中，區區四百多元的學雜費居然無法及時籌措出。當年大部分農家子弟小學畢業後根本無錢繼續升學。四十多年前，在沒有助學貸款的環境下，很多農工子弟即使考上大學也無法就讀，尤其是私立大學。

　　宋楚瑜在談到十八％的時空背景時，說他當年回國任蔣經國秘書時，月薪只五千多元，說當時軍人薪水如何如何，但他為何不敢對照當年農民、工人的年、月收入？為何不談軍公教子女受教育的減免學雜費及水電或其他優惠措施？撇開早期利用各省人口數作為高考錄取比例，其他藉由國防特考、甲等特考進入公務系統者不在少數，筆者大學班上外省權貴同學，也藉由「專門技術人員條例」進入公務系統，

根本不須經由高普考。如同馬英九、關中、張哲琛等人般，不食人間煙火的權貴子弟、在台中國人，宋楚瑜也只不過落入這群人的特權、霸權思維而已。

（台灣時報/2011/01/21）

以文化觀點看陳光標行善

　　1970年漫畫虎面人—伊達直人，默默行善助人旋風再度襲捲日本。日本統治台灣五十年，台灣人行善不欲人知風格即是受到日本文化影響。台灣文化包含中華、西方、日本及原住民文化等元素，如同美國或瑞士等移民國家般，它已發展出一種特殊的融合文化，絕不是馬英九、王曉波或星雲等在台中國人所言，認為台灣文化是中國文化的一部分，或厚顏要以中國文化來豐富台灣文化。

　　陳光標高調到台灣發紅包，除潛藏統戰伎倆外，也讓人意識到中國文化的面向～霸權文化，不顧弱勢者尊嚴，不會為他人設想，挑起人性的醜陋面，即所謂衣食足才知榮辱。陳光標自稱中國是老大哥，只要台灣人民同意，願意捐出家產及號召大陸企業捐錢蓋台夏間海底隧道高速鐵路，其懷抱大中國霸權文化的統戰意圖相當明顯。

　　但我們也不能太苛責駝負中國文化遺病的陳光標，最該譴責者即是親中賣台的馬政府，是誰讓陳光標以商務考察名義進入台灣，而後做出名不符其實的發紅包活動？誰讓台灣人失業率連續兩年高居亞洲四小龍第一名？如今還厚顏無恥，讓陳光標有機會來台目睹弱勢族群的跪拜與哀鳴？馬政府把台灣搞成如此模樣，有尊嚴的台灣人能繼續忍受下去嗎？

（自由時報/2011/01/31）

就因認同問題，才發生江南案

　　江南案策劃者之一，前軍情局退休少將陳虎門，針對陸軍司令部通信電子資訊處長羅賢哲少將間諜案，表示國軍從小唱三民主義國歌，效忠中華民國，如果這些變了，就會產生認同問題，暗諷民進黨執政時才讓羅賢哲產生認同問題而被中共吸收，卻撇開其無法抗拒女色與金錢，進而挺而走險等關鍵因素。

　　這些寡廉鮮恥的在台中國人，終生領台灣人民納稅錢卻輕視台灣土地及其人民。以違法卑劣的手段，利用幫派份子，丟人現眼暗殺華裔美人作家劉宜良，最後國家還不得不拿人民納稅錢賠償江南遺孀。此種有辱國家，腦殘的行為還有臉夸言國家認同問題，豈不怪哉！

　　軍隊本應國家化，必須如美國軍人般嚴守政治中立原則，效忠國家、土地與人民，而不是認同個人或某個政黨，不管這個國家名叫中華民國或未來的台灣民主共和國，因此軍人根本沒有所謂國家認同問題。只有把國軍與國民黨畫上等號，混淆在一起，國軍變成黨軍，軍人才會介入政黨核心價值觀的紛爭，而產生不知為誰而戰及為何而戰等問題。

　　馬英九上台後，不斷矮化國格及出賣主權，面對紅色中華人民共和國，中華民國與國旗幾乎不見了。筆者倒要請教陳虎門們這些在台中國人，現在你的國家認同又如何？是否認同馬英九所揭櫫，在一中原則下，台灣與大陸只是區對區而非國與國間的關係？這樣敵我不分，模糊的國家定位反而更有認同問題。

（台灣時報/2011/02/14）

張曉風的中國文化夢

　　與馬英九一樣獨厚四書五經，前東吳大學中文系退休教授，也是教育部課程發展小組成員張曉風女士，得意教育部能將倫語、孟子等列入高中「中華文化基本教材」必修課程，授課時數也多了一小時，但她卻辯說此與馬英九的親中政策無關。

　　這就是深受中國文化薰陶的在台中國人的嘴臉，即說一套做一套，且言不由衷。如果中國文化那麼優質，今日台灣的環保成績就不會那麼糟糕，美麗的福爾摩沙島國也不會被搞得千瘡百孔，破敗不堪，她也不必跪求馬英九，懇求保留綠地，為台北市多保留一個肺。當然中國也不會以一千多枚飛彈對準台灣。筆者倒比較贊同有批判思考能力的柏楊的看法，即中國文化是醬缸文化，是髒與亂的文化。

　　日前在阿里山，為搶小火車座位，江西團與福建團大打出手，還有臉脫隊到觀光局陳情並要求賠償一百萬元，可說把在中國的那一套文化搬到台灣丟人現眼。

　　在此，筆者還是要引出大學者梁啟超對中國民族劣根性的看法。他批評中國人缺乏公德，卻重私德，把中國人的缺乏社會道德，不會為他人設想，歸咎於中國自古以來即以四書五經作為道德典範，但其中內容卻以私德為本位，他認為公德被私德所掩蓋的結果，人民的心理易趨於庸懦、卑鄙與巧詐。

　　梁啟超的警語可見證於目前的中國社會，或許也可作為這些喜歡賣弄四書五經的在台中國人，不食人間煙火的權貴子弟，及自詡為高級外省人的省思。

（自由時報/2011/02/16）

民俗活動理應考慮環保

　　鹽水蜂炮及台東炸寒單爺、苗栗炸龍活動已如火如荼展開，成串的地面鞭炮燃放，可謂喧天價響。各國存在不同形式的民俗活動，舉世皆然，但隨著科學認知、環保意識的抬頭興起，每個國家都應與時俱進，提昇改善宗教文化。在台灣，如果你站在空氣、噪音污染前題下，提倡不（減少）燒香及金紙或不燃放鞭炮，一定會引起業者不滿及撻伐。

　　中國大陸劣質有毒香及金紙早已進入台灣廟宇，此讓善男信女感到不安。根據耶魯大學和世界經濟論壇所公佈的環境永續指標（ESI）中顯示：台灣的環保成績在147個調查國家中，排名146名，全世界倒數第二名。其中，空氣氮氧化物（NO）x排放全世界第二高。尤其台灣機動車輛的密度全世界第五高，可說是空氣氮氧化物排放的罪魁禍首。

　　試想同是海洋國家的日本，早已建立購買車輛必需備有停車位的制度，其環保成績傲視亞洲各國。汽機車密度如此之高，行經城市街道可謂摩肩接踵險象環生，未來有可能吞沒整個台灣島國，加上大小廟宇及私家廟林立，選舉頻率如此之高，筆者認為燃放鞭炮及燒香、金紙或炸寒單爺、炸龍、搶頭香等有違環保教育等民俗活動文化，理應變革改良之。這方面內政部可向環保成績卓著的日本借鏡看齊。

（台灣時報/2011/02/20）

228館重新開幕驚見王曉波

　　台北市二二八紀念館更新常設展覽今天開幕，由於將元兇蔣介石的派兵鎮壓，美化成「寬大處理，秩序恢復」，此舉讓遺族、學者與民代不滿。弔詭的是，筆者赫見台大哲學系事件當事人，現任「中華統一促進黨」副主席，被馬英九稱呼「大哥哥」，今為文化大學哲學系教授王曉波，就站在馬英九後方。

　　王曉波也是馬英九安排進入教育部「高中歷史教科書課綱小組」的黑手之一，把台灣歷史聯結至三國時代，以遂其認為台灣自古以來就是中國的一部份，而今只是中國的一區。

　　發生在1973-1975間的台大哲學系事件，包括陳鼓應、李日章等多人當年被迫離開台大哲學系。此事件是在台灣人總統李登輝主政下，組成專案調查小組讓渠等平反並賠償而重返台大任教。如果是馬英九執政，以他一路走來反民主的心態，更是不可能有機會讓其平反。

　　有自由、民主與人權價值理念者，會違背人類學所揭櫫的本土化價值，而輕視台灣人及其發展出的融合文化嗎？會處心積慮要與專制霸權的中國文化聯結，帶領人民走向終極統一嗎？因此，嚴格說來，馬英九不配當台灣人總統，而王曉波也不配成為台大哲學系受害人，更愧對民主先生李登輝的良善心意。

（台灣時報/2011/02/27）

世紀的災難，冷酷的心思

　　東京與千葉的自來水被測出含碘-131，使得日本政府不得不大量發放礦泉水解圍，此事讓人不勝欷歔。有居住或旅遊日本的人都知道日本的自來水是可以生飲的，如果發生在台灣，自來水本就不能生飲，被污染的自來水又不能加熱增加其危險性，居民的慘狀可想而知。

　　正當德國宣示全面廢核，增加替代能源之際，馬總統卻高唱續建核四，還要讓其他三廠延役，實在讓人痛心，此更加印證國民黨外來政權的核心價值，根本沒有永續經營台灣之心，視台灣人民如草芥，反正國民黨這些自私、冷酷的高官們，大都擁有綠卡或楓葉卡，發生災變後他們馬上拍拍屁股走人，台灣只是渠等當官撈錢致富的過站而已。

　　君不見中華民國退出聯合國時，這些追隨蔣介石來台的權貴者後代，紛紛避居美國或加拿大嗎？馬英九綠卡的取得也在那個時間點。現馬英九的兩個女兒都擁有美國籍，長年在美國求學工作，請問全世界有那位總統的兒女會如此選擇與作為？

　　這樣的人有資格當台灣總統嗎？有資格誇言「我愛台灣，我要核安」？老是拿發展經濟而犧牲環境來唬弄台灣人民，把台灣這塊土地搞得千瘡百孔，殘破不堪。全球十四座危險核電廠，台灣四座全列入，若美國的三浬島、蘇聯的車諾比及日本福島的核能災變，還無法讓老K懸崖勒馬，筆者真是不解。

（台灣時報/2011/03/28）

菜市場不應是髒亂的代名詞

　　媒體爆出雲林縣斗六市菜市場攤販佔用人行道，可說摩肩接踵，寸步難行，甚至有被吃豆腐與扒竊的發生，此種髒亂的市場文化值得探討。

　　台灣的城鄉菜市場或黃昏市場可說普遍呈現髒亂，甚至蚊蠅叢生，尤其馬政府上台後，失業率高居亞洲第一名，找不到工作者，就去市場或路邊擺攤作生意，所以這兩三年來攤販增加特別多。市場、攤販髒亂與否的文化，其實反映民族習性與教育文化水平，尤其現兩岸往來逐漸密切，作家柏楊筆下髒與亂的中國文化更容易引進台灣來。

　　此次日本的世紀核災，我們可看出其人民冷靜臨危不亂，避難所衣物用品排放仍然井然有序，不像台灣八八水災的避難所的雜亂無章。整齊、清潔、有序可說日本人生活文化的表徵，其統治台灣五十年也是如此教育台灣人民。戰敗後，取而代之者為中國霸權文化大舉入侵，台灣的學校與社會也不再強調生活與公德的文化了。

　　君不見北京市著名景點的王府井商街髒亂無比嗎？街道滿佈殘渣、碎屑；頤和園的池水宛如三十多年前的高雄愛河般，而此種髒亂景象根本無法在日本的城鄉任何角落出現。筆者認為台灣的管理文化應向日本借鏡，而不是開倒車般受中國文化影響。四書五經裡含有這種進步、文明象徵的衛生、公德、秩序的文化嗎？以中國大陸為馬首是瞻的國民黨政府能不戒慎省思嗎？

（台灣時報/2011/04/05）

中生連提問都不忘統戰

　　馬英九總統到新北市聖約翰科技大學與學生作交流活動，董事長辜嚴倬雲公然為馬英九拉票。馬提問一些問題，隨機點到來自中國的交換學生，發言時該生卻稱「馬先生」，公然鄙視不敬，但他卻不在乎，自我感覺良好，未及時機會教育，提醒這位中生。這種作賤自己，丟盡「中華民國」尊嚴的人，如何捍衛國家主權，難怪他曾說主權是虛幻的東西。

　　在台灣，即使是反對他的本土學生，在那種場合裡也不致囂張到稱眼前的總統為馬先生，因那是一種基本禮貌，但含有中國霸權文化基因教育出來的學生就敢如此。該學生根本不把馬英九放在眼內，其心目中的馬英九充其量如同香港的特首曾蔭權先生而已。國民黨立委郭素春應從此點切入，來質詢教育部長，而不是關注學生需不需要站起來回答馬英九的提問。

　　就因為台灣住民的作賤自己，才會選出作賤自己，自我矮化，沒有台灣心的總統，也難怪台灣人在郭冠英或王曉波、星雲等在台中國人心目中只是「台巴子」而已。被陳雲林稱呼「您」及被中生稱呼「先生」都無所謂的人，有資格做中華民國或台灣總統嗎？今還想競選連任總統呢！臉皮實在有夠厚了。

（台灣時報/2011/04/13）

自稱拉筋拍打能治病者離台了

　　來台搖擺中國人，自稱拉筋拍打可治病的蕭宏慈遭罰鍰，被勒令離境。資深藝人張俐敏及多名支持民眾前往機場送行。筆者比較好奇者為張俐敏小姐的囂張行徑，張俐敏認為蕭宏慈並未作姦犯科，為何會受如此待遇？

　　猶清晰記得，上次總統選舉前，這些平素長住美國，跟蔣介石來台的外省籍第二代紛紛回台投給馬英九一票。當記者提起馬英九綠卡問題，不料張俐敏卻回應說即使馬英九是外星人也要選給他，這種只有立場而沒有是非，也不問馬英九是否有領導能力，思緒相當明顯。

　　這就是目前台灣是否能成為主權獨立，脫離大中國意識的困境所在。從李登輝到陳水扁二十年間好不容易建立一些台灣意識，直到馬英九執政後又全面性的中國化，形成台灣只是一個區域，台灣人也是中國人的概念，此種概念已逐漸把台灣香港化。

　　許信良嫌馬英九對中國大陸不夠開放，來台觀光人士不到香港的一半，但他卻惑忘香港已是中國的一部份，而台灣呢？中國已經收回香港了，中國對台灣虎視眈眈，可說統戰無所不在，台灣被吞併的風險不必顧慮嗎？

　　筆者認為台灣意識應從國小就建立起來，有足夠的台灣意識才能擺脫大中國意識的蹂躪，擺脫自私、沒有公德心，劣質的中國文化而走向有自己特色的台灣融合文化。許信良是太過天真，還是另有所圖？

（台灣時報/2011/04/25）

政客與被愚民者心中皆無環保

　　經建會主委劉憶如為安撫支持國光石化者，到大城鄉與鄉長、村民代表座談卻被反嗆，紛紛表達對政策轉彎的不滿，揚言總統選舉走著瞧。但430反核行動料將有萬人上街頭。

　　由於台灣社會的民主多元化，環保意識的逐漸抬頭，進而理性抗爭，馬英九為連任也不得不低頭，否則以老K一向只重GDP的成長而輕環保，更不管居民的健康死活，怎可能會政策轉彎？想當年國民黨籍雲林縣長廖泉裕支持六輕至麥寮興建，那時的雲林縣民被愚民政策，教育得靜悄悄的，完全沒有反對的聲音，而今卻自食惡果。

　　讓人不解的是，對環境保護與健康醫療的重視可說舉世皆然，地狹人稠的台灣更應強加關注，為何國民黨立委鄭汝芬及大城鄉長還有臉率部分鄉民支持，其環保教育可謂失敗也，筆者懷疑先前是否得到國光石化的好處？

　　更值得省思者為，是誰教育台灣人民可以為了錢不要命，笑貧而不笑娼？敗退來台的國民黨外來政權統治台灣五十年，把霸權、自私及沒有公德心的中國官商勾結文化帶到台灣來，全面取代含有中華、西方、日本及原住民元素的台灣融合文化，只把台灣當成反攻大陸的跳板，沒有真心對待、永續經營台灣這塊土地，以至形成今日台灣功利扭曲、不重生活與道德教育的中小學學校文化，更不用談環保教育了。

（台灣時報/2011/04/30）

反動沒有民主的文化基因，試圖在台灣複製

前總統李登輝在主持「終止動員勘亂時期二十周年研討會」拋出制憲、正名讓台灣成為正常化國家。

國民黨文傳會主委蘇俊賓裝蒜，針對李登輝批評馬英九等民主改革反動者仍掌握國家機器，扭曲台灣主體意識，反過來打壓民主發展的說法，表示李必須拿出具體事實。

馬英九一路走來反民主的心態與作為，可謂人盡皆知。從早年留學被懷疑當職業學生，讓他人列入黑名單，主張總統委任直選，到最近的ECFA不讓人民公投以及不必透過修憲、修法而強行合併立委與總統選舉，反動、反民主事跡罄竹難書。

法國社會學家柏杜爾（Pierre Bourdieu）提出文化複製理論（cultural reproduction），認為在社會空間中，散佈著一種文化資本（cultural capital），可藉由繼承或投資轉移，他認為文化在教育系統中是一種隱藏功能，是偽裝機制的呈現，這種機制與功能並不容易為人所覺察到。

懷有中國專制霸權文化基因的在台中國人一向是反民主的，這也是中華民國憲法當年無法在中國大陸或今日也無法在台灣真正實施的根本原因。台灣人民應用選票讓台灣成為台灣人的台灣，而非中國人的台灣。

（自由時報/2011/05/02）

比較中國與日本人的恥感文化

日相菅直人再度為福島核災向國民道歉，並宣佈從6月起將不領58萬月薪，直到福島核一廠危機落幕為止。菅直人並表示要全面檢討現行的能源計畫，放棄2030年前將核能發電量提高至日本總電力五成以上的目標規劃。

對照馬英九八八水災的延遲救災，以及承諾633達不到時要捐出薪水，結果卻食言，在台中國人與日本人的恥感與誠實文化簡直天壤之別。諷刺地是，國民黨統治台灣五十年把台灣全面中國化，重新執政後藉由統派學者把黑手伸入教育部高中國文及歷史課綱小組，把中華文化基本教材列為必選，還增加一學期的中國歷史，把台灣歷史連結至三國時代，試圖符應中國大陸政府，形塑台灣自古以來即是中國的一部分，欲圖消滅台灣主體意識。

兩岸隔絕五十年，台灣住民早就形成與中國霸權文化迥異的融合文化，因此台灣文化絕不是中國文化的一部分，若以人類學重視本土化價值的角度視之也應是如此。馬英九及王曉波、關中、郭冠英等在台中國人輕視台灣人民及其所形塑的文化，莫此為甚。

馬英九等這些在台中國人及其子女們，一向滿腦子都自認自己是中國人，追求終極統一的核心價值，因此最近爆發WHO內部機密文件，早把台灣納為中華人民共和國的一省，但馬政府還花五百萬美金讓台灣成為WHA觀察員，把此作為政績來驕傲台灣人民，無恥及親中賣台行為令人髮指。

（台灣時報 / 2011/05/13）

原住民同胞醒醒吧！

　　國民黨中常委，台商代表廖萬隆建議限制原住民通婚，他認為現在的原住民已經是雜種。此話一出，父親是外省人，最親中國大陸與國民黨的原住民立委高金素梅也痛批血統論的落伍思想。高金也不得不說出，民進黨執政時還立了「原住民基本法」，馬英九上台三年沒有通過任何原民法案。

　　國民黨敗退來台後，把台灣再度全面中國化，教育台灣人民要做中國人。當年競選台北市長的馬英九自詡為新台灣人，總統選舉前說自己燒成灰也是台灣人，當選後就改口說自己是台灣人也是中國人，儼然把台灣視為中國的一區或一省，其家人與連戰一家都自稱是中國人。最近WHO密件把台灣列為中國的一省，馬被揭發出來才假惺惺地握緊拳頭作勢抗議。

　　國民黨統治台灣五十年，以優越霸權觀點輕視台灣人與其所建立的融合文化，老是認為台灣文化是中國文化的一部分，雖然違背人類學重視本土化的價值取向，但懷有霸權文化基因的老K跟本不管台灣住民的尊嚴與感受。

　　老K對待台灣人都敢如此，當年在學校裡還不准講台語，原住民又算什麼？還記得馬英九對溪州原住民部落的談話，以及八八水災對小林村的遲延救災嗎？今如果不是為選票，誰理你們原住民？敦厚篤實，容易受騙的原住民同胞該醒醒吧！

（台灣時報/2011/05/18）

全球競爭力躍升能代表什麼？

　　IMD公布2011年世界競爭力年鑑，台灣競爭力比去年上升2名至全球第六名，遠勝日韓。但政府效能卻大退4名，成為第10名。

　　筆者要提出質疑者為，全球競爭力提升，為何失業率還是高居亞洲第一，貧富差距也飆上75倍，遠高於日韓？可見競爭力必須化成人民實質的幸福與安定感才有意義，否則只是空殼與虛幻的假象而已，馬政府還厚顏以此視為政績而驕其國人？

　　如同兩岸的假象和平，如果這種緩和是以出賣主權、國格、尊嚴及掏空台灣產業換來的，不要也罷！馬英九承認自創的九二共識，一中原則，默認台灣是中國的一區或一省而換來中共的善意，甘冒台灣被吞併的危險，台灣人是不屑也不會同意的。

　　馬政府執政三年，台灣的財政惡化，舉債上升，上市櫃公司去年匯中1750億，匯回僅64億，不到4%，政府效能大退4名。在這樣的背景下，全球競爭力躍升又能代表什麼？

（自由時報/2011/05/21）

難道與全面中國化無關嗎？

　　塑化劑DEHP添加在飲料、食品或藥劑中陸續在清查與曝光中，單單昱伸公司波及的廠商就已186家，污染產品371項。筆者要提出質疑的是，三聚氰氨的發生已讓台灣的廠商與消費者付出慘痛代價，為何台灣的香料業者還是膽敢違背良心將塑化劑加入起雲劑內呢？

　　中國大陸的黑心產品早已惡名昭彰，舉世皆知。此當然與中國人自私貪婪，私德重於公德，缺乏法治觀念的民族性有關，這樣的傳統文化，國民黨重新執政後，透過教育部與統派媒體機器，欲圖使台灣人沐浴在中國文化中，可說在開道德生活文化提昇及轉型的倒車。

　　台灣如果讓親中仇日的馬英九國民黨繼續執政，台灣難得建立已久，有別於中國大陸的優質文化又會倒退，台灣人的道德與法治文化一定會全面淪喪，這是台灣住民的悲哀，也是包括筆者在內的台灣人不願目睹者。三通直航早已進行，陸生即將來台就學，陸客自由行也即將實施，全面的中國化鋪天蓋地展開，這是身為台灣人最感憂心的。

（台灣時報/2011/05/30）

溫和與拙於言詞反是蔡英文罩門

蔡英文一向以理性溫和形象自居，她的拙於言詞，對馬英九的批判力道與強度始終不夠，曾被批評為女版馬英九，這使得支持者頗為憂心與失望，也使自己的民調總是無法超越馬英九甚多，統派媒體的民調還輸給馬英九。照理說，國民黨馬英九執政三年多，台灣不論在國家主權與經濟力都倒退甚巨，可說執政績效都比民進黨還來得差，尤其在失業率與貧富差距方面更是創新高。

這樣的執政績效，蔡英文的民調理應超越馬英九甚多，如此統媒也沒有臉操弄民調成馬英九勝過蔡英文。或許蔡英文要讓民進黨擺脫被認為暴力黨的形象。但她是否認知國民黨才是真正的暴力黨而加以反擊？撇開二二八的屠殺台籍精英，敗退來台後，從兩蔣以降，多少異議人士被警總暗殺？包括最近江國慶的被冤殺事件。因此，國民黨才是不折不扣的暴力黨。

蔡英文如果繼續搞溫和理性表象，不精練口才，會讓人覺得魄力明顯不足。等到總統選舉辯論時，面對伶牙利嘴，黑紙可以講成白紙的馬英九，就如同先前ECFA辯論，等於幫了馬英九的大忙，如果讓馬英九繼續連任，台灣人真要流於萬劫不復之境。

蔡英文曾留學英國，應抬頭看看鐵娘子柴契爾夫人的作風，或現德國總理梅克爾的談話氣勢，展現堅強的領導信心，否則帶有男性沙文主義的台灣社會，如何去除疑慮相信女性候選人有領導與治國能力？

（台灣時報/2011/06/06）

台灣米蟲，中國軍

　　針對退役將領在中國大陸的賣國談話，前空軍退休副總司令李貴發在電視媒體上，還為他們擦脂抹粉，美化成是為兩岸和平而努力。甚至把退役將領到欲併吞台灣的中國大陸消費置產及甘願被統戰，與退役後旅居日本與美國性質相提並論。

　　新黨主席說，中共要消滅中華民國，所以是咱們的敵人，但在國內，民進黨主張台獨也是要消滅中華民國，所以也是敵人。把政治主張不同的反對黨當成「敵人」而不是「對手」，實背離民主政治的真諦與風範。

　　前政戰部主任許歷農上將與郁慕明主席、成功高中與筆者同屆畢業的立委李慶華，都屬主張急統的新黨，都是口口聲聲捍衛中華民國，但這些言行不一的人到了中國大陸就噤若寒蟬，絕口不敢提中華民國四個字。然而，自從馬英九國民黨重新執政後，在虛構的九二共識，一中原則下，不正是在消滅中華民國嗎？

　　早年在反攻大陸政策下，把主張台獨者視為中共的同路人。諷刺的是，反共正是這批在台中國人，聯共媚共也是這批人。對某個將領所說「共軍、國軍都是中國軍」，郁主席刻意把「中國軍」硬拗成「中華民國軍」，等於在騙三歲小孩，難道這是中國人詐騙的民族性使然？

（自由時報/2011/06/11）

李氏兄弟齊心救高鐵

　　立委李鴻鈞曾說出高鐵地層下陷若不解決，有朝一日會變成雲霄飛車。而其兄現任行政院工程會主委李鴻源認為，若不治本讓其繼續下陷，高鐵撐不過十年。

　　兩位留學日、美工學博士的預警雖聳聽，但有其道理存在。李主委近日視察的高鐵雲林土庫段，跨越台七十八線附近，去年沉陷值為六點八公分，超出四公分的標準值。根據水資局監測資料，高鐵通車八年來，雲林段累積地層下陷量逾六十三公分，其中跨越台七十八線道路橋墩更逼近安全容許值。

　　筆者要提出質疑的是，高鐵通車八年來，彰、雲、嘉緊臨高鐵沿線的農、漁用水井有封過半口井嗎？答案是否定的。據筆者所知，電力公司土庫服務所人員還教唆農用水井主人不必理會封井通知。李主委難道未目睹高鐵旁，供抽水用，綁著電錶的電線桿到處林立嗎？真可謂世界奇觀。在蔣介石移植到台灣的官商勾結文化背景下，台電可說是台灣地層下陷的幫兇與共犯。

　　一談到農漁民的封井，民進黨政治人物為選票考量，帶領農民抗議而不思國土的永續問題。或把其歸罪於供應六輕大量用水的集集攔河堰阻斷水源，導致地下水涵養補注不足所致。筆者認為這種說法是見樹不見林，六輕興建前雲林縣沿海地區地層下陷就已相當嚴重。試問，屏東林邊鄉地層下陷高度居全國第一名，它不是農漁民經年累月超抽地下水所肇禍嗎？何況地下水的涵養補注只是暫緩下陷而已，地層一旦下陷根本無法恢復原來高度。身為農家子弟，四十多年前有幫父親以地表水灌溉經驗的筆者，道出此真象是痛苦的決定，但農漁民常年被重工業輕農漁的國民黨流亡政府漠視與犧牲，筆者亦敢苟同

仇，然魚歸魚，蝦歸蝦，辛苦的農漁民還是要守法，為自己後代子孫居住與土地正義著想。

　　日本工程師八田與一，好不容易建造完善的嘉南大圳灌溉系統，但交到國民黨手中就變了樣。不論現今的日本或當年統治台灣時，會讓農漁民違法竊取地下水灌溉嗎？就連現在的韓國也沒看到政府可任由農漁民如此作為。為什麼日本與韓國農漁民可以不靠抽地下水來養殖而台灣就不能？年平均降雨量居全球一、二名的台灣，其地表水跑到那裡去了？這就是政府的治國管理效能不彰。再者，嘉南農田水利會調配水源的功能在那裡？是否空佔毛坑，尸位素餐，只流於國民黨黨的選舉機器？

　　受地層下陷所困的高鐵，其行車安全廣受人民憂慮，其誰為之？孰令致之？

（台灣時報/2011/06/19）

門打開，怎顧厝？
——飼養老鼠，咬布袋

　　陸委會經常推出，為馬英九擦脂抹粉的廣告，就是「門打開，阮顧厝」及「正路丸」噱頭。尤其找演員陳博正，穿夾腳拖鞋，吊兒郎當來表演，到底在影射什麼？簡直是歧視台灣人民及其文化，居心叵測，此難怪郭冠英會辱罵台灣人為「台巴子」。

　　以馬英九的親中賣台，低劣的治國與管理能力，早已沒有國安心防了，即使門未打開，中共的間諜與統戰都無孔不入，頻讓台灣招架不住，更何況門大拉拉地打開？若說馬政府能顧厝，那才是天大的笑話。國共在大陸不斷的鬥爭與內戰，爾虞我詐，國民黨終究敗退流亡至台灣。不幸並讓人痛心的是，吃台灣米，喝台灣水五、六十年，台灣人作牛作馬養他們一輩子，到頭來他們的宗主國還是中國大陸，退役將領與外交官的賣台言論就是例證。

　　羅賢哲共諜案，如果不是美國中情局的通知，當事人還逍遙法外呢！「門打開，阮顧厝」，如同當年的反攻大陸或三民主義統一中國，這種欺騙宣傳伎倆，簡直把台灣人當三歲小孩耍弄。

　　筆者認為愛錢，喜當官，配合馬英九賣台政策的陸委會主委賴幸媛應帶罪下台，才配稱顧厝的台灣人，才有台灣人的骨氣。以馬政府的行政效率，陸客自由行，台灣到處都是共諜，門打開，又如何顧厝呢？

（台灣時報/2011/06/24）

建中生爭學校尊嚴

　　親中賣台的馬英九當台北市長時，打著與國際接軌表象，將建國中學從「Chien Ku0」通用拼音，改成「Jianguo」漢語拼音。

　　當年馬英九還只是台北市長，很多人被其哈佛大學博士學位所迷惑，誤以為他真為國際化著想，更何況李、扁推動台灣本土化，強化台灣主體意識，確保主權，雖然合乎人類學所揭櫫的本土化價值取向，但包括馬英九在內，主張終極統一的在台中國人，深怕台灣走向法理獨立，配合其宗主國的漢語拼音，就這樣把建國中學與景美女中多校的傳統校名給改掉了。

　　建中集精英於一爐，畢業生在各行各業嶄露頭角，奉獻給台灣這塊土地。四十年前，台北市前三所明星男校，以附中生較活潑臭屁，成功生老實呆板，而建中生顯得守成沉穩。民主多元化後，今建中生能站出來為傳統爭學校尊嚴，讓人眼睛為之一亮。比較遺憾者為，陳水扁市長四年任內，居然未能拿掉校門口內那尊蔣介石肖像，懷柔外省族群，到頭來還是無法連任台北「中國城」市長，今還被關在龜山監獄。

　　撫今追昔，一路走來反民主的馬英九，就任總統以後的種種施政作為，都在為打造終極統一環境而準備。令人嗤之以鼻的是，明明沒能力統一中共，但包括許歷農與陸以正，這些退役將領與外交官，還忝不知恥，硬把「都是中國軍」及「兩岸都是一家人」說成是要統一對岸的話語，此又流於當年反攻大陸的神話戲碼。問題是，有良心與正義感的台灣人還要繼續受騙嗎？

（台灣時報/2011/06/28）

香港民調拆穿中國謊言

　　香港中文大學與香港大學最新民調均顯示，不論在生活質素、經濟狀況與政府管治面向，都有超過五十％以上認為變差了，政府管治面向還高達六成以上民眾認為變差了。此數據可說重重打了馬英九及在台中國人，這些極欲把台灣香港化或走向終極統一者耳光。

　　大約在二年多前，有香港遊客不忌諱，在高雄捷運站公然與主張台灣主權獨立者，前總統李登輝照相，當時筆者就已嗅出港人對回歸中國統治的不滿。語云：「新的不來，怎知舊的好？」，如同日本戰敗，把台灣交給盟軍中國戰區統帥蔣介石托管，台灣人才發現有霸權、貪官污吏、官商勾結文化的中華民國政府管治能力，比日本人差一大截，「狗走豬來」，文化的衝突導致產生二二八事件。

　　此民調顯示五十歲以上香港市民較緬懷舊時光，最認同自己是香港人。可見香港被英國殖民統治一百年，已經產生與中國不同價值與生活的文化。台灣也是如此，融合的台灣文化絕對不是馬英九、連戰、王曉波、郭冠英、星雲這些在台中國人，認為是中國文化的一部分。台灣文化有日本文化的元素，如同香港文化有濃厚的英國文化般。

　　為今之計，必須讓台灣人來統治管理台灣，而非在台中國人聯合中共來治理台灣，台灣人才能有尊嚴與出路。

（台灣時報/2011/07/04）

統一已是進行式，又何必談判？

　　馬英九在國民黨十八全會表示，後四年任內絕不會與中共進行統一談判。筆者未知還有多少台灣人會相信他的話？就任總統三年多，他欺騙台灣人民的話可謂罄竹難書。最近，特偵組起訴前總統李登輝，他也辯說自己未干預司法。然而，明智的台灣人不會再上當了。

　　國民黨馬英九重新執政後，其所作所為，都是為打造統一環境而準備，而且以溫水煮蛙方式進行，也就是說統一的工作早默默進行，但為了騙選票而不敢明說。難怪連主張一國兩制的作家李敖會說他「人面獸心」。選舉到了，馬英九又重施故技倆，表明他任內不會與中共進行統一談判，騙騙台灣人。台灣人一定要覺醒，否則未來恐怕一覺醒來，台灣已到處插滿五星旗。

　　馬英九說民進黨如果重回執政，不可能像國民黨清廉，卻不思從三合一縣市長直到五都選舉，國民黨籍候選人賄選被起訴者約為民進黨的十一倍，黨產至今未還給人民，馬英九還有臉說國民黨有多清廉？1949年，國民黨為何會敗退到台灣來？國民黨曾記取在大陸失去民心的教訓嗎？

　　馬英九口口聲聲反台獨，但從不說反統一，還大言不慚說「不統」並不排除統一，然「不獨」為何不說不排除獨立呢？所以，馬英九「不統、不獨、不武」口號只是障眼法。其表示任內不會與中共進行統一談判，是在欺騙台灣人，更是在騙選票。其親中賣台行徑已是昭然若揭，有良心與正義感，捍衛台灣主權與尊嚴的台灣人還會繼續受騙嗎？

（台灣時報/2011/07/07）

女神卡卡在台被吹中國風，
莫名其妙

　　看到民眾徹夜排隊後，像蝗蟲般，有人插隊而爆發衝突，僅為拿到女神卡卡演唱會入場卷。搶女神卡卡門票，如同廟宇搶頭香的亂象，令人感嘆。此種場景讓筆者想起日本福島核災，災民排隊領礦泉水與救濟品，或井然有序排隊購買 i-pad 的對比。日本福島核災讓全世界見識日本教育文化的優質，也印證日本全面「品質管理」（TQM）的哲學。

　　中國人的生活教育與道德教育是失敗的，此由陸客在五星級旅館及觀光景點的不排隊、亂吐痰或丟紙屑即可看出。台灣被日本統治五十年，將原有中國人髒與亂、不衛生及不守秩序的習性也被日本教育革新。因此，早年受過日本教育的台灣人普遍守法、守秩序與有公德。蔣介石敗退來台後，其帶來的第一、二代外省人也都受到含有日本文化的台灣文化影響、薰陶。所以兩岸隔絕五十年後一旦交往，許多人回到老家大陸探親，始驚覺兩岸文化已有明顯的差異。

　　相對於台灣文化而言，中國文化是霸權、專制、優越感的文化，歷代以來都是如此。因此，親中賣台，搞終極統一的國民黨馬英九重新執政後，又全面進行中國化的賣台行為，包括將中華文化基本教材列為高中必選課程，此對已經比中國文化優質的台灣「融合」文化是一種損傷與倒退。尤其對教育文化的斲傷是深遠的。台灣人對此應有省覺，應讓台灣人來管理台灣，而非懷有大中國民族主義的在台中國人聯合中共踐踏台灣，台灣人才有尊嚴與出路。

　　統媒電視播放女神卡卡坐龍椅召開國際紀者會，現場搞出黃帝下詔書及燈籠等所謂的中國風，那是侮辱台灣人，因為大部分台灣

人如同香港人般都不願做中國人。因此，在台灣搞中國風，簡直莫
名其妙。

（台灣時報/2011/07/08）

國民黨內的台籍大老
為自己抑或台灣人民？

吳伯雄在國民黨十八全大會說，「很多人事不滿意」，但「在大是大非前，不爽擱一邊」，這種話讓人嗤之以鼻。筆者要問的是，你所謂的大是大非所指何物？是馬英九的親中賣台，走向終極統一嗎？還是守護台灣尊嚴與主權？

包括蕭萬長、吳敦義、王金平、許水德、邱創煥與吳伯雄，身為土生土長的台灣人，為既得利益及子女的升官發財致富，對馬英九不斷將台灣香港化，造成台灣失業率與貧富差率雙雙創新高，台灣薪資回到十二年前，此種慘狀你們竟可視而不見，今還有臉講大是大非。親民黨最近不是批評馬英九執政三年背離以民為本嗎？

吳伯雄說此次總統選舉，不是為馬英九而是為國民黨與中華民國永續存在。這種說法真是可笑。跟許歷農、郁慕明一樣，吳伯雄多次造訪中國大陸，與中共高官把酒言歡，然絕口不敢提中華民國四個字。諷刺的是，現今反而是民進黨在捍衛中華民國的尊嚴與主權，這是民眾有目共睹的。筆者認為，馬英九的一中原則，才是消滅中華民國的罪魁禍首。

更何況，如果沒有當年黃文雄的刺蔣案，蔣經國開始大量起用台籍精英，你們這些人能在黨國內當官嗎？這些人也繼續受李登輝提拔栽培，而今李登輝被司法迫害，包括王金平這些台籍大老敢譴責馬英九嗎？

香港回歸中國十四年，民調顯示不論在生活質素、經濟狀況與政府管治面向，都有超過五十％以上認為變差了。大部分香港民眾自認是香港人而非中國人。馬英九輕視台灣人及其所建立的融合文化，認

為台灣文化是中國文化的一部份，說自己是台灣人也是中國人，極欲將台灣香港化。這種不認同台灣的人，有資格當台灣或中華民國總統嗎？在國民黨內的台籍大老們，繼續在國民黨內吃香喝辣，不敢發聲，能對得起台灣人民及這塊土地嗎？日本人批評台灣人愛錢、怕死與喜當官，不就映照在你們這些人的身上嗎？

（台灣時報/2011/07/10）

救財團抑或救台灣土地？

　　行政院決定花528億，封掉彰、雲、嘉967口非農漁用深水井。最近，行政院工程委員會主委李鴻源及其弟李鴻均雙雙關懷高鐵，雖是亡羊補牢，遲來的土地正義，但還是值得讚許。

　　如果不是高鐵的興建，地層下陷危及其營運安全，以及人民的身家性命，把台灣當成過站的國民黨政府會重視嗎？台灣超抽地下水已逾四十年以上，當年沒有台灣心及遠見的省主席周至柔將軍還鼓勵農漁民抽地下水灌溉或養殖呢！

　　日本工程師八田與一，好不容易建造完善的嘉南大圳灌溉系統，但交到國民黨手中就變了樣。不論現今的日本本土或當年統治台灣時，會允許農漁民或省自來水公司違法竊取地下水灌溉嗎？就連現在的韓國也沒看到政府可任由農漁民如此作為。為什麼日本與韓國農漁民可以不靠抽地下水來養殖而台灣就不能？年平均降雨量居全球一、二名的台灣，其地表水跑到拿裡去了？這就是國民黨政府的治國管理效能。再者，嘉南農田水利會調配水源的功能在那裡？是否空佔毛坑，尸位素餐，只流於國民黨黨的選舉機器？

　　受地層下陷所困的高鐵，其行車安全廣受人民憂慮，其誰為之？孰令致之？政府是在救財團抑或真心救台灣土地？

（自由時報/2011/07/28）

為何不乾脆葬在中國大陸？

　　影星劉雪華的丈夫，劇作家鄧育昆在上海自殺，骨灰運回台灣安葬，劉雪華也回台參加追思會。無獨有偶，之前，關中已嫁作中國婦的女兒亦在上海自殺，骨灰也運回台灣安葬。

　　由於歷史的偶然，日本戰敗而隨後因國共內戰，二百多萬軍民如驚弓之鳥，陸續跟蔣介石流亡來台，史上謂之「難民潮」。懷鄉情結的外省族群，與蔣氏父子般把台灣當成過站，始終不願認同台灣，以優越霸權之態與統治者之姿，輕視台灣人及其建立的融合文化，硬要台灣人做中國人，接受自私貪婪，無公德心的中國文化。

　　雖然吃台灣米喝台灣水五、六十年，但這些人始終認為自己是中國人，頂多說自己是台灣人，但也是中國人，馬英九就是其中一例。馬辦現又推出R.O.Cer說法，沒有真正認同台灣人。

　　君不見蔣氏父子還暫厝慈湖與頭寮嗎？扁政府花了二千多萬元整修國軍示範公墓，原本要落土為安於此，家屬後來又推說不讓陳水扁主持遷葬儀式，如今國民黨馬英九重新執政已逾越三年，仍然不聞樓梯響。就是這群人的心態與嘴臉，也是做牛做馬，養他們一輩子的台灣人的悲嘆。

（台灣時報/2011/07/31）

由創新英文字，談台灣融合文化

　　德國科學家拿馬鈴薯（potato）與蕃茄（tomato），利用細胞融合技術，產出蕃茄薯（pomato）作物；汽油（gasoline）中加入酒精（學名乙醇）（alcohol）創出汽醇（gashol）這種生質汽油名詞。由自然科學進入社會科學的例子，如學者羅伯森（R. Roberson）把全球化（globalization）與本土化（localization）融合成全球本土化（glocalization）的英文字，建立本土化是奠定全球化基石的價值理念。這些都是融合化的好例子。

　　台灣與瑞士、美國諸多國家一樣是屬於移民國家，其所建構的文化是一種融合文化，呈現台灣住民的生活面貌，與對所處事物的價值觀，早已有別於隔絕五十年的中國大陸的文化。因此，台灣融合的文化絕不是中國文化的一部分。

　　蔣介石敗退到台灣，由於心繫重返中國大陸，根本沒有真心對待台灣這塊土地，只把台灣視為反攻大陸的跳板。在教育、經濟、文化層面可說全面中國化，把傳統中國人自私、貪婪、詐欺，官商勾結的文化帶到台灣來，被視為二等公民的台灣人民，在這樣的社會教育環境下，其公德心也逐漸墮落，食品中加入塑化劑就是這樣產生的，不公不義的社會也是這樣建立的。

　　重新定位台灣本土化價值是在李登輝及陳水扁執政二十年間逐漸進行，但在台灣的中國人全力阻擾下並未完全落實。馬英九國民黨重新執政後又步兩蔣後塵，視台灣為中國的一部分或一區，全面去台灣化而迎向專制獨裁的中國，這是違背人類學重視本土化的價值取向及大多數台灣人的意願。

　　這樣的價值取向如何維護台灣的主權獨立？承認虛構的九二共

識，一中原則，作為兩岸交流的原則，一切以中國為馬首是瞻，此剛好落入中共統戰的死胡同，台灣還能大步走向國際嗎？國家主權能不喪失嗎？讀者自可深思之。

（台灣時報/2011/08/01）

台灣要成為寄生蟲國家嗎？

以色列國土面積約為台灣的3/4，有一半為沙漠地區，面對阿拉伯國家強鄰環伺，腰桿還是挺得很直。教廷、摩洛哥及新加坡國土面積之小，較之台灣更不可同日而語。在兩岸隔絕互不往來的時期，台灣還是創造經濟奇蹟，並被喻為亞洲四小龍。

馬英九就任總統，快速傾中，統媒及親中經濟學者往往昧著良心為其說項，然兩岸大三通後，對台灣的經濟到底有何助益？只是圖利自私沒國家觀念的台商，及助長台灣資金、人才、科技往大陸輸送，掏空台灣經濟而已。它導致台灣失業率高居亞州第一名，貧富差距達95倍（前後5%國民所得），有史以來最高，薪資更倒退至十六年前。

根據經濟部投審會統計，自一九九一年至二〇〇九年十月止，二十年來台商在中國繳稅3.6兆，為中國創造1443萬多個工作機會。如果台商能留在台灣投資，為台灣創造上千萬個就業機會，就能解決失業問題。投審會提出的數據及衍生的看法已是一種經濟常識，但過度親中的馬政府就是看不到，甚至加碼開放台商投資大陸，到底暗藏何種居心？要置台灣人民於何地？

眾所皆知，在股票市場裡，主力坑殺散戶的三步曲就是養、套、殺。中國政府目前虎視耽耽，極欲成為掌控台灣經濟市場的大主力，台灣如同弱勢的散戶。以物理學的磁力場比喻之，台灣如同小（弱）磁場，而大陸是大（強）磁場，小磁場若緊靠大磁場一定被強力吸附，終熔化成「一中經濟全磁場」，台灣經濟的小磁場不見了（喪失主體經濟）。

今馬政府與中國簽服貿，冀望中資來台灣投資，這根本是一種諷刺，是倒行逆施的經濟政策。江丙坤還有臉說，過去二十年來台灣對

中國的投資超過4.8兆，台灣正式開放中資來台投資僅11.9億元，還怪罪因民眾抗議影響中資來台投資意願。

　　台灣難道要成為中國經濟的附庸、邊陲，成為寄生蟲國家？沒有主體經濟那來主權？馬英九主政下的台灣已經香港化了，台灣人能不覺醒？還能繼續忍受下去嗎？

（台灣時報/2011/08/05）

如果蔣渭水目睹二二八事件

　　抗日醫生蔣渭水逝世八十周年，親中仇日的馬英九提議建立紀念館。日本殖民統治台灣期間，抗日事蹟層出不窮，馬英九怎會獨厚蔣渭水？祇因蔣渭水曾加入同盟會，以此欲圖來聯結中國，認為蔣渭水心繫祖國，他是是台灣人也是中國人，蔣渭水已然成為馬英九國民黨政府欲將台灣帶向統一的宣傳招牌。

　　蔣渭水創立台灣文化協會，藉以發揚台灣民族尊嚴與文化，但它並非闡揚中國文化。其倡言「同胞須團結，團結真有力」，也是指台灣同胞而非含蓋大陸同胞，因為當時的台灣還在日治時期，這是可以確認的。

　　如果說蔣渭水曾加入同盟會，就表示其原鄉精神是神州中國，那麼台灣在日治時期，孫中山及毛澤東也曾主張台灣獨立，馬英九為何不去聯結？現還跟中共一唱一和，並屢次表示不沾台獨的鍋，其不尊重台灣住民抉擇的霸權心態，可說展露無遺。

　　再者，一九三一年英年早逝的蔣渭水，如果目睹台灣被亞洲盟軍統帥蔣介石託管，過了兩年就發生二二八屠殺台灣菁英事件，正義及反殖民的蔣渭水會作何感想與動作？搞不好也捲入此事件而後被國民黨的黨軍殺害。這些都是值得省思的事。對此，筆者認為蔣渭水的後代也應出來為先民表態，以免成為國民黨馬英九與中共的統戰工具。

（台灣時報/2011/08/11）

有奴性的台灣人應有所覺醒

　　日本與中國共同進行的民調，結果顯示日本人對中國印象極為惡劣，高達七十八‧三％；而中國人民也有六十五‧九％對日本不懷好感。中日民眾互看不順眼比例升高。

　　如同韓國，中國人對日本不懷好感是可以理解的，因為中、韓曾遭日本侵略，最近又因領土問題而交惡。弔詭的是，台灣被日本殖民統治五十年，台灣在日本核災時是全世界捐款最多的國家，而日本人對台灣人也有相當高的好感。

　　滿清割讓台灣予日本後，包括霧社及蔣渭水的抗日事件層出不窮，台灣人不願被日本殖民統治，因為被滿清統治二百十二年後，因而，很多台灣人不知不覺自認自己是炎黃子孫的中國人。日本戰敗後，發生二二八事件及蔣介石敗退君臨台灣，以霸權、優越、統治者之態輕視台灣人及其所建立的融合文化，全面進行中國化。受過日本教育，深受日本文化影響的台灣人，發現日本的教育文化優於自私、巧詐，沒有公德心及不重視品質管理的中國文化。

　　隨著兩岸的開放，沒有國家觀念的台商大舉往中國投資，加上親中賣台，主張終極統一的馬英九上台後，加劇掏空台灣經濟。如果台灣人對中國到處打壓台灣生存空間，一千多顆飛彈對準台灣，欲併吞台灣的中國人還懷有好感，實讓人匪夷所思。因此，有奴性的台灣人應有所覺醒，不要再被這些在台中國人所騙，才能確保台灣難得建立自由、民主與人權的主權國家。如果讓親中的馬英九連任，則台灣危在旦夕矣！

（台灣時報/2011/08/18）

靚妹下田，感動與震撼

　　從NHK電視台目睹兩位面貌姣好，有知識的年青女性農夫，衣著整齊，穿著黑色長筒雨鞋，在泥濘的稻田裡，先用刈草機除草，再彎腰拔除未淨的雜草。

　　這樣的農耕場景，使筆者憶起四十多年前台灣的稻田除草方法，即是當年的所謂「搜田草」（台語）。筆者身為農家子弟，課餘必須幫忙農事，當然也有「搜田草」的經驗。讓筆者震撼者為，日本是高度工業化國家，今農民還願意用傳統有機栽培方式，可見其重視環保與農業生態之程度，此也可窺見其富含公德心與愛護土地的民族性。在日本很少看到農藥行，農民幾乎都施行有機栽培。

　　反觀台灣，毫無環保意識的國民黨政府統治台灣五十年，透過鄉鎮農會與農藥公司勾結，鼓勵農民施用農藥與化學肥料，好似沒用農藥與化學肥料就無法耕種般。肥料與農藥公司因而賺大錢，但此害慘可耕農地與消費大眾，難怪台灣罹患肝病者居世界前矛，尤其是B型肝炎者。

　　筆者旅遊日本時，目睹其農田邊灌溉小溝渠還是維持台灣四十多年前的土堤，那像台灣的農田排水溝都已水泥化？國民黨的選舉機器，鄉鎮農田水利會工作站，為讓小包工程者有利可圖，全面性讓農田排水溝水泥化，結果包括豬、羊糞在內的髒物都卡在水溝內而無法透過土壤的滲透、過濾、自淨作用而合一，從此我們再也無法看到青蛙或小魚跳躍其間，政府破壞農田生態莫此為甚。

（自由時報/2011/08/21）

以環保生態觀點，看大學的人工湖

台大醉月湖最近大興土木變臉，校友擔心會切斷台大人共同記憶及校友和母校的感情聯繫。針對此，筆者希望以環保與生態觀點來審視大學人工湖問題。

之前，曾有八歲男童隨祖母到交通大學遊玩，不幸發生溺斃「竹湖」悲劇。很多大學為讓師生有休憩去處，能怡情養性兼而悠然自在，因而開闢人工湖，如台灣大學的醉月湖，清華大學的成功湖、昆明湖、荷塘，中興大學的中興湖，彰化師範大學的白沙湖（潟湖）與湖心亭，中正大學的寧靜湖…等等。

由於國立大學不論在國家經費的補助或學校校地面積方面大都優於私立大學，因此人工湖的設置，大都現蹤於公立學校，然筆者發現有些大學的人工湖並未妥善管裡，不符生態環保，湖水髒臭不潔，如早期彰化師範大學的潟水湖，因在湖底鋪設鋼筋水泥，池水無法滲透到地下，破壞生態平衡，並造成湖水嚴重優養化（Eutrophication），產生惡臭。有些大學的人工湖為添加場景氣氛，還養了天鵝或鴛鴦（如中正大學），其排泄物更容易污染湖水，若學校沒有做好生態管理，人工湖變樣了，此實有違反環保教育之虞。

夫如是，筆者建議教育部應配合環保署全面體檢設立人工湖的公私立大學，甚至列入學校環境評比。在私德重於公德的民族性習癖下（梁啟超語），人工湖的設置必須妥善管理，符合生態環保，否則重複之前髒臭的愛河、前鎮河或淡水河、基隆河，甚至如北京頤和園汙濁不潔的湖水，實非已開發國家的台灣，學校環保教育應有的現象。

（中國時報/2011/09/16）

中國孔子的帝王袍

　　筆者於八月底九月初有機會到山東省青島、濟南、煙台等地旅遊，也當然遊歷曲阜孔子出生地所謂的三孔，即孔廟、孔府、孔林。印象最深及發人深省者為參觀孔廟大成殿，它是古代封建王朝祭孔之地。

　　令筆者驚訝者為，大成殿的孔子肖像竟披上帝王袍，明明孔子只是一位思想家或教育家，卻能受到如此尊寵，硬穿上帝王袍，其背後的意義是，如此作為有利帝王的統治。孔孟思想雖內涵也有民本思想，如「天聽自我民聽，天視自我民視」、「民為貴，社稷次之，君為輕」等，但階級、封建、保守思想也到處充斥。

　　親中賣台的馬英九上台後，刻意把台灣與中國的歷史密切聯結，以遂其終統價值。於是安排親中學者王曉波進入教育部高中課綱小組，將四書列為高二學生必修，加重學生課業負擔。把二千多年前的封建思想強加在高中學生身上，是否得宜學者自有評價。

　　馬英九不能以台灣本土利益為前提來思考制定政策，一切以中國馬首是瞻，輕視台灣人及其所建立的融合文化，卻高舉自私貪婪、霸權、重財利、無公德心的中國文化，難怪會搞垮台灣經濟並將主權弱化。這樣無能又賣台的人能讓他繼續連任嗎？讀者自可深思之。

（自由時報 /2011/09/27）

掛羊頭賣狗肉的政府

　　副總統候選人蘇嘉全農舍問題在統派媒體推波助瀾下，正沸沸揚揚受到矚目。內政部與農委會正在修「農業用地興建農舍辦法」草案，規範有農民資格才能興建農舍，讓農地真正回歸農用。

　　國民黨外來政權統治台灣五十年，蔣介石從中國大陸帶來官商勾結與買票作票文化，扭曲破壞被日本殖民統治五十年，好不容易建立的公德、衛生與治安、秩序井然的台灣文化。尤其擁有全世界最大黨產的國民黨本身就是大財團，跟財團利益掛勾本就是很自然之事。

　　兩分半農地可興建農舍就是在國民黨主政下，配合財團在立法院通過的，也因此把台灣農地零碎與污染化，可耕地面積之少，居世界前茅的台灣現還一直減少中。在法治不彰，掛羊頭賣狗肉的現實下，一塊塊農地開始興建民宿、鐵工場或沒作廢水處理的大型養豬場，甚至有人在農舍裡經營色情KTV或小吃部。

　　從祖先繼承農地的軍公教人員，他們可以成為農會及水利會會員。他們同樣可以在兩分半的農地興建別墅型農舍，在台灣可說舉目皆是，雜亂不堪也因應而生，這也可窺見國民黨統治台灣五十年的管理效能，這種混亂的場景，在整齊清潔的日本是看不到的。

　　由於高鐵的興建，農漁民及公營機構違法超抽地下水，讓地層嚴重下陷的問題浮上檯面。同理，蘇嘉全農舍問題如果能讓無能、厚顏無恥的國民黨政府亡羊補牢去修法，免得臺灣可耕地面積一直減少中，也未嘗不是件好事。

（台灣時報 /2011/10/08）

以在地經濟反制親中附庸經濟

　　蔡英文提出發展台灣在地經濟願景，筆者頗感認同。因為，再度培植新的中小企業，發展新的在地經濟，才能填補中小企業早已全面出走中國，掏空台灣產業，造成台灣失業率高居亞洲第一名的慘狀，此也才能凸顯台灣主體經濟，縮小貧富差距。

　　國民黨馬英九政府對中國大陸的飛蛾撲火，包括對中國投資上限由四十％提高為一百％（如果營運中心設在台灣），簽定圖利台商財團，且把台灣香港化的 ECFA 等親中賣台的經濟行為，儼然是一種附庸中國的經濟，也是最近被喻為靠爸藝人組的「靠爸」經濟行為，不但無法解決貧富差距問題，更無法避免 M 型社會的浮出。然而憨厚容易受騙的台灣人還是無法覺醒，完全沒有政績的馬英九居然民調還能略勝蔡英文，實在讓人百思不解。筆者敢斷言，即便讓馬英九連任四年，633 還是無法達到。

　　不過，蔡英文最近認為中華民國已經不是外來政府，暗喻國民黨也不是外來政權，這點筆者是有意見的，原因是「中國」國民黨還是念念不忘大陸土地，國民黨的大中國意識，追求兩岸的統一，遂有兩岸一中或一中原則的概念，對馬英九國民黨的價值信念而言，台灣只是家園不是國家，只是一個區域或地理名詞而已。

　　以在地主體經濟反制親中的附庸經濟，擺脫台灣成為邊陲經濟，或成為中國無情的磁吸對象，台灣的經濟才有活路與春天，人民才能有幸福的生活。

（自由時報 /2011/10/13）

零亂的別墅型農舍，景觀美嗎？

　　如果你搭乘台鐵或高鐵行經嘉南平原，你就會目睹農地旁到處矗立綁著電錶的電線桿，醜陋之態，令人嘆為觀止。這些電線桿都是農、漁民日以繼夜超抽地下水以供灌溉與養殖，三、四十年來它已經造成雲林縣沿海鄉鎮平均下陷高度二百二十公分以及屏東縣林邊鄉下陷二百四十公分的慘狀。

　　筆者要請教農委會或水利署的高官們，當你們拿人民納稅錢到日本、韓國、新加坡或歐美先進國家考察，會看到彼邦的農田如此景況嗎？台電為區區電費，放任地方水電工程行幫農、漁民申請供電，申請的名目是「噴霧用」，待供電後，農漁民就違反水利法鑿井抽地下水灌溉或養殖，台電還裝蒜說不知情，而縣市政府也睜一隻眼閉一隻眼，不予取締。這難道不是掛羊頭賣狗肉，睜眼說瞎話嗎？

　　2000年連蕭總統選情低迷，為救選情，二分半農地就可興建農舍，就在立法院通過，此將台灣原本比率就很少的可耕面積更加速減少中。在法治不彰，官商勾結文化的現實下，一塊塊農地開始興建別墅型、集合式景觀農舍或民宿、鐵工場以及沒作廢水處理的大型養豬、養羊場，甚至有人在農舍裡經營色情KTV或小吃部，可說琳琅滿目，混亂不堪。台灣可耕農地開始零碎並污染化。

　　根據政大地政系教授徐世榮的說法，當年農發條例十八條的大門打開，台灣每年流失的農地高達一萬三千公頃，相當於五百座大安森林公園、半個台北市，這還不包括農舍興建。然而，零亂的別墅型農舍，整體景觀美嗎？夫如是，二分半農地就可興建農舍的制度難道不應廢止嗎？

（聯合報/2011/10/14）

標舉中華，
星光就能閃爍在大道上？

　　中視播出，由陶晶瑩主持的「超級星光大道」選秀節目，其主題凸顯「華語」選秀。此背後的心態與意義，與之前教育部想把中小學國文及國語，改成華文、華語如出一轍。

　　國民黨慣常的伎倆是說一套做一套，是完全沒有誠信的政黨，尤其馬英九上台後一味傾中，不但無法搞好經濟，台灣主權一直流失，現又拋出未來十年要簽投降式的和平協議。坦白說，目前台灣的處境已經港、澳化，統一已是進行式，台灣住民早已失去先前的尊嚴與光榮感。

　　國民黨這些高官權貴，在與大陸執政當局會面時，完全不敢提「中華民國」四個字，但在島內不斷拿中華民國來唬弄、欺騙人民。陳雲林及貓熊來台，竟連國旗都要收起來，這真是作賤自己，完全沒有國格。

　　國民黨政府如果那麼堅持中華民國還存在的話，則屬華語的北京話，目前也是我們的國語，中視星光大道即是國語選秀節目，不須怕得罪中共或想讓大陸人民也能參加選秀而矮化自己。如同教育部在高中把「中國」文化基本教材由選修變為必修，但卻改名為「中華」文化基本教材般，可說換湯不換藥。

　　憲法增修條文早已把中華民國的治權僅及於台、澎、金、馬，如果中華民國是主權獨立的國家，則中華民國等於台灣是可以被大多數台灣人民接受的。至於將來是否要制憲及更改國號，則需尊重台灣住民決定。

　　中時、中視與中天所謂三中，原是國民黨直接或間接經營的，現

落入誰的手中？背後真正的老板又是誰？它製作出親中，擁抱大中華的節目，不是很容易理解嗎？

（台灣時報/2011/10/25）

LPGA台灣賽，見證沒有一中各表

曾雅妮終於贏得LPGA台灣賽冠軍。大家都知道，幾番波折，台灣終於舉辦第一次LPGA錦標賽，藉此可提高能見度與國際形象。如果不是揚昇董事長許典雅的堅持，不甩體委會及中華奧會的媚共，恐怕無法讓車輪旗飄揚。連在國內都要採奧會模式，不能升國旗，國民黨還有臉說捍衛中華民國。

中國唯一選手閻青為何會退賽？就是不讓五星旗與國旗同時迎風飄揚，造成中共默認兩個中國或一中一台存在的印象。無獨有偶，月底台灣主辦國際世界青少年羽球賽，因國旗因素，中國羽球隊也退賽，此再度戳破馬英九自我感覺良好的一中各表謊言。因為中共從來就不承認台灣是主權獨立的國家，只視台灣為一區或一省。悲哀者為，馬英九居然迎合其統戰伎倆，跟著說台灣與大陸是區對區，或只是戶籍不同的關係。

近日，馬又拋出未來十年要簽定，等同是投降的「和平協議」，也是呼應江澤民與胡錦濤一貫的倡議。拋出此種不負責任、干擾民心與毫無共識的政治議題，顯見馬英九的自私、獨裁與霸權的嘴臉，欲將台灣推向危險、被中共統一的未來。

這樣無能又賣台，無法搞好經濟，用謊言治國，不能苦民所苦的人，他有資格當台灣總統嗎？台灣人還能不覺醒嗎？還能讓他繼續連任下去嗎？

（台灣時報/2011/10/27）

馬英九執政下的杏壇醜聞

　　前不久，台北市長安國小校長被爆今年二度涉足「有女陪侍」的KTV，遭警方查獲。最後被記一大過並降調為支援教師。相隔不到一個月，新北市又爆發六位國小校長拿營養午餐回扣醜聞而被檢方約談，結果三收押，三交保。

　　有業者還說「營養午餐辦多久，紅包就送多久」，可說回扣文化普遍存在於各公家機關團體及學校。其實，追本溯原，這是自私貪婪，官商勾結與走後門、塞紅包等中國文化的陋習而已，可說歷史悠久且博大精深。馬英九崇尚中國文化而輕視台灣人建立的融合文化，大言不慚，與王曉波、郭冠英、星雲一樣，認為台灣文化是中國文化的一部分，現還要在校園推動讀經運動，如今校園不斷發生這種醜聞，不知如何解釋？

　　筆者要提出質疑者為，這種事情會發生在公德重於私德，重視生活常規的日本教育界嗎？日本統治台灣五十年，校園曾發生過校長拿回扣的醜聞嗎？此種事絕非冰山一角，也絕不可能只發生在國小校園。如果不是廠商的營養午餐被發現餐桶蓋有蛆，廠內蟑螂亂竄而被「永不錄用」，校長拿回扣的醜聞會爆發出來嗎？

　　國民黨從中國大陸帶來買票作票的文化，本身不義的黨產冠全世界，不願還黨產於民，馬英九六三三跳票，承諾捐薪水一半也未履行，這些都不覺得差恥。有樣學樣，或許這些校長也認為拿回扣是常規、是共業，並不可恥。這些校長飽讀詩書及中西教育理論，當然也知道校長擔負楷模（model）或轉型文化（transformational culture）的領導角色，只是未能篤行罷了。

　　已故作家柏楊形容中國文化是醬缸文化，是髒與亂的文化。是非

不分，言行不一，是中國人的民族特色。馬英九執政後，國共早已水乳交融，搞終極統一，中國劣質文化大舉入侵，連教育也全面中國化，只是這樣的走向又如何提昇精緻的校園文化？

（台灣時報/2011/11/03）

埋金塊二十五年，
下沉一公尺的省思

　　台南一位農婦將二條金塊藏在自家旁空地，過了二十五年卻找不到，往下挖深一公尺才能找到，足見金塊已下沉一公尺。

　　兩條金塊，以自身重量絕不可能於二十五年沉陷一公尺，今所以致此，主因在地層下陷。如果你到屏東林邊鄉或雲嘉沿海鄉鎮養殖區，就可以看到下沉至半腰的房舍。因此金塊的下沉一公尺，應以地層下陷科學知識來警惕之。

　　根據學者研究，屏東林邊鄉十年間平均下陷二百四十公分；而雲林縣沿海地區也下陷二百二十公分，此真令人感傷與痛心。最近常提及者為，ECFA簽定後，有利屏東石斑魚外銷中國的宣傳，但馬英九政府是否思考過養殖石斑魚過程，是付出嚴重地層下陷代價而換來的。台灣的蔬果、稻米、茶葉等農產品也是如此，是農漁民大量鑿井抽取地下水灌溉或養殖而換來的。

　　更何況，ECFA簽定後，中國農產品進口台灣比台灣出口中國還多，對中國農業逆差擴大。最近因中國擴大養殖面積，大量出貨的結果使台灣石斑魚中國訂單減少，外銷受到衝擊，漁民生活陷入困境。此戳破簽定ECFA效益的美麗謊言。

　　由於溫室效應，海平面不斷上升，學者提出警告，經三、四十年後台灣西部沿海有許多鄉鎮會被水淹沒而消失，這些鄉鎮即成為氣候難民，這麼嚴重的問題，筆者從未看到中央或地方縣市政府提出救濟與解決方案，國民黨及民進黨政府都是如此。台電照樣作為農漁民超抽地下水，造成地層嚴重下陷的幫兇與共犯，讓人痛心疾首。試問，全球有那個國家的農、漁民用此種方式來養殖與灌溉？其罪魁禍首就

是統治台灣五、六十年，過客心態，沒有台灣心與治國能力的國民黨
政府。

（台灣時報/2011/11/12）

唯有擺脫中國文化，
才能建立廉能政府

　　國際透明組織公佈 2011 全球行賄指數，台灣在二十八個被調查的國家中居第十九名。行政院的例行官場話是，呼籲建立誠信文化。對照最近新北市六所國小校長發生營養午餐回扣，以及之前法官的貪瀆問題，簡直是一種諷刺。

　　值得省思的是，在亞洲國家，台灣落後日本、新加坡、南韓和馬來西亞之後，領先中國大陸的第二十七名。諷刺的是，中國與蘇俄都是，主張社會正義與分配正義，反對剝削的共產國家，行賄指數卻是倒數一、二名。而台灣的行賄指數竟然還輸給馬來西亞。

　　香港因被英國統治一百年，它有濃厚的英國文化，而且早就設立廉政公署。如同台灣曾被日本統治五十年，台灣融合文化有濃厚的日本文化元素般，台灣的基礎建設及法治、秩序觀念也從此奠立。日本戰敗後，交給沒有管理效能的國民黨政府托管，即完全變了樣，而且從大陸帶來買票與作票的文化。

　　筆者不客氣的說，香港如果不被英國租借統治，能有這樣的行賄指數嗎？同理，台灣如果不被日本統治五十年，深受中國文化影響的台灣，行賄指數恐會與中國大陸相同。

　　自私貪婪，官商勾結與走後門、塞紅包、私德重於公德等中國文化的陋習與民族性，可說歷史悠久且博大精深。馬英九崇尚中國文化而輕視台灣人建立的融合文化，大言不慚，認為台灣文化是中國文化的一部分，如今在校園不斷發生醜聞，行賄指數落後日本、新加坡、南韓和馬來西亞，不知如何解釋？　　　　（台灣時報/2011/11/19）

拿中國博士學位者
是真正優秀的人才嗎？

　　台、清、交及元智大學表示未來不排除進用擁有中國博士學位者。這樣的訊息印證先前國人的憂慮，即開放承認中國學歷，會擠壓本土博士或洋博士就業機會。

　　會到中國拿學位者，除較親中外，諸多視學位為裝飾品或虛榮物，君不見一些政治人物或藝人如游月霞、金素梅也至中國拿學士學位嗎？中國是不重品質，到處仿冒品的山寨版國家，其學術研究會重視品質嗎？在中國取得博士學位比起在台灣拿博士學位，那邊較困難？更何況中共為了統戰，往往對台生放水，此為常有的事。

　　這就是馬政府遺禍台灣的又一例證。為了終極統一，台灣國安可說門戶洞開，馬英九沒有治國能力也罷，今還如此親中賣台，連說自己是台灣人都拐彎抹角，說台灣優先只是騙選票的伎倆而已，否則怎會承認中國學歷來壓縮台灣學子的求職與就業空間呢？何況台灣的碩博士已經滿街跑，可說畢業後即失業，有人甚至去考清潔工。

　　筆者不反對兩岸純學術文化交流，但開放陸生來台就學及承認中國學歷，然後再靠群帶關係與背景進入知名大學任教，純粹是政治考量而非學術性考量已相當明顯。如果繼續讓馬英九連任，誠如南方朔所言，台灣人要繼續倒大楣了。

（台灣時報/2011/11/22）

教育部長再度違反教育中立

　　教育部長吳清基在台中高工宴請退休老師餐會上，宣傳馬英九的教育政績，感謝馬總統和吳院長對教育部的支持，說什麼這樣才能從教育專業去發展，沒有意識形態的衝突。可說一而再違反教育中立原則。

　　他配合馬英九親中賣台作為，包括在中小學推行讀經運動，把台灣的教育全面中國化，可舉例子不勝枚舉。之前，南部一所國立特殊教育學校發生一百多件性侵事件，離譜的是，教育部長吳清基卻代表該校向被害人道歉。筆者認為吳部長沒有立場代表學校道歉。試問，這些國立高中職校長不正是教育部派任的嗎？教育部老是用酬庸及肥水不落外人田心態，操弄校長的派任，通常是由該部的科長派任之。

　　把學生當白老鼠的北北基自辦聯測是他在台北市當教育局長，為配合馬英九杯葛前教育部長杜正勝，所提出來的餿主意，結果是什麼下場？高舉為減輕學生課業壓力的一綱一本大旗，實際是為反對而反對？如今為政治效應而停辦，吳清基有否負起該負的責任？有否向北北基民眾道歉？

　　吳清基是歷屆教育部長唯一有參與縣長選舉經驗的人，這樣熱衷政治的人如何捍衛「教育基本法」所揭櫫的教育中立原則？難怪五都選舉時會公然為胡志強助選，如今又發生在台中高工公然為馬吳輔選，吳清基適格嗎？教育部發生這麼多事件，現又公然違反教育基本法，吳清基還能稟承中國文化的「好官我自為之」醜陋心態嗎？筆者認為他應負起責任下台謝罪。

（自由時報/2011/12/06）

為馬英九的台灣夢下註解

　　馬英九在總統選舉辯論最後的結論中，提及他自認的台灣夢，說他爭取連任是為台灣人民謀幸福，不是為總統職位，聽來令人嗤之以鼻。

　　馬執政三年多，政績乏善可陳，違背人類學「全球本土化」（glocalization）的價值取向，不論在政治、經濟、教育與文化層面，再度快速把台灣全面中國化。經濟依賴中國，台灣的資金、技術與人才逕往中國輸送，幾乎掏空台灣經濟。這也是失業率高居亞洲第一名，薪水倒退至十三年前最主要原因。

　　馬英九難道不知自己的敗家、無能與親中賣台嗎？他為何還自我感覺良好，想競選連任呢？非也，如同統派學者王曉波在懇求宋楚瑜放棄參選總統時所說，待馬英九連任後，與中共簽了和平協議，讓走向統一成為不可逆轉，即使民進黨重新執政也無法走回頭路。因此，不統、不獨、不武只不過是馬英九的遮羞布而已，大家或許記憶猶新，馬英九曾說過不統並不排除統一，這是什麼邏輯？

　　所以，筆者認為馬英九尋求連任就是要完成其父親終極統一遺願，將台灣帶向被吞併之路，如同康熙皇帝所言，馬英九寧可將台灣給外人（中國人），而不給家奴（台灣人）獨立自主，這才是他當總統主要的任務與職責。當然，他與諸多在台中國人一樣，認為統一才能帶給台灣幸福，獨立會帶來災難。

　　然事實是如此嗎？如果被專制獨裁，沒有人權的中共統治，才是台灣人最大的災難。因此，台灣人一定要洞悉馬英九的伎倆，他真正的台灣夢，是將台灣帶向被統一吞併之路。試問，台灣人還能繼續支持他嗎？

（台灣時報/2011/12/08）

一中原則的太魯閣劇場

　　建國百年要砸三十億蓋太魯閣劇場，據說是馬友友賴聲川的建議。文史工作者認為它是夢想家亂砸錢的翻版，花蓮的自然美景不該被商業化。筆者願意從馬政府執政以來全面傾中，將政治、經濟、教育與文化全面中國化的觀點，來談太魯閣旋轉劇場的興建。

　　筆者理性研判，蓋太魯閣劇場完全是為大陸觀光客而設。包括大陸張藝謀等人最喜歡搞聲光炫耀，以當地自然山水為背景，加上現代科技的聲光大卡司的劇場秀。

　　筆者旅遊山東泰山（又名岱山），也欣賞過以包括武則天在內的歷代黃帝到泰山封禪，祭拜山神的大典劇場秀，當然它襯以泰山的峽谷山勢的一隅為自然背景，呈現聲光絢彩，甚至配上誇張的旁白與龐大氣勢。台灣這些懷抱中國心的藝術工作者，很顯然地受到中國大陸影響而想在台灣複製中國式的劇場，搞所謂一中藝文化，這是可以理解的。

　　問題是，馬政府執政三年多舉債一兆三千億，貧富差距史上新高，失業率高居亞洲第一，薪資回到十三年前。如此的慘狀，馬政府不思提出解決方案，今還要砸三十億蓋破壞自然景觀生態的戶外劇場，人民能忍受嗎？馬英九被在野黨批評無能敗家，真是貼切。

（台灣時報/2011/12/11）

敗家的習癖走到那裡都一樣

　　馬英九當台北市長時將金雞母台北銀行讓富邦銀行合併，由於未做資產重估，將91年交易，以63年的價格賣掉，至少低估六十億。事實上，馬英九從陳水扁手中接下沒有負債的台北市庫，八年市長下來舉債累累，單從這點就知道他自私的個性，那就是個人自奉簡樸，但對人民納稅的公家錢卻大肆揮霍浪費，難怪會被批評無能又敗家。

　　廣告宣傳馬英九棉被用了多少年，鞋子補了又補；周美青國慶典禮還是穿上次國慶那一套禮服，此次總統辯論也是穿2008年總統辯論那一套，試圖營造夫婦的簡樸以對照陳水扁夫婦的奢靡。但這也映照出其夫妻的虛偽，馬英九目前的財產上億，國家慶典或至邦交國參訪係代表國家，總統夫人的穿著如果寒酸不得體，實有辱國家體面，這已經不是單純個人簡樸的問題了。

　　馬英九執政三年多舉債一兆三千億，夢想家兩夜燒掉二億一千五百萬，欲花三十億蓋太魯閣旋轉劇場，靠中國的善意贏得舉辦世大運動會及欲申奧，這種不顧一切花大錢，好大喜功，擴大台灣財務黑洞，到時重蹈希臘破產命運，中共自然而然接收台灣，不費吹灰之力，當然，馬英九的終極統一夢也實現了。

　　敗家的習癖與風格，不容易改變。從台北市長到總統如出一轍，試問，台灣人民還能讓他繼續執政嗎？

（自由時報/2011/12/22）

違反亂紀的國安會秘書長該下台了

　　國安會秘書長，前駐新加坡代表胡為真，也是胡宗南將軍的後代，在扁執政時期，曾表示自己政治意識與扁政府不相容而提出退休。今為了馬英九而對蔡英文做選舉情蒐，其實，以「中國」國民黨的邪惡與不公不義本質，筆者並不訝異。

　　君不見在黨國不分的年代，情報頭子戴笠為蔣介石做了多少傷天害理，暗殺異議人士情事。竹聯幫份子被軍情局吸收利用，而跑到美國暗殺作家江南，國民黨統治台灣五十年，這種齷齪與違法亂紀之事可說罄竹難書。

　　之前，蔡英文在尋找副手之際，包括彭懷南會晤蔡英文事也被曝光，筆者當時就懷疑一定是國安局與調查局幹的好事，如今驗證此事。筆者感慨與痛心者為，陳水扁執政八年，縱容家人貪婪，卻未作好司法轉型正義，結果慘遭國民黨以司法修理並鋃鐺入獄，可說咎由自取。

　　筆者認為民進黨若有機會再執政，除追討國民黨不義黨產外，一定要做好司法轉型正義，將違法亂紀，戕害民主人權的不肖司法人員繩之以法，否則欲追求台灣的司法獨立，猶如緣木求魚。

（自由時報/2011/12/30）

Part 3

財經與交通政策
的省思

(2012)

戳破兩岸關係如果倒退，
經濟成長會停滯的謊言

　　包括馬英九、郁慕明等深藍人士及中共國台辦都認為蔡英文不承認九二共識，則兩岸關係會倒退，以此來威嚇及愚弄台灣人民。

　　筆者認為，沒有各自表述內容的九二共識，據此而簽定ECFA，完全是流失主權，逐漸走向終極統一的賣台行為，不要也罷！兩岸的經濟政策是一種互利行為，何況大陸能有今天的經濟局面，台商的貢獻相當大。去年，山東省省長還親自來台招商，然台商在大陸賺了錢，資金有回流嗎？充其量回台買豪宅炒高房價或翻修自己祖厝以驕他人而已，對台灣的庶民經濟與貧富差距縮小完全無益。

　　根據日本內閣府公布的數據，去年日本人均GDP達四萬二九八三美元，中國為四四三〇美元，日本人均GDP幾乎為中國四倍。國際貨幣基金的資料，去年台灣人均GDP為一萬八五五八美元，南韓為兩萬〇七五七美元。國民黨重新執政近四年，搞承認中國學歷，開放陸生來台就學及三通直航戲碼，兩岸有了「請君入甕式」的表象和平，然台灣經濟變好了嗎？那失業率為何高居亞洲第一名，薪資為何倒退到十三年前，人均GDP為何低於南韓，還不到二萬美元？

　　以色列國土面積為台灣的四分之三，一半國土為沙漠，雖強敵環伺，但以色列人民活得很有尊嚴，不論經濟與國防發展均令人刮目相看。認為兩岸有了假和平，台灣才能發展經濟是國民黨馬政府的愚民政策，配合自私貪婪，心中沒有台灣的紅頂台商，試圖讓台灣走向被統一吞併的陽謀，台灣人絕對不能被洗腦上當，用選票教訓親中賣台的國民黨馬英九政府。

（台灣時報/2012/01/05）

台灣人比香港人笨？

民進黨拿出調查局文件，指控調查局在去年民進黨總統初選就情蒐蔡蘇行程，調查局的解釋是，依選罷法查察初選。奇怪的是，五都市長選舉，為何不對國民黨籍後選人做情蒐呢？否則也不會發生連勝文槍擊事件。

這是百分百類似水門事件的翻版，動用國家機器情蒐在野黨，馬英九或許不會直接下令，但絕對得到情蒐訊息，但馬英九也絕對不會退選，君不見新北市涉午餐回扣案國中小校長，在證據確鑿下，有一些校長仍然不認罪而被檢察官求處二十年重刑，這些都是拜中國文化式的教育薰染之賜。

難怪已故台大哲學系教授，自由主義之師殷海光會說出，台灣人原本敦厚老實，是被國民黨教育壞了，可說觀察入微，針砭入裡。受過日本統治五十年的台灣人，對中國文化與日本文化式的教育，優劣立判。

此次總統選舉，是決定要做台灣人抑或中國人的選擇，也是台灣人是否願意失去自由民主與人權而走向終極統一，被文化霸權，專制獨裁的中共吞併的抉擇。連香港人都不願做中國人，不願娶中國女子，台灣人能不覺醒嗎？

（自由時報/2012/01/06）

套袋的葡萄為何腐爛了？

　　南投的葡萄園因酸雨的關係，雖採套袋栽培，但還是逃不過腐爛命運，農民認為，若加上農藥與化學肥料成本，可說血本無歸，縣政府表示若災害超過60%，即可申請災害補助。

　　看到這樣的報導畫面，讓唸過大學農學院的筆者感慨與痛心。台灣與日本一樣是海洋國家，亞熱帶島國氣候，而且是多雨、多颱風及多地震國家，更應學習日本走向設施式的溫室有機栽培，才能降低農民損失並確保民眾健康。尤其台灣因大量使用石化燃料與煤，不受管制的汽機車及工廠排放大量含氮與含硫廢氣，造成溫室效應及酸雨比其他國家嚴重，此更不利於開放式的蔬果栽培，這也是葡萄腐爛之根本原因。

　　包括農委會在內的各級農政單位，對台灣的有機栽培奉獻多少心力？甚至大學農學院也未開設有機栽培課程。各縣市鄉鎮農會的供銷部竟然賣起農藥與化學肥料賺錢。台灣的農藥公司賺大錢，卻賠上民眾健康。我們的農民已被教育成，如果不使用農藥及化學肥料就無法耕種的觀念，其始作俑者就是不重視環保的台灣中央及縣市政府。

　　不當栽培方式讓果農血本無歸，今還得花人民納稅錢作災害補助，可說賠了夫人又折兵，難道這就是政府的農業政策嗎？

（人間福報/2012/01/09）

有機栽培，從農學院教起

市售火鍋菜被驗出91.7%含過量農藥殘留。之前，媒體報導營養午餐食材殘留超標農藥及動物禁藥，竟連CAS認證產品竟也出包，233所學校，數十萬學生恐已中標。這些事件可謂不勝枚舉，也理解台灣農藥使用的氾濫，此讓人感慨與痛心。

此事也讓筆者想起不久前，媒體也報導六年級女農賴嬌燕在宜蘭五結鄉栽種有機米及蔬菜，去年更出版影音書「田園莊」，教人種出好吃的有機蔬菜。

賴嬌燕到日本留學，原來是想學攝影，卻因學費太貴而改唸較便宜的農業學校。她就讀長野縣八岳中央農業實踐大學，全校只有七十二人。從日本習得生態平衡農法回台後，雖遭到一些挫折，但她堅持不用農藥、化學肥料，也堅持濕穀不進烘乾機，而是用傳統的日曬方式。現阿燕的有機農業已漸入軌道。

對照台灣的農學院，早期均未開設生態農法，讓學生選修。筆者於民國60年左右，在中部一所大學農學院植物病理系就讀時，該系也只開設農業藥劑學，其它如昆蟲系、園藝系或農藝系…可說整個農學院均未開設有機栽培課程，當年全台的農學院可說都是如此，這真是令人匪夷所思。開設有機栽培課程也是歐美先進國家農學院科系所重視者，但卻被台灣的農學院所忽視。再者，農委會所屬各地農業試驗所，是否也作有機栽培？據我所知，沒有。

此也可窺知國人未如日本及歐美等先進國家注重環境生態保育，而負有推廣教育功能的鄉鎮農會推廣部也賣起農藥及化學肥料賺錢，好像沒有使用化學肥料或農藥就無法耕種般，這種忽視民眾健康而讓農藥公司得利的作為，其實就是另一種形式的官商勾結文化。

政府為發展工業及經濟而犧牲環境常被視為必經之惡，對農耕環境的破壞與消費者健康的漠視，可說歷歷在目。筆者呼籲政府農政單位應真心面對台灣這塊土地，應將日本人重視有機栽培及整齊清潔的環保文化引進台灣，台灣才會有良好的居住環境與生活品質。

（中國時報 /2012/01/24）

罵別人是狗,那自己呢?

　　北大中文系教授,自稱是孔子第七十三代孫的孔慶東,罵近五成自認是香港人非中國人者是狗,筆者認為此有辱孔子後代的身分,孔孟不是要人「見賢思齊,見不賢而內自省」嗎?

　　中國兒童在地鐵內吃東西,這屬於生活與道德教育的文明層面,本應被糾正,不料卻引起中國婦人反譏與後來孔慶東辱罵,此只顯示孔孟思想教育的失敗。也給在台中國人馬英九及王曉波、張曉風…等,這些推銷四書五經者一記耳光。孔慶東還大言不慚說,「用法治維持秩序的地方,就證明人沒有素質」,以中國沒有法治為榮,真是匪夷所思。

　　作家柏楊曾說過,中國文化是髒與亂的文化,早年的上海租界地公園不讓狗與中國人進去,就是這種原因。包括筆者在內,有旅遊中國大陸經驗或台商都會體會出,大陸的生活教育與公德心教育是失敗的,它無法與其經濟成長並駕齊驅。其實,由陸客來台在車箱內賭博,以及在風景區製造髒亂與破壞都可驗證大陸人民的生活及道德教育的失敗。

　　根據香港中文大學與香港大學的民調顯示,不論在生活質素、經濟狀況與政府管治面向,都有超過五十%以上認為變差了,政府管治面向還高達六成以上民眾認為變差了。此數據可說重重諷刺馬英九及在台中國人,這些極欲把台灣香港化或走向終極統一者。

　　除了罵港人外,孔慶東也罵台灣人是日本狗,但一萬港人圍堵中聯辦公室,那台灣人的反應呢?若說台灣人沒有奴性誰會相信?為了錢,台灣人比港人沒骨氣。

（自由時報/2012/01/30）

九二共識絕非台灣經濟的萬靈丹

選前，國共兩黨都以九二共識恐嚇台灣人民，紅頂商人更是史無前例跳出來力挺九二共識。就連包道格也承認九二共識是虛構的，甚至有人為了圓謊，說九二共識是沒有共識的共識，有數學負負得正的意味。

蔡英文敗選的因素可謂多元，但若說是敗在兩岸的九二共識，筆者很不以為然。兩岸開放後，台商絡繹不絕，將資金、技術、人才拼命往中國輸送，創造大陸人民就業機會，可說掏空台灣經濟，肥了台商卻害慘台灣人民，貧富差距加大，難怪失業率高居亞洲第一名。

筆者認為蔡英文民進黨只在主權上作文章是不夠的，因目前人民對台灣香港化的危機還是無感。應清楚告訴人民，九二共識一中原則，如果沒有讓台灣各自表述，所謂「一中」百分百指「中華人民共和國」，那國民黨等於在消滅中華民國，有什麼資格說民進黨不承認中華民國或在消滅中華民國？民進黨捍衛台灣主權等於捍衛中華民國主權，因為中華民國就是台灣。

財團在中國養的員工常比在台灣來得多，而且不成比例，鴻海就是個例子。憑什麼說讓台商賺錢就能養多少台灣人，更何況賺的錢有回流台灣嗎？馬英九認為台商財團就像一串肉粽的綁結頭，若結頭鬆散了，肉粽就會撒落一地，因此要讓台商賺大錢，他的論據在那裡？上市公司賺了錢不發股利者比比皆是，根本沒分享投資大眾。

在李登輝的戒急用忍及陳水扁的有效開放，積極管理政策下，不管GDP的成長或失業率，貧富差距都比馬政府來得好，就是最好的明證。筆者認為民進黨沒有強力且有效地讓台灣人民瞭解，如果蔡英文當選，中共仍然不得不跟台灣作生意，因為台商對大陸的投資是互

利行為。蔡英文標榜溫和理性，對國共的九二共識恐嚇牌的回應無力，反而讓人對女姓總統不放心，終讓馬英九得利。筆者認為沒有九二共識，台灣經濟反而會更好，社會更富含公平正義。

（台灣時報/2012/01/31）

談寺廟搶頭香活動

　　包括大甲鎮瀾宮、北港朝天宮等多家寺廟，可說每年過年期間都會舉行搶頭香活動，這種搶頭香活動，近二、三年來配合媒體強勢報導，有愈演愈烈之勢。加上去年中國商人陳光標高調來台發紅包，除有損弱勢族群的尊嚴外，也引發民眾未能排隊，甚至推擠失序，搶著見陳光標的亂象。無獨有偶，香港也有強頭香活動，只是沒有像台灣那麼瘋狂。

　　民國五十年（1961）的台灣，筆者進入初中，每天搭乘虎尾台西客運上下學，每當車子一來，學生像擠沙丁魚般爭先恐後，根本不願排隊。及至負笈台北市就讀高中，當年搭乘市公車也不見民眾排隊上車。而今在台灣不論城市或鄉村，排隊上下車或購物的生活教育已深植人心，司空見慣，可見文化非朝夕能形成。此不願排隊的生活習慣也呈現於目前的中國大陸。

　　搶頭香是一種廟宇的民俗活動，期待帶來整年幸運。但此活動也應帶有教育意義，我們發現善男信女如過江之鯽，為財利而不顧他人死活拼命往前衝，甚或撞倒香爐，甚至大打出手，偶而使出「偷吃步」行徑，這是一種貪婪與自私、醜陋的行徑，以教育文化觀點而言，實不宜大張其鼓為之。中國學者王桐齡認為中國人有「重財利」的民族性，自古即將財與利混為一談。筆者認為，搶頭香活動如若無法革除，可改以「抽」頭香代替「搶」頭香，或研究出其他較溫和及有序方式為之。

（人間福報／2012/02/01）

台灣被香港化的惡夢

　　無疆界記者組織公佈二○一一年全球新聞報告，台灣新聞自由度由前年的四十八名上升二名，成為四十六名。但遺憾者為，香港由前年第三十四名跌至去年的第五十四名，驟降二十名，中國在一七九個國家中，排名第一七四名，倒數第六，比前年還退後三名。中國是全球新聞自由度最差的十個國家之一。

　　最近，北京大學中文系教授孔慶東罵香港人與台灣人是狗，那種張牙舞爪的辱罵嘴臉，像極了郭冠英當時辱罵台灣人為「台巴子」般，可說一樣的霸道嘴臉。大家想想，如果香港不回歸專制獨裁的中國，其新聞自由度會如此慘嗎？

　　同理，今日台灣如果沒有實施政治民主，以在台中國人霸權的民族性，新聞自由度也不可能上升二名，但台灣的民主、自由與人權絕非國民黨主動釋出的，更不是天上掉下來的。

　　針對最近旺旺中時集團蔡衍明總裁接受華盛頓郵報專訪，對六四天安門事件的顛倒黑白的言論，民運領袖王丹表示，台灣的香港化已悄悄開始。然其誰為之，孰令致之？罪魁禍首就是親中賣台的馬英九總統。

　　馬英九執政後逐漸把台灣香港化，今又獲得連任，但這是台灣人的選擇，筆者雖感無奈，但予以尊重。筆者認為民進黨只在主權上作文章是不夠的，因目前人民對台灣逐漸香港化的危機還是無感的。如同溫水煮青蛙，有奴性的台灣人為了錢，在有奶就是娘的價值觀裡，甚至連主權都可放棄的，蔡衍明只是其中之一而已。台灣如果真的被統一，成為香港第二，真是萬劫不復，那才是台灣人最大的悲哀。

（台灣時報/2012/02/09）

台灣的土地到底怎麼了？

　　雲林縣元長鄉發現抽自含砷的地下水而讓自來水也含砷，許多鄉民染患皮膚病，含砷的地下水也是烏腳病的致病之因。無獨有偶，台中大里區二十八公頃農田被驗出含鎳鉻等重金屬。遭污染農田的二期稻作部分早已碾成白米流入市面，吃進消費者肚裡。

　　最近，綠色和平組織抽驗國內賣場蔬果，發現三十六種農藥殘留中，二十種被農委會公告為劇毒。並發現一半以上使用多種農藥混合，恐會產生雞尾酒效應，加倍危害人體。針對此，農委會自我感覺良好，說他們平均每年抽驗一萬多件田間蔬果，合格率約九十五％，天曉得他們是怎麼抽驗的！

　　翻開台灣的環保歷史事件，可說血淚斑斑，怵目驚心。從民89年高屏溪有機廢溶劑二甲苯、甲苯、丙酮及酚等污染，到土石流事件、燃燒廢五金引發戴奧辛、米糠油多氯聯苯、鎘米與銅木瓜…等環保問題，可說歷歷在目。

　　蔣介石敗退來台後，全面進行不重視生活與公德的中國文化教育，由於政府長年不重視環境保護，只把台灣當成反共抗俄的過站與跳板，加上官商勾結文化的盛行，因而把美麗之島搞得千瘡百孔，髒亂不堪，愛河與基隆河、淡水河還得花費巨大人民納稅錢整治，就是例證。

　　如今福爾摩沙台灣不管地表水或地下水或空氣，到處飽受污染，其誰為之，孰令致之？政府官商勾結文化一日不除，環保官員不能依法行政，台灣環保教育不可能成功。

（自由時報/2012/02/11）

環保媽媽超愛整潔的台灣

　　從NHK目睹日本中學生淨灘的畫面情景，令筆者大開眼界。學生以四方形濾網來處理灘沙，此與台灣傳統淨沙方式不同。台灣一般的淨沙活動大多是擰著垃圾袋在沙灘上撿拾大小垃圾，然較細小的垃圾還是依然留在沙灘上。

　　奇摩網曾號召近三十名同仁利用上班時間前往新北市八里「挖仔尾」淨灘。結果得出十大垃圾，第一多垃圾是塑造飲料，第二多為玻璃飲料，第三多免洗餐具…。去年，環保媽媽環境保護基金會連三年作全台髒亂調查，最乾淨鄉鎮從缺，而大甲區、埔里鎮和東港鎮堪稱全國最髒的鄉鎮。基金會董事長周春娣發現鎮瀾宮旁邊夜市垃圾滿地，因而感嘆「民眾怎會願意在垃圾上吃東西？」唯此種在垃圾上或旁邊吃東西的場景在中國大陸最容易看到。

　　筆者在山東濟南市親眼看到居民將垃圾從三樓往一樓丟下；登泰山時，目睹廁所髒臭噴鼻，難以如廁，這都是我們旅遊日本無法經驗者。無可懷疑者，中國大陸人民生活與道德教育是失敗的。它無法與經濟成長並駕齊驅，如同台灣環保教育無法與工業發展齊頭並進般。

　　日本可說是亞洲最整齊清潔的國家，是個超愛整齊清潔的亞州民族，台灣的衛生教育也是日本統治五十年時打造的。但由於政府長年不重視環境保護，加上官商勾結文化的盛行，因而把美麗之島搞得千瘡百孔，髒亂不堪，愛河與基隆河、淡水河還得花費巨大人民納稅錢整治，就是例證。

　　陸客來台觀光，發現台灣比大陸乾淨，但那是對照中國大陸而言，如果對照日本、新加坡、韓國及歐美先進國家，台灣應該汗顏。德國人曾說過台灣人生活在豬舍裡，環保媽媽環境保護基金會全台

髒亂的調查，應讓向來不重視環保的國民黨政府感到汗顏而有所省
思。

（人間福報/2012/02/14）

民進黨不願面對的真相

　　儘管蔡英文敗選因素複雜多元，但有二個重要因素是民進黨不願面對者，一為蔡英文本身的問題；二為領十八％的軍公教不願相挺問題。

　　前者為，台灣是否能接受第一女總統？根據選後媒體民調，女性投給蔡英文為三十％；但投給馬英九為三十七％，連女人都不全力支持，如何成為第一女總統？更何況蔡英文個子矮，口才不佳，台語不輪轉，自稱客家妹卻不會講客家話，也不願學習。對馬英九的抹黑批評回應無力或模糊以對，不夠強勢。軟繩牽牛，在台灣這種自私貪婪，笑貧不笑娼，視錢如命，是非顛倒之地根本不適用，人民對將來要成為三軍統帥的她不能放心，溫和理性反成為她的負擔，也就是蔡英文領袖魅力不夠，所以其選票反輸給民進黨立委的總得票數。

　　後者為，民進黨十八％改革觸怒退休軍公教人員，尤其是教師。2008年總統選舉，單單軍公教這一塊就流失約二百萬票，這些既得利益的退休軍公教那裡會管你什麼分配正義，並且影響其一家人的選票。筆者非民進黨員，雖也是十八％的受益者，但兩次總統選舉都投給民進黨，因為筆者認為民進黨才能真正守護台灣的主權，台灣得來不易的民主、自由、人權才能得以維繫。然據筆者所知，這樣的認知與主張分配正義的退休軍公教者太少。蔡英文被批評領十八％卻反十八％，但這是國民黨執政時制定的，領十八％卻無私改革十八％更顯見大公無私情操，連如此簡單的事都回應無力，如何說服他人？蔡英文此次失掉的八十萬票就在軍公教這塊。

　　國民黨照顧軍公教與財團有票，民進黨主張分配正義，照顧弱勢工農群眾反而沒票，理由是這些工農群眾容易成為其賄選買票的對

象，包括原住民。孫中山推翻滿清是從喚起知識份子開始，民進黨的敗選是從得罪退休軍公教的知識份子開始。其實，八十四年以後進入公教系統者，將來退休就沒十八％可領了，若真要改革，基於信賴保護原則，應從新的退休者開始，不須動到已退休者頭上，如此衝擊不大，就不會流失這些原本支持民進黨的選票。

（台灣時報/2012/02/15）

沒有反省能力的郝氏父子

　　1945日本戰敗後，台灣由中華民國托管，越二年即發生二二八屠殺自己同胞事件，台灣人死傷逾萬人，及至1949蔣介石敗退來台，專制獨裁，白色恐怖統治台灣，欺壓台灣人事件更是層出不窮，國民黨外來政權把自己視為台灣當然的統治者。

　　新的不來，不知舊的好，許多經歷日本殖民統治的台灣人始驚覺中國人比日本人更卑鄙殘酷，日本人比中國人有是非，日本的教育遠比中國人的教育更優質，尤其受過日本教育者，福島核災見證日本教育的成功，人民守法守秩序，令全世界動容。這是台灣人會懷念日本老師以及對日本人有好感之因。台灣人用「狗走豬來」諷刺蔣政權的敗退來台。

　　郝柏村以二二八事件申請補償死亡失蹤人數約千人，認為社會科教材記載死亡人數逾萬人不正確，此無異在傷口灑鹽。悲哀者為，台北市長郝龍斌竟表示，他認同及尊重其父親對教科書的看法，這是在台中國人典型不認錯的作法。如果不是台灣人的善良包容，儘管台北市外省第一、二代多麼團結，代表少數族群的馬英九及郝龍斌能當選台北市長嗎？及至總統的選舉亦同，馬英九能當選嗎？

　　最近，名古屋市長認為南京大屠殺不存在，因為他父親在1945到1946年日本戰敗後，曾在南京停留，南京人卻對其父親極為友好。將心比心，筆者不知郝氏父子對名古屋市長的談話如何感受？二二八發生時，許多外省人躲到本省人家受到保護，如此就能說二二八事件沒發生嗎？

（自由時報/2012/02/24）

台灣即將成為外勞的世界

民54-57年間，筆者負笈台北市就讀高中，當時還沒有在住家附近，通往台北的汽車，如現在的統聯或日統、阿羅哈…可供乘坐，通常是在斗南搭乘台鐵。窮學生無法搭對號車，只能搭乘平快車，花六、七小時到達台北已經華燈初上了。

最近，筆者有機會在星期假日，乘坐區間車或莒光號（等於當年平快車）到彰化或台中，實在驚訝於整個車箱不管站、坐都被印尼、越南等外勞擠滿，整個台中市街上亦到處目睹外勞，這種情況也出現在星期假日的台北火車站。此種滿車滿街都是外勞的景況根本無法在日本或韓國看到。

為了符應陳長文的呼籲，外勞從九年立法延長為十二年，實在不當。筆者家裡為照顧植物人妹妹及年邁行動不便雙親，先後請了菲律賓、越南、印尼外傭看護，很多外傭期限到了，回本國後換個名字又來台灣了，因此陳長文根本不必為了自己私利而建議馬政府延長在台工作期。更何況以陳長文的高收入，絕對有能力顧請本勞，為何不給本勞機會？

筆者認為，為了提高照護品質，政府應學習日本推動照護證照，盡量讓台灣人有機會，也可降低失業率與照護風險。悲哀者為，台灣竟連養護之家都進用外勞，不給本勞機會。外籍看護虐待被照護人，對僱主行竊偷錢屢見不鮮，此衝擊台灣文化生態甚巨。筆者家外勞甚至演出偷跑，或到期欲回自己國家時偷結婚時的金戒指及衣物等情事。

台灣失業率已經過高，應該要認真檢討外勞政策，尤其是看護工。他山之石可以攻錯，這點可學習日本建立證照制，並限起用本勞的作法。

（台灣時報/2012/02/25）

匪諜真的就在身邊

　　空軍北部戰管單位服役的蔣姓上尉，涉及將業務機密資料交給在中國經商的叔叔及中間人，叔叔等人再將資料轉給中國當局。案由台中高分檢、軍事檢察署聯手偵辦。此案一月中旬檢調就偵辦，為何現在才曝光？是否怕影響馬英九選情？

　　在反共抗俄的年代。學校的作文題目常是跟「如何保密防諜」有關。很難想像，當年思想不成熟的筆者，能用小毛筆振筆急書，寫了反共八股文來符應當年反共抗俄的政策，並入選代表學校初中部參加縣作文比賽。

　　諷刺地的是，馬英九國民黨重新執政後，為了假象的和平，外交與國防皆休兵，兩岸門戶可謂洞開，主權也跟著逐漸流失，中共情治人員可藉各種管道與層面，全面蒐集台灣情資，共諜已經在台灣到處流竄，匪諜真的就在身邊。

　　悲哀與痛心的是，總統選舉期間，國安會及調查局不去做保密防諜工作，反而違法情蒐在野黨選舉訊息，把在野黨當成敵人，卻百般討好中共，並聯手對抗民進黨或親民黨。把台灣當成反攻跳板的外來政權國民黨始終未真心面對台灣這塊土地，尤其是馬英九的終極統一核心價值，會將台灣帶向被吞併統一之路。

　　流失主權，換來假象的和平，反而圖利自私的財團將更多的資金與技術人才往大陸輸送，也更助長匪諜在台灣到處亂竄，並動搖國安而已。

（自由時報/2012/03/03）

統一中國抑或被中國吞併？

　　親民黨副總統後選人林瑞雄，選舉期間回到出生地嘉義市慶生（71歲）兼拜票，他預祝中華民國再活一百年，說什麼中華民國是「兄哥」，而中華人民共和國是「小弟」，遲早我們會統一他們。

　　林瑞雄這位被喻為老頑童的公衛教父，可太天真了。跟馬英九一樣自我感覺良好，直到現在還在製造統一中華人民共和國的大夢，簡直脫離現實太遠。當然，或許有人會如新黨主席郁慕明所辯說，退役將領所說共軍、國軍都是中國軍，中國軍是指「中華民國」軍。也如馬英九說九二共識，一中原則的「一中」是指中華民國。這些都是半夜吹口哨壯膽，及自我感覺良好及欺騙的心態。

　　林瑞雄擁有美國與德國博士學位，是公衛專家，自稱是淺藍者。在戒嚴白色恐怖時代，不願也不敢關心政治，是獨善其身的人，沒有受到兩蔣的迫害，所以才會感謝蔣介石讓他有機會留學，其實，以他的性格，留學時當然不會被列入黑名單。

　　自稱會易經卜卦，以卜卦結果「事出有因」作為搭配宋楚瑜參選總統原因之一。結果激發泛藍團結，只獲得36萬票，被棄保得乾乾淨淨。競選期間，自爆被電磁波攻擊，最近上電視台政治評論節目，說什麼萊克多巴銨（Ractopamine）化學結構沒有含氯基，所以很容易被代謝掉，這種說法連身為合格化學教師的筆者都傻眼了。

　　愛因斯坦曾說過，「現在的專家教育不是教育，否則專家豈不是一隻訓練有素的狗！」，如果沒有人文素養與正義精神，加上民胞物與，仁民愛物胸懷，所謂公衛之父，擁有兩國博士學位又如何？

（台灣時報/2012/03/18）

流動攤販的增加是政府之恥

　　桃園龍潭通往石門水庫道路，因登山步道整修，形成攤販與人車爭道路停車位，造成停車不便與馬路髒亂；雲林縣虎尾鎮第一銀行門前，每天下午三點半後大批攤販開始聚集，一直做生意到晚上九點左右。之前，台北市一對賣麻薯老夫婦因無法繳交違規罰款，攤車被扣押。

　　馬英九執政近四年，貧富差距加大，失業率高居亞洲第一名，因此各縣市的流動攤販急遽增加。究其根本原因，是民眾找不到工作，又沒錢租店面營業，為養家活口，於是打造簡單且可流動的攤車或在公路旁、街道邊固定某個位置，做起小生意來。無可諱言地，違規流動攤販有損市容觀瞻，製造髒亂，可說是都市之瘤。但攤販的增加正反應國民的文化水平及法治觀念，也凸顯人民的經濟情況。

　　目前的法規，攤販活動屬不法商業行為，但警察也常爭隻眼閉隻眼不予取締。攤販之多也見諸中國大陸或印尼、越南…等東南亞貧窮與文化落後國家。四十多年前，日本戰敗後不久的台灣，沿街叫賣的小販也沒有今天如此猖獗氾濫。日本即使經歷福島世紀核災，今也未見流動攤販滿街亂竄。此當然與日本政府的管理效能有關。

　　師大夜市的存廢問題，沸沸揚揚。嚴格說來，夜市是另一種形式的攤販活動，雖然見證台灣飲食文化的歷史演進，但也可看出國民黨外來政權統治台灣五十年的管理效能，是拜中國文化之賜。坦白說，台灣如果被日本繼續統治，在強調整齊、清潔、法治的日本生活文化背景下，違規夜市或流動攤販是不可能發展出的。

　　縣市警察局不取締違法流動攤販，大概有二種理由，一則體恤民眾的生計；二則警察收取形同保護費的「規費」，被喻為「穿制服的流

氓」因而產生。而不管是何者，都與民族性或政府的管理效能、教育文化息息相關。

（人間福報/2012/03/19）

阿郎壹古道爭議，
見證兩黨對環保的態度

　　橫跨台東與屏東二縣的阿郎壹古道，屏東縣考慮環境的保護，主張總量管制，但國民黨執政的台東縣卻要完全開放。見微知著，我們可以看出國民兩黨的父母官對環境保護的心態及重視與否。

　　從大陸敗退來台的國民黨外來政權，始終不願本土化，心中老是想著大陸壯闊山河。在台統治五十年，把台灣當成過站與跳板，不能真心認同台灣這塊土地，其心態可說比日本殖民統治台灣時更可誅。在官商勾結，法治不張的現實下，美其名為發展工業而不得不犧牲環境，就連養豬事業也不需廢水處理而任意排入灌溉溝渠。

　　遠的層出不窮的環保事件不說，最近美牛瘦肉精及隱匿禽流感的惡行惡狀，都可看出國民黨政府慣常地如何糟蹋台灣人民及其土地。一心一意要將台灣送給中國的馬英九透過哈巴狗吳伯雄、林豐正等人到北京，藉著台灣人的口拋出「一國兩區」的賣台言論，欲將台灣推向被中共吞併之路，讓人誤以為台灣人同意其觀點，其司馬昭之心可說歷歷在目。

　　這個多行不義的外來政權，藉愛錢、怕死、喜當官，且有奴性的台灣民性，以夷制夷來分化台灣人的團結，以達成其邪惡統治目的。這種政黨本應消失在台灣島上，今還可重新執政，如今把台灣搞得天怒人怨，連豬、雞、牛都不安寧，可說民生凋敝，這才是台灣的悲哀下場吧！

（台灣時報/2012/03/29）

文林苑是苗栗大埔事件的翻版

清朝至今六代的士林文林苑，藉都更被強拆，爆發警民衝突。此場景類似苗栗大埔事件，硬將快要收成的稻穗碾平。此二事件都映照出國民黨外來政權與財團掛勾，沒有民胞物與，對人民粗暴的鐵證。文林苑被建商財團相中而遭殃，如同苗栗大埔被縣長劉政鴻相中就強徵農地給上市公司財團。

郝龍斌不再選台北市長就可蠻幹，如同馬英九當選第二任強讓瘦肉精美牛進口，硬推出賣台的「一國兩區」般，這些都是專制獨裁的政府醜陋的行為。郝龍斌兩任市長內有顯赫政績嗎？如同馬英九當兩任市長有政績嗎？然這兩個外省權貴子弟都能連任台北市長成功，尤其馬英九還從市長一直做到連任總統，這實在是台灣扭曲、醜陋的民主政治奇蹟。

最近，美牛瘦肉精及隱匿禽流感的惡行惡狀，都可看出國民黨政府慣常地糟蹋台灣人民及其土地。一心一意要將台灣送給中國的馬英九透過哈巴狗吳伯雄、林豐正等人到北京，藉著台灣人的口拋出「一國兩區」的賣台言論，欲將台灣推向被中共吞併之路，讓人誤以為台灣人同意其觀點，其司馬昭之心可說歷歷在目。

這個多行不義的外來政權，藉愛錢、怕死、喜當官，且有奴性的台灣民性，以夷治夷來分化台灣人的團結，選舉買票，以達成其邪惡統治目的，也是其連任的主因。這種不願本土化的政黨本應消失在台灣島上，現還可重新執政，如今把台灣搞得天怒人怨，連豬、雞、牛都不安寧，簡直民生凋敝，這才是台灣人的悲哀吧！

（自由時報/2012/03/30）

沒有台灣本土意識，
不配成為鄉土文學作家

　　在鄉土文學論戰的年代裡，筆者就閱讀過黃春明諸多小說作品集，如遠景出版的小寡婦、鑼、莎喲娜啦‧再見…等書。小說中取材自悲苦的小人物，刻劃、隱喻其悽涼無助的人生，頗引發讀者共鳴甚而會心一笑。無疑地，黃春明在鄉土文學中佔有重要地位。

　　解嚴前後，筆者幾乎沒有看到黃春明對多行不義的國民黨外來政權欺壓台灣人民及糟蹋台灣土地而發出正義之聲，這也是他會受到總統夫人周美青的賞識，及此次與成大副教授蔣為文的官司事件，前仆後繼遭到統派媒體及在台中國學者聲援之主要原因。如同鳳飛飛必須學作中國人，甚而嫁作在港中國人，學唱國語歌並拍攝國語影片，否則儘管歌藝再好恐也無法在歌唱界獲獎無數。黃春明出書也必須請在台中國作家如林海音作序，才能凸顯作品的價值般。

　　筆名許南村的陳映真，當年也被列為鄉土文學作家，其小說取材內容也是在台生活的小人物，唯他所嚮往的鄉土並不是台灣這塊土地卻是中國大陸，他是百分百的大中國民族主義者，當然最後也選擇長住中國並葬在其心目中的祖國。

　　所以，問題不在他小說取自身邊之人、事、地、物，而是他是否有台灣心與土地情，是否認同台灣的主體性，也就是說，他是否具有人類學重視全球本土化（glocalization）的可貴情操與意識。至於是否用台語文寫小說並不重要，此為筆者與蔣為文副教授不同觀點之處。

　　某報頭版刊出聳動標題，故意說成判決法官鄭明仁認錯。此為統派媒體選擇性介入司法之惡例。蔣為文用「可恥」批評，對照黃春明脫上衣，用「五字經」回罵，到底誰侮辱誰？讀者自有公斷。如果黃

春明有強烈的台灣本土意識，統派媒體及學者會聲援他嗎？自稱在台高級中國人一向鄙視台灣人的國罵三字經或五字經，認為粗鄙沒水準，被激怒就可　國罵？今怎會有雙重標準呢？

（自由時報/2012/04/07）

台巴子與在台中國人叫什麼叫？

　　有「股市憲哥」稱呼的台籍賴姓分析師，常活躍於統派電視媒體的政論節目，利用滿口台灣俚語評論時事。總統選舉前極力支持國民黨馬英九，並力挺九二共識。對民進黨極盡污衊能事。包括二元柿子風波，明明民進黨出於好意，提醒政府重視產銷失衡與中間剝削問題，即使誤植也情有可原，但卻遭不明是非，挺國民黨的柿農無情撻伐，而這位股市名嘴也摻了一腳。如果我們看看他介紹的股票，其實也不過爾爾。

　　馬英九還未正式上任，就要讓含瘦肉精美牛進口，油電雙漲造成通貨膨脹，復徵證所稅，可說搞得天怒人怨。股市名人阿土伯，兩屆總統選舉都支持馬英九，現才在媒體公開說他很後悔，是罪有應得，其實他在2008年就支持馬英九，但當股市一直下殺時也說過後悔選給馬英九，結果此次還是不死心再次選給他，類似阿土伯，無法覺醒的台灣人，可說舉目皆是。否則，毫無政績的馬英九怎能連任？還能獲得六百八十九萬選票。

　　根據筆者觀察，在統派電視媒體大言不慚者，即所謂資深媒體人，比例上外省第二代較多，這些人大都只有立場沒有是非，即使馬英九再昏庸無能，他們還是會選他，面對瘦肉精及油電雙漲問題，這些人叫什麼叫？根據選後TVBS民調，外省籍選給馬英九82%，蔡英文8%；反而本省籍選給馬英九42%，蔡英文只38%。目睹這些參考數字，到底誰有省籍情結？讀者自可評斷。

（自由時報/2012/04/12）

沒有台灣心的政黨，不可能有政績

民進黨執政時遭遇到全球網路泡沫化，但八年的平均GDP近五％，失業率平均低於4%，善於吹牛造假的在台中國人馬英九對於這樣的數據不滿意，誇口推出六三三政見，並表示若達不到，捐一半薪水沒問題。

馬英九執政時也遭遇全球金融危機，但沒有能力因應，經濟政策失當。馬英九競選連任時，不但未誠心道歉，又再度厚顏騙說，之前的六三三支票是要在八年達到，希望選民讓他連任。五二〇還未就任，即拋出不再討好選民的話，於是要讓瘦肉精美牛進口，油電雙漲，複製國民黨在大陸執政時的通貨膨脹戲碼，說國民黨比民進黨更會執政，誰會相信？

追求兩岸統一價值的國民黨，由於沒有真心對待台灣這塊土地，台灣只是這些政客當官撈錢、拿回扣致富的過站而已。馬英九支持九二共識，及最近拋出的「一國兩區」都是這種心態造成。筆者敢說，即使讓馬英九再執政四年，六三三也不可能達到。自私性格，不會為台灣人民著想的他，當總統的主要目的，是要完成其父親「化獨漸統」遺願，把台灣送給中國而不讓台灣人民獨立自主，即使維持現狀也不可能。

馬英九國民黨批評扁政府烽火外交，如今國防、外交皆休兵，但因掏空台灣經濟，去補中國黑洞，搞得民生凋敝。相較以色列國家，長期因宗教信仰問題與鄰近阿拉伯國家紛爭不斷，甚而引發戰爭。雖同樣受到全球金融風暴，其失業率及GDP成長均優於台灣，以色列人民活得很有尊嚴。

（台灣時報/2012/04/25）

難怪這些將領的後代
紛紛留學或移民

　　退輔會轉投資多家天然氣公司，並轉介退伍中將到公司當董事長、總經理，坐領高薪，年薪二百多萬元，被立委形容「帝王級肥貓」。

　　此讓筆者想起大學班上一些退休將領子弟，紛紛出國結婚或求學，甚或移民美國及加拿大。沒錢沒勢者根本無法辦到，只能留在台灣發展。承平之時，將領們好整以暇，生活已夠優渥，退役後又坐領高薪，實在有礙觀瞻。

　　而這些坐領台灣人納稅錢，跟隨蔣介石敗退來台的黨軍將官，與馬英九一樣，大都是大中國主義者，沒有台灣心與土地情，吃水果不會拜樹頭者，還曾說過國軍不保衛台獨的言論。今許歷農與夏瀛州等一干人竟到中國大陸說出「共軍、國軍都是中國軍」的賣台言論，實背叛台灣人民。

　　台灣人做牛做馬納稅養這些人，為的是要他們保衛台灣及土地，不受中共吞併，讓台灣人民繼續維持自由民主的生活方式，如今這些退役將領卻出賣台灣，讓台灣人民情何以堪？

　　問題出在身為三軍統帥的馬英九的終極統一政治價值觀，間接影響這些退休將領，也就是說退休將領離譜的言行是馬英九縱容的結果。

（自由時報/2012/05/04）

從雪隧的火燒車，
看國民黨政府的管理效能

　　世界第五，台灣第一的雪山隧道，在民進黨執政內，除節省建造經費外，並提前完成。原本限速七十公里，國民黨執政後逐步提高至去年的九十公里，但安全距離仍然只維持五十公尺，行控中心人員散漫，居然沒有及時接火災通報電話。筆者不禁懷疑，高公局美其名是宜蘭里長建議提高限速九十公里的，事實上是配合馬英九總統選舉而為。

　　日本統治台灣五十年，在台灣做了很多品質優良的基礎建設，但交到官商勾結，貪官污吏，沒有管理效能的國民黨政府手中就變了樣。譬如嘉南大圳灌溉系統，交到國民黨手中，連維護都出問題。曾文水庫及烏山頭水庫淤積問題現還無法解決，雲、嘉、南的農漁民全面性抽地下水灌溉或養殖，也沒人去理會，嘉南農田水利會無法提供足夠的地表水，卻將從集集攔河堰收集到的地表水賣給六輕賺錢。

　　反正農民都在自己一分地或三分地鑿井灌溉，各鄉鎮水利工作站也不必養護、疏濬排水溝，平素無所司事，還被記者拍到上班喝酒打麻將情事，簡直是尸位素餐。中央與地方縣市政府長期縱容的結果，造成地層嚴重下陷，遇雨成災，並危及高鐵營運安全。

　　其他可舉的例子尚多。一個沒有台灣心、土地情的外來政權，運用從台灣土地搜括而來的龐大黨產，來誘引愛錢如命，又喜當官的台巴子，進入國民黨內，以遂行其共犯運作，但這種狼狽為奸，私利當頭，心中無人民的統治基礎是脆弱的，只要廣大的台灣人民能覺醒，國民黨外來政權垮台指日可待。　　　　　　（台灣時報/2012/05/12）

是民族性，不是薪水不夠

　　監察院長王建瑄又發出怪論，說公務人員會貪污是因薪水不夠，這種論點被朝野立委批為不食人間煙火。官商勾結，貪官污吏在中國擁有五千年的歷史文化，且博大精深。筆者曾造訪過，連庚子賠款都敢污的，中國大貪官和珅位於北京的私人庭園。請問和珅的薪水不夠用嗎？

　　最近，被鬥下台的薄熙來，已被中共當局調查其夫婦在海外所貪的資產。遠的不說，國民黨敗退來台，統治台灣五十年，帶來官商勾結的中國文化，在法院是國民黨開的條件背景下，在國民黨政府任職一輩子軍公教高官者，加上有的官夫人也沒進入職場工作，退休後財產二、三億，一次可購買元大花園新城二、三戶，錢從那裡來？日本統治台灣期間，不但治安良好，貪官污吏者顯著減少。

　　高薪養廉是不切實際的，更不可能達到效果。語云，錢再多也沒人嫌。貪污也是國家法治不彰的表徵，如果司法不能獨立運作，受國家機器牽制，有錢有勢者貪污無事，當事人當然有恃無恐，甚且胡作非為。則法官只不過是愛因斯坦筆下，一隻訓練有素的狗罷了。

　　李普賽特（S.M.Lipset）與林茲（G. S.Linz）認為貪瀆腐敗的程度與文化有很密切的關係。王建瑄不敢從自私、貪婪、官商勾結的中國文化著手，提出高薪養廉是膚淺與錯誤的看法。

（自由時報/2012/05/17）

韓寒眼中的台灣民族性

　　民族性是一個國家的文化表徵，由於台灣被日本統治五十年，日本教育文化深植台灣人民心中。也就是說，台灣的融合文化早已有別於中國文化。由大陸作家韓寒來台自由行，對台灣民性的誠實、善良、親切的讚賞（有點溢美），更能印證台灣文化絕不是馬英九、王曉波、郭冠英、星雲…等在台中國人的觀點，認為是中國文化的一部份。尤其兩岸隔絕五十年互不相往來，已經各自發展出迥然相異的文化。

　　值得憂心的是，懷抱大中國民族主義的國民黨馬英九重新執政後，不論政治、經濟、教育、文化都往中國大陸傾斜，再度把台灣全面中國化，要台灣人去做不光彩的中國人。近四年來，馬政府可說掏空、搞爛台灣經濟以利大陸順利吞併台灣。

　　二二八事件不就是文化衝突產生的嗎？台裔美人，民主鬥士王能祥長老認為，來自中國佔領軍帶來的劣質文化，如詐騙、回扣、紅包、欺壓，目無法紀等，毒害一貫守法的台灣島民，引起島民強烈反彈。其實，跟蔣介石敗退來台的外省第一、二代，當回到他們魂縈夢繫的故鄉時，大都驚覺兩岸人民的生活樣貌與價值觀不一樣了，尤其是日常生活的整潔方面。政治層面的民主自由方式，更是專制獨裁的中國所無與倫比。

　　在本土意識尚未崛起前，台灣因長期深受中國文化式的教育薰染，目前，跟大陸比較雷同者是官商勾結文化以及走後門、塞紅包等中國式的升官發財陋習。再者，盜匪、詐騙集團如雨後春筍興起，也是跟大陸較為接近者。

　　如果韓寒不仇日，能到日本自由行，親自目睹日本環保教育的成功，人民相互間的敬重、行禮如儀，不管城市或鄉村沒有安裝鐵窗，

對交通安全的重視，公德心的普遍篤行，就會瞭解台灣為何有別於今日中國大陸的文化面貌。

（台灣時報/2012/06/18）

八田與一紀念園區是活教材

　　奉獻一生所成就的烏山頭水庫，被喻為嘉南大圳之父的日本工程師八田與一，始終為台灣人民感念。當年與工作人員居住的宿舍，已經嘉南農田水利會依其原貌而重建，名為紀念園區的故園，充滿濃濃日式風格與氣氛。每年五月八日，嘉南農田水利會都會為八田夫婦舉行紀念儀式。

　　戰後出生的大多數台灣人，對此段歷史是無知的，因為這段歷史在蔣介石敗退來台，仇日情緒並全面中國化的背景下，並未呈現在中小學的歷史課本中，誠可遺憾。風景區可看到民六十六年，國民黨政府，依中國北京天壇六分之一縮影建造而成，古代黃帝祭祀的「天壇」。更礙眼者，八田與一銅像旁有一處名為中正公園，內中豎立蔣介石銅像，簡直是不協調。銅像的八田與一身穿工作服，一手支頭，一手放在腿上，謙卑的坐在草地上凝思；而蔣介石卻身著軍服站立，盛氣凌人，是霸權統治者的姿態。

　　如果能讓中小學學生或大學生，有機會參訪八田與一紀念園區，瞭解烏山頭水庫及嘉南大圳的建造，其浩大且艱辛過程與價值成果，那一定是最有意義的室外鄉土教學活動。尤其引曾文水庫上游水至下游的烏山頭水庫，被喻為「小瑞士」的引水坑道，更令人驚嘆不已。筆者也要建議，被視為國民黨選舉禁臠的嘉南農田水利會，理應將蔣介石銅像移走，免得煞風景，才能符應解嚴後，台灣自由民主多元的社會。

　　更讓筆者感慨者為，當年建造嘉南大圳灌溉系統，交給無效能管理的國民黨政府已經變了樣，曾文水庫與烏山頭水庫的淤積問題尚未解決；雲、嘉、南農漁民超抽地下水造成地層嚴重下陷事實更令人痛

心。在紀念八田與一的同時，面對昏庸無能，沒有台灣心的馬英九，重新執政後的荒腔走板，台灣人民是否已學到教訓？

（蘋果日報論壇/2012/05/19）

抬出憲法作為賣台的擋箭牌

「中華民國」及「中華人民共和國」，兩者的英文簡稱ROC與PRC；可看出不管中華民國或中華人民共和國均簡稱中國（China）。一國兩區的所謂「一中」，馬英九認為可以各自表述，但PRC是聯合國會員國，ROC早被逐出，因此中共根本不可能讓馬英九表述，即使馬英九自我感覺良好，全世界大多數國家也不可能認為一中是指中華民國，除非中華民國重返聯合國，又把中華人民共和國逐出，但這是天方夜譚。

馬英九的口氣很大，說什麼中華民國主權含蓋大陸與台灣，大陸是中華民國的一區，而台灣也是一區；怪的是，胡錦濤怎麼不會說「大陸」與台灣都是中華人民共和國的一區呢？馬英九自我矮化主權與國格不言可喻。其司馬昭之心人盡皆知，就是要完成其父親化獨漸統遺願，將台灣推向被中國統一吞併的道路，我們由他執政四年來的所作所為，均可印證此點。

撇開中華民國憲法制定時，台灣還是日本的殖民地。馬英九老是抬出憲法作為賣台的擋箭牌，實在令人不恥。在李登輝執政時，憲法已作了增修條文，雖不完備，但李登輝之後提出「特殊國與國」的關係；及至陳水扁提出「一中一台」，馬英九憑什麼說一國兩區的憲法定位從李登輝到陳水扁都沒改變，連賣台言論都要推給前朝，再度把台灣人民當白痴。難道只有馬英九們懂憲法，別人都不懂？

李登輝執政十二年及陳水扁八年，無法制憲正名，讓台灣成為正常的國家，這是最大的缺憾。筆者認為國民黨這些在台中國人，沒有台灣心與土地情，吃水果不會拜樹頭的賣台者，會不斷抬出「憲法一中」來阻擋及糟蹋台灣成為實質的國家。　　（台灣時報/2012/05/24）

沒有台灣主體性的文化論述

文化學者伊格頓（T.Eagleton）認為文化和自然一樣，可以同時是描述性（descriptive）又是評價性（evaluative）的術語。文化部新成立，儘管首任部長龍應台宣示，文化不為政治服務。但馬英九還是在揭幕致詞時說出，「把具有台灣特色的中華文化發揚光大」。據報導，原先的英文全名為「台灣文化部」，後來才把台灣拿掉。所謂具有台灣特色的中華文化，就是把台灣文化視為中華文化的一部分，馬英九與自稱是在台的中國學者王曉波，跟辱罵台灣人為台巴子的郭冠英一樣，歧視台灣人及其所建立的融合文化，渠等對台灣文化的描述與評價一向就是如此。

馬英九在遙祭黃帝時，就是引述王曉波的論述，誆稱台灣本土文化就是閩南文化，理由是鄭成功來台把「閩學」帶來台灣，故恢復必修「中華文化基本教材」等於是恢復「台灣本土文化基本教材」。卻無視西班牙、荷蘭、日本也各自帶來自己的文化進入台灣，而為何獨厚中國的閩南文化？

四十多年前的高中生，在校所讀的必修課程即「中國文化基本教材」。馬英九執政後，為了消除台灣本土文化意識的興起，讓王曉波及張曉風進入教育部高中課綱小組，將「中國」文化基本教材由選修改成必修，並易名為「中華」文化基本教材，可說是一種障眼法，換湯不換藥，因為在現實意義上，中華等同於中國。

由劉兆玄擔任總會長的中華文化總會，在成大舉辦世界閩南文化節，同時也在台南安平舉辦閩南論壇，兩場馬英九都蒞臨演講，其演講內容不外延續王曉波的論述。對照馬英九在就職典禮上，再度重申「一國兩區」合乎憲法，可看出其違背民意，意圖把台灣全面中國化，

要台灣人去做不光彩的中國人。如果把台灣文化界定是中國文化的一部分，那麼台灣只是中國的一區自然順理成章，這是馬英九們的陽謀。

用中華文化來包裝中國文化，或用華人來包裝中國人是沒必要的。從人類學的角度而言，台灣的移民社會文化是融合演進的，應優先本土化後再走向全球化，所以羅伯森（R.Robertson）才會創出全球本土化（glocalization）字眼。文化學者亞歷山大（J.C.Alexander）認為文化是相對的自主性，不屬於「絕對」主觀的領域。因此自認為中國文化比較優越，進而透過國家宣傳機器來凌駕於台灣文化之上，或認為台灣文化是中國文化的一部分，都是霸權文化的行為，對台灣人民是一種侮辱。況且，閩南、客家人與平浦族原住民通婚後的台灣人，都是馬英九口中的炎黃子孫嗎？更何況真的有炎帝與黃帝嗎？

馬英九們冀望透過兩岸皆屬「中華文化」論述而達終極統一的目標，是相當明確的。以最近陸委會的民調，傾向「台灣與大陸同屬中華民國」僅八％，認為「台灣是中國的一部份」僅二％。所以終極統一的目標是違反現實與台灣民意走向，可說是一種政治文化領域中的逆向操作。

（台灣時報/2012/05/31）

龍應台難以面對的事實

　　文建會主委龍應台在1994年，在中國時報撰文，批評前總統李登輝的悲情意識與親日情結，竟然向日本殖民者道謝很不以然。然撫今追昔，馬英九對把國民黨趕到台灣的中國共產黨視為衣食父母，極盡卑躬屈膝，其親中情結如此嚴重，造成主權的流失與經濟的衰敗，筆者未曾看過龍應台撰文批評，其風骨還不如馬英九的作家朋友南方朔，是否因在馬英九市長期間當過官，抑或政治價值觀與現代吳三桂馬英九一樣，認為台灣文化是中國文化的一部分，自己是台灣人也是中國人，所以台灣只是一區，是個區域名稱而已？

　　龍應台希望胡錦濤用文明來說服她，反對用「中華文化至高無上」論，來作為中華人民共和國的國家圖騰，但馬英九在文化部揭幕致詞時說出，「把具有台灣特色的中華文化發揚光大」。並把原先英文全名為「台灣文化部」的「台灣」拿掉。所謂具有台灣特色的中華文化，就是輕視台灣住民建立的融合文化，把台灣文化視為中華文化的一部分，如此，還不是落入胡錦濤的中華文化至高無上論的窠臼中！

　　馬英九缺乏台灣主體性的文化論述，來自被他稱為大哥哥，自稱在台的中國學者王曉波，此人亦出現在龍應台的《大江大海》書中，而且知道他小時候在台中居住時曾偷蕃薯，被台灣人丟石頭，或許如此才讓他成為吃水果不會拜樹頭的中國學者吧！

　　龍應台用「價值認同」作為自己成為獨派或統派的條件，也就是大陸必須走向民主、自由與人權即可開始討論統一，此種價值認知與馬英九的終極統一類似。但對大多數台灣人而言，即使中共走向民主自由與人權的社會，台灣人還是想當家做主，不願接受中共的統治作為二等國民，如果龍應台不是與馬英九們有相同的中國文化基因，有

台灣心與土地情，不把台灣當成過站，相信龍應台應會跟筆者有相同的價值觀。

　　現龍應台被馬英九任命為文化部長，領台灣人民的納稅錢，會不會成為馬政府宣傳中華文化的奴才機器？儘管已宣示文化不為政治服務，且讓我們拭目以待吧！

（台灣時報/2012/06/05）

屏科大成水鄉澤國的省思

　　早年名為屏東農專的屏科大，已培養出許多傑出農技人才。每逢下大雨就成水鄉澤國，此次還將校內的百年鳳凰樹連根拔起，學生乾脆在校門口積水處，擺起桌椅照畢業照，目睹這幅畫面，讓筆者心有千千結。

　　之所以積水難退，不外乎排水設施不良，再者就是嚴重的地層下陷問題。屏東林邊鄉由於農漁民違法超抽地下水，以致十年間地層嚴重下陷二百四十公分，居全台灣之冠，然中央水利署與地方縣政府一直無法解決此問題，只能眼睜睜看其繼續下陷下去，雲嘉南的慘狀亦同。如果地層已下陷至海平面下，再多的抽水站與排水設施也英雄無用武之地。

　　而只會漲人民電費的台電可說是台灣地層下陷的幫兇與共犯。台電明知農漁民申請供電係抽地下水灌溉或養殖，根本不是噴霧農用，但台電鄉鎮服務所卻與代替農漁民申請電錶的「地方水電行」官商勾結，睜隻眼閉隻眼讓其通過，以致農漁民在一分地或二分地就鑿一口深井，且全面性為之。這也是政府一直縱容的後果，令人痛心。

　　台灣心與土地情異常薄弱的國民黨外來政權始終不願本土化，無法認同台灣這塊土地，君不見蔣氏父子還暫厝慈湖，不願入土為安嗎？其對台灣土地的情感遠不如建造烏山頭水庫及嘉南大圳，死後葬在烏山頭水庫的日本工程師八田與一夫婦。如果可以讓農漁民抽地下水灌溉及養殖，那八田與一又何必建造嘉南大圳來灌溉農田？以日本的工業技術，沒辦法鑿井灌溉嗎？走筆至此，更加令人對國民黨外來政權糟蹋台灣土地，感到厭惡與鄙棄。

　　馬英九國民黨政府重新執政後的荒腔走板，毫無政績可言，實肇

因於對台灣土地與人民的無心無情，因為馬英九們認為這塊土地只是個區域，其住民所建立的台灣融合文化沒啥了不起，它只不過是中國（包裝成中華）文化的一部分而已。

（自由時報/2012/06/14）

外省人不會歪哥嗎？

　　林益世索賄事件，統派媒體及部分外省第二代將其導向本省人才會貪污。這種意圖其實跟中國人沒有恥感文化，也沒有道歉文化有關。君不見二二八事件，蔣介石與蔣經國有道歉過嗎？後來還得靠李登輝代表國民黨政府向台灣人民道歉。而馬英九還抱怨二二八發生時他還未出生，為什麼要他再次道歉？如果不是為了騙選票，馬英九每年會參加二二八紀念活動嗎？

　　不管林益世或吳淑珍的貪腐，難道不是中國文化教育的薰陶結果！日本統治台灣五十年，好不容易在台灣建立法治、紀律與有公德的社會，蔣介石敗退來台，移入官商勾結與幫派文化，這才是問題的所在，今以台灣人會貪污而外省人清廉，那是自我感覺良好，馬不知臉長，沒有事實的根據。

　　林益世娶了會抽煙又強勢的外省第二代彭愛佳為妻，我們也可以合理懷疑他在娶妻之前是否有索賄習慣？是否因娶了沒有台灣心與土地情，有官商勾結固有文化的在台中國人才導致如此？

　　根據文化學者的研究，貪瀆腐敗的程度與文化有很密切關係，北歐與英國移民所建立的國家，腐敗程度最低；儒家文化國家大多數中等腐敗，不過新加坡是全世界最清廉的國家之一，此歸功於李光耀的領導。

　　林益世的涉貪，只是國民黨政府貪腐共犯結構的冰山一角而已。為了終極統一，馬英九及在台中國人，一天到晚高舉中華文化大旗，不願認同台灣主體融合文化，說台灣人比較會歪哥，其實是自取其辱而已。

（自由時報／2012/07/07）

淒涼的台巴子

　　林益世索賄案，今又爆發吳敦義大樁腳好友吳門忠妻舅陳志卿，幫陳啟祥拉線介紹給林益世。林益世事件發生後，馬英九及吳敦義兩人急忙撇清，馬英九推給吳伯雄；吳敦義則說與林益世無私交。

　　國民黨敗退來台後，專制極權統治台灣，政治資源掌控其手上，而台灣人愛錢、怕死、喜當官，當然就必須與外省當權者勾結以換來一官半職，升官後就能利用權勢撈錢發財，然後家財萬貫，大家可以看到土生長的台灣人在國民黨政府當一輩子公務人員，退休後都有上億財產，錢從那裡來？

　　部分外省人譏諷台灣人才會貪污，可說恬不知恥，從滿清大貪官和珅到最近的薄希來被爆出海外資產合台幣一千八百億。以及彭博報導中共接班人習近平家擁三點七億美元；行政院祕書長林益世坦誠收賄六千三百萬元。兩岸官場貪污如出一轍。

　　國民黨在中國大陸就是官商勾結，特權橫行，與黑幫掛勾嚴重，才被大陸人民唾棄。敗退來台後，台灣被全面中國化，官商勾結的文化於焉興起，把日本統治台灣好不容易建立的公德、法治與衛生文化破壞殆盡，台灣今日的治安敗壞，國土的千瘡百孔就是這樣造成的。

　　不論扁家或林益世貪腐案，這些不都是中華文化教育薰陶的成果嗎？外省族群還有臉譏諷台灣人？而有奴性又愛當官的台巴子也該醒醒吧！

（自由時報/2012/07/14）

連僑校也在搞一個中國原則

　　由台灣政府出資創立的日本橫濱中華學院，聘用中國籍教師，家長憂心校方過度傾中，將嚴重影響教學方向。學校卻以「教師招募困難、學校國際化」搪塞。負責輔導日本僑校的僑委會祕書表示，事先並未經理事會同意。

　　據報導，該校校長施惠珍是馬英九當年台大法律系同學。筆者要提出質疑者為，奉行馬政府一中原則而鎖在中國，且僱用中國人，如何國際化？但在該校長的認知與價值觀裡，兩岸同屬一中，台灣人也是中國人，僱用中國籍教師有什麼好驚奇的？如同美國學者所言，台灣已走在統一的道路上了，馬英九搞終極統一又不是新聞？

　　只是台灣人瞎了眼，選了沒有台灣心與土地情，輕視台灣融合主體文化，吃水果不會拜樹頭的統派總統，結果是崩壞經濟外，更流失國家主權，如同滿清統治台灣兩百十二年期間，台灣即成為中國的邊陲及附屬。撇開統獨政治價值觀不談，法國總統沙科吉因未搞好經濟，無法連任，馬英九四年總統有政績嗎？何以還能連任成功？難道這就是台灣特殊的民主政治？

　　除了蔡英文個人能力不被信賴的因素外，與被喻為台巴子的台灣人的奴姓，好騙難教，不能普遍覺醒有關。此外，拿十八％的退休軍公教人員，渠等既得利益與短視近利心態，也是關鍵因素。

（自由時報/2012/07/19）

馬祖被中華民國犧牲了

　　國民黨的鐵票區，昔日與金門同為反攻大陸前哨站的馬祖，博奕公投通過了。對曾在馬祖服兵役九個多月的筆者，感慨實在良多。

　　這種公投如果以行政院的鳥籠公投法來處理，鐵定無法過關。最大黨國民黨一直不願修公投法，降低門檻，但面對博奕公投卻可以改變遊戲規則，此因無他，就是寧願把台灣推向被中共吞併統一的未來，也不讓台灣住民透過公投成為獨立自主的國家。馬英九的一國兩區說法，已經明白宣示，台灣只是中華人民共和國的一部分。

　　中共在邊陲特區澳門設賭場，如同韓國在濟洲島開設賭場般，今中華民國在馬祖開闢合法賭場，等於把馬祖居民視為二等國民，此次的博奕公投更能印證此點。試問，同是海洋國家的日本為何不會在沖繩或其他小島開設賭場呢？雖然沒有開設合法賭場，日本的國民所得（人均所得）是台灣的兩倍多。筆者認為這是價值觀的選擇，當然也跟文化息息相關。

　　國民黨政府沒有能力在外島打造成國際級的生態觀光旅遊地，卻要圖利外來財團在馬祖開設賭場來增加稅收，這種一切向錢看的黨，統治台灣五、六十年，同樣無法打造台灣成為生態環保之地，在官商勾結的政治文化背景下，反而讓台灣土石流不斷，嘉南平原地層嚴重下陷，把台灣搞得千瘡百孔，殘破不堪，台灣還曾被世界前鋒報喻為貪婪與賭博之島。國民黨政府的治國能力在那裡？

　　博奕公投的通過，絕非馬祖居民之福，其災難還在後頭呢！

（台灣時報 /2012/07/19）

十二年國教將製造更多的
黑道分子與政客

　　教育部中教司長張明文說，十二年國教不但要給認真學習的孩子更多鼓勵，也要救回十二到十五歲消失的青少年，給他們更多學習的機會，啟發孩子學習的動機與興趣。

　　張明文是在全國科展閉幕典禮中說出這種官樣話。不是十二年國教，才能啟發孩子學習的興趣與動機，也不是十二年國教才能對學習認真的孩子給予更多的鼓勵，想要借助此空洞的官場話，希冀與會家長以及學校大力支持十二年國教，筆者認為是無法達到的。

　　筆者在國中服務期間曾指導學生科展實驗，獲全國科展第一名、第三名共三次，以及佳作無數次，但筆者都是利用課餘時間，包括犧牲星期假日帶領學生在實驗室工作，才有此成果。如果科教老師無心，太功利主義或教育部及縣市政府不重視科學教育，定出獎勵措施，則要發展科教有如緣木求魚。其他面向的學習亦同。

　　十二年國教如同證所稅般，空有其名卻課不到稅，它只是馬英九為求得在中華民國教育史上的虛名，根本沒有實質的必要，理應健全九年國教體質，重視中小學生活與道德教育，社會治安才能穩定。在國家財政崩壞之際，中小學教育千瘡百孔，不思健全改革，拋出十二年國教是不智之舉，徒浪得虛名。

　　九年國教曾被批是培育黑道搖籃，包括林益世及檯面上的政客或黑道幫派，很多出自國中教育，率爾實施十二年國教，難道要重蹈九年國教覆轍？

（台灣時報/2012/08/04）

鄉音一致，只是政治調性不同

　　行政院公審會主委趙永茂確定不續任，說要專心在學界。或許很多人不知趙主委與黃昆輝主席都是雲林縣土庫鎮馬光人，原本兩人都是親國民黨者，趙為本土博士而黃為美國洋博士。黃昆輝因李登輝因素而加入台聯，成為親台灣本土派者；而趙或許也有某種程度的台灣意識，但在外來國民黨政權內當官，如同吳伯雄、吳敦義般只能成為馬政府外省權貴的工具而已。

　　由黃昆輝主導ECFA公投案，雖經高等行政法院確認行政院違法，但黃主席重提後還是被公審會霸凌駁回。公審會如同違章建築，只是馬政府的橡皮圖章，政治打手而已，根本無法獨立運作。憑什麼可以否決中選會通過的公投案？公審會早該廢除了。

　　林書豪父親是土生土長台灣人，母親雖是外省第二代，但也是喝台灣奶水長大者，嚴格說來都是台灣人，根本不存在是台灣人或中國人疑慮問題，但很多馬英九們等在台中國人，卻硬要符應中共的統戰，說林書豪是台灣人也是中國人。如果此邏輯成立的話，那麼美國人也是英國人，瑞士人也是德國人。

　　因台灣人民的奴性，易騙難教，才會讓沒有台灣心、土地情，更沒有治國能力的馬英九連任成功，這或許也是台灣人民的原罪吧！

（台灣時報/2012/08/07）

佛光山淪為中共統戰的工具

　　高雄市佛光山佛陀記念館推出中國少數民族服飾展，居然也把台灣十四個原住民族納入中國少數民族。此展覽自六月八日就開始，經曝光後佛光山才假惺惺說，要與「中國民族文化宮」溝通，同意後才修改。連此種事情都無自主性，台灣還是個主權獨立的國家嗎？

　　漢、滿、蒙、回、藏、苗、傜，所謂的五族共和，這是我們從小在黨化的教科書裡習得的，什麼時候也把台灣南島語系的高山族也列入了？此展覽雖是中國民族文化宮主辦，但行政院原住民委員會是協辦者，等於有官方色彩，行政院無法辭其咎。現今馬政府可謂滿朝皆是中國化的奴才官員，這是台灣的危機與悲哀。

　　曾任國民黨中常委的星雲法師，現已成為馬英九們搞統一的大將，他曾說過很傷台灣人民感情的話，即「在台灣只有中國人，沒有台灣人」，這些人與馬英九一樣不懂人類學重視「全球本土化」的價值取向，心中只有大中國民族主義，打從心裡輕視台灣，馬英九才會在選後拋出「一國兩區」的賣台言論。

　　套句馬英九在特別費案遭檢察官起訴時所言，這些邪痞者真的得意忘形，開始梟叫狼嚎了，叫起違背台灣主流民意的「終極統一」囈語，而筆者相信這些人終會被台灣民意唾棄的。

（自由時報／2012/08/16）

台灣真的是亞太國家
貧富差距最小嗎？

　　台灣去年原始貧富差距已達7.75倍，史上次高；若計入政府移轉收支後，還是達6.17倍。但寡廉鮮恥，不知反省又喜歡撒謊的馬英九在總統府接見外賓時，竟然說出台灣貧富差距是亞太國家最低的。

　　貧富差距可由吉尼指數窺知，如果計入政府移轉收支後，台灣的吉尼指數0.342。值得注意者為，日本去年的吉尼係數只0.249，低於亞洲四小龍及美國，難道日本不是亞太國家嗎？台灣怎會是貧富差距最小的國家呢？馬英九明顯說謊。

　　日本曾為全球第二大經濟體，現被中國大陸取代。儘管近十年來日本經濟不振，還發生福島世紀核災，GDP成長甚至為負數，根據日本內閣府公布的數據，去年日本國民所得GDP達四萬二九八三美元，然因貧富差距小，因此大多數人民仍然可以過安定且有尊嚴的生活。反觀中國大陸與印度，近十年來GDP成長迅速，但因貧富差距嚴重，其大多數人民還是過苦哈哈且沒有尊嚴的生活。

　　馬英九上任後，可說「主權流失，經濟崩壞」，台灣貧富差距不斷擴大，油電雙漲，人民苦不堪言，今還自我感覺良好，說台灣貧富差距是亞太國家最低的，真是讓人哭笑不得。

（台灣時報/2012/08/23）

如果這是在戰時

　　民航局大鵬航測機失事案，很多人質疑搜救延誤，無法掌握黃金七十二小時或能更早及時確認失事地點，即使三個人迫降撞機時已經死亡，國人也不會責怪民航局及國搜中心，不是嗎？

　　筆者相當感慨與痛心，在撮爾小島台灣連失事地點座標都無法搞定，如果在戰時要如何打戰？八二三金門砲戰，如果沒有美國的幫忙能嚇阻中共的砲擊嗎？國軍能不能打戰，其實在國共內戰時早已見分曉。馬英九現又提出「一國兩區」或默認「兩岸一中」親中賣台言論，弱化國軍戰鬥意志，請問如何捍衛台灣主權？成立國軍的意義在那裡？

　　日本防衛廳接收到信息後，也將座標地點告訴台灣，但事關人命怎可因仇日或為了面子而不用，這就是在台中國人的心態。國民黨馬英九重新執政後，台灣無論在政治或經濟、教育文化完全往中國傾斜，自己兩個女兒都是美國人卻要台灣人去做不名譽中國人，這種完全沒有台灣心與土地情的人可以連任總統，難道這就是台灣式的民主選舉嗎？

（自由時報/2012/09/05）

讓國民黨繼續執政，
是台灣人民的悲哀

之前，群策會舉辦「台灣國家經濟發展研討會」，李安妮代李登輝宣讀致詞，指出過去四年政府強調「台灣接單，海外生產」的發展模式，無異於浮士德用靈魂與魔鬼從事交易。

今年前三月，台灣的GDP成長率僅0.38%，是亞洲最差者。第二季GDP成長率為-0.2，也是亞洲國家最差者。二〇〇八年，在台中國人的馬英九執政後，把扁政府對大陸投資上限從40%提高至60%甚至100%（營運中心設在台灣），筆者即撰文批判此政策將掏空台灣經濟，且把台灣經濟邊緣化，ECFA簽定後更加速台灣經濟的邊緣化與產業的空洞化。果不其然，執政已屆四年多，台灣的經濟成長逐年下降，薪資倒退十三年前，失業率高居亞洲四小龍第一名。

根據媒體批露，馬政府取消個案投資不得超過五千萬美元限制後，去年營建業往中國投資高達四十二億元，除建國工程、國產實業有獲利外，其他多認列中國投資損失。遠雄去年中國事業虧損三千五百多萬元。金融業去年匯往中國的金額就高達一三七億元，累計已投資二九三億元，整體認列投資中國損失達六點二億元。

再以上市電子公司樺晟、憶聲為例，樺晟去年每股慘虧2.06元。從民國96年到99年，產業未外移前都有盈餘，但馬政府讓它完全外移至中國大陸中山、昆山、青島後，去年開始虧損，試問，廣大投資人情何以堪？憶聲亦同，未投資大陸前還有賺錢，投資大陸後，去年每股虧0.75元。再看看上市櫃鋼鐵股，到中國投資者，今年的半年報幾乎都虧損，反而像盛餘、東和、世紀鋼…等沒到中國投資者均賺錢。其他例子尚多。

扁政府設下對大陸投資，必須相對投資台灣的機制，但馬英九國民黨執政後，可說門戶洞開毫無設防，還批評民進黨鎖國，這是暗藏何種居心？馬英九掏空台灣經濟，錢進中國去補其黑洞，試圖披著和平糖衣外表，卻未能真正落實台灣全民利益，以台灣為主體的經濟思維。此種親中賣台的經濟政策，台灣經濟不死也會半條命。在美國總統歐巴馬想辦法讓製造業回國生產之際，馬政府卻是倒行逆施，這種人還可以連任成功，真是台灣人民的悲哀！

（台灣時報/2012/09/06）

搞經濟不在行，賣台政策一籮筐

　　正當台灣的GDP在亞洲十二國家中最差，失業率是四小龍第一名，薪資倒退到十七年之前慘狀，人心浮動痛苦之際，代表馬英九參加APEC的連戰，在與胡錦濤會面時竟然拋出所謂堆積木式的和平協議。

　　選前，馬英九就曾推出簽定兩岸和平協議話題，民調馬上溜滑梯，因此就不敢再重提，今他已沒有連任壓力，筆者早就推測這種無恥、詐騙成性的人早晚會再端出和平協議的，果真如此，但這是台灣人民的夢魘與悲哀。

　　君不見，被馬英九稱呼大哥哥，自詡在台中國學者的王曉波，於宋楚瑜欲連署參選總統之際，公然於年代政論節目說要向宋楚瑜下跪，希望宋放棄參選，待馬英九連任成功與中共簽和平協議，以後再讓民進黨執政。

　　ECFA簽定後，江陳會簽署十八項協議，披著和平才有紅利的糖衣外表，把台灣經濟邊緣化，連任後油電雙漲，推名不符實的證所稅，已造成台灣經濟大崩壞，出口連六衰，是亞洲主要國家墊底，今不努力拼經濟也罷，還有臉拋出爭議性極高的和平協議，馬英九國民黨還能讓台灣人民期待嗎？國民黨下台，台灣人民才有未來，現已成為台灣的共識。

（台灣時報/2012/09/13）

可恥、無恥的台巴子立委

　　民進黨提出的倒閣案，正如大眾預期無法過關。在百業蕭條，民不聊生，馬英九不願回應民意換內閣之際，國民黨立委還是以黨意凌駕民意，不敢跑票投倒閣案，真讓人痛心疾首。此更加瞭解這些在擁有龐大黨產的國民黨內吃香喝辣，自私自利的台巴子立委的嘴臉，如果下次立委選舉還支持這些國民黨立委，那真是三好加一好，四好！（台語）。

　　比較讓人不恥的是無黨籍立委顏清標，辯說投錯票，頻頻說抱歉，這一幕如同馬面辯說誤槍擊連勝文般，我們更能看清這些政客的嘴臉。照理說，以顏清標的基層實力根本不必仰國民黨鼻息，何況又是無黨籍，理應站在民意這邊，雖然大家都知道，無黨籍者支持國民黨居多。

　　在台灣的國民黨，始終不願本土化，是個被外省權貴掌控的政黨，土生土長的台灣人，在黨國一體及龐大的黨產現實下，進入國民黨升官發財，分得一杯羹，極少數會認同馬英九的「終極被吞併」的政治價值，但這些人為了官位，也不得不奴才般的拍馬逢迎，卑躬屈膝。就如同馬英九為終極統一及連任總統，對胡錦濤的卑躬屈膝般。

　　由此次的倒閣案，我們正可以看出這些喜當官，患了軟骨症的藍色台巴子立委的真面目。

（台灣時報/2012/09/24）

為誰爭釣魚台主權？

八十一艘台灣漁船在主張趕快統一，早就成為中共傳聲筒的蔡衍明，五百萬的挹注下，浩浩蕩蕩開往釣魚台，還揚言不排除開火。

在民生凋敝，民不聊生，痛苦指數與失業率高居亞洲四小龍第一名之際，不思努力拼經濟也罷，還轉移焦點，到釣魚台宣示主權。馬英九在中共屢次霸凌中華民國主權時，都默不吭聲地，平素也不在乎漁民在釣魚台的漁場權益，今利用漁民愛台情緒去滿足馬英九們的仇日心結，實在有夠諷刺。

馬英九執政以來，與日本漁權只談判一次，遠不如李登輝與陳水扁執政時代，這個無能、詐騙成性的人只在乎自己的權力，根本不會在意台灣的經濟與人民的痛苦，否則不會油電雙漲，造成通貨膨脹。因為台灣經濟一旦崩壞，反而有利中共統一台灣。

中共的立場很堅定，釣魚台自古以來是「中國台灣」的屬島，馬英九自己也提出「一國兩區」賣台言論，那麼筆者要合理懷疑馬英九及其背後的決策小圈圈者，打著維護主權假象，操弄台灣無知漁民，實際上是為中共爭釣魚台。主張終極統一，連台灣主權都確保不住的人，有什麼能耐爭釣魚台主權？

（自由時報 2012/09/26）

馬式的分散市場邏輯

　　景氣燈號已連續十個月藍燈，馬英九還把責任往外推，說什麼「過去不是沒出現過」，此足見馬英九的無恥，只會爭功諉過。十二年國教就是馬英九在爭中華民國教育史上的虛名。

　　不錯，日本戰敗後，國民黨來台治理，由於嚴重通貨膨脹，四萬舊台幣換一塊錢新台幣，民不聊生。從亞洲金融風暴、網路泡沫化到馬英九上台後的全球金融海嘯，每位總統執政時都會遇上不可承受之重，但如何提出因應策略破解，才是有為政府應有之道。

　　馬英九說，過去大家擔心外銷過度依賴中國大陸，但八月為止，台灣對大陸與香港的出口，占總出口不到四十％，政府分散市場已努力有成。這種說法更印證馬英九對經濟的無知。由於馬英九上台後，把台灣對大陸的投資上限從扁政府的四十％放寬到一百％（營運中心在台灣），且不必相對投資台灣，把台灣的資金、技術與人才逕往中國輸送，可說掏空台灣經濟。今把大陸養肥、養大，在大陸的生產品遂對台灣形成競爭力，加上大陸經濟發展趨緩，請問如何增加對中國大陸的出口？

　　很多上市櫃公司將製造工廠全部移往中國大陸，台灣一個都不留，也是在馬英九執政時，如樺晟、僑威等族繁不及備載。連戰在2012年南京紫金山峰會，倡言「兩岸共創民族品牌、進軍世界」的概念，王雪紅回應，「兩岸關係越來越好，兩岸合作會讓全世界經濟都得利」。凡此傾中賣台言論及措施，把經濟鎖在中國去創造大陸人民的就業機會，台灣失業率如何下降？這就是馬氏的分散市場邏輯。

（自由時報/2012/10/06）

只有台灣土地含有地下水資源嗎？

民視新聞團隊前進北韓採訪報導，筆者從電視畫面上看到乾旱缺水的玉米大量枯萎的現象。而在台灣，雖然水庫、堰壩計有109座。扣掉澎湖、金門、馬祖的28座，本島也還有81座。台灣年平均下雨量在世界前三名，但政府還是長期縱容台電與幫農漁民申請電錶的地方水電行官商勾結，假藉噴霧農用，實際是鑿深井抽地下水來灌溉或養殖，搞得西部沿海地層嚴重下陷，威脅高鐵的行車安全，且每遇颱風或下毫大雨即刻成水鄉澤國。

筆者要提出質疑的是，北朝鮮人民共和國或大韓民國（南北韓）的土地難道沒有地下水資源抑或沒有這種簡單的鑿井技術，否則可仿照台灣，抽地下水灌溉就不會飽受乾旱之苦！日本國家亦同。筆者旅行這些國家時，均看不到農漁民抽地下水灌溉或養殖，此因無他，渠等國家重視國土的永續經營，不讓其農漁民如此糟蹋國土，只有把台灣當成反攻大陸跳板的外來政權國民黨才會如此，如今各縣市非法口井可說如雨後春筍，氾濫成災，各縣市長為選票及人力短缺現實，要如何有效取締？只能眼睜睜讓國土繼續淪陷下去，國民黨政府根本沒有辦法解決地層下陷的能力。

水庫本有發電、防洪與灌溉功能，如因政府管理不善而讓水庫淤積或優養化（Eutrophication），則政府管理單位就應受到批判譴責。前面提及台灣年平均降雨量居世界前三名，又建造這麼多水庫與堰壩，灌溉用地表水理應充足無虞，但為何還讓雲、嘉、南農漁民抽地下水灌溉及養殖，並造成地層嚴重下陷，遇雨成災？

沒有台灣心與土地情的國民黨外來政權，如果讓其繼續執政那是台灣人民的悲哀，馬英九執政四年多足可印證此點。由於農漁民全面

性抽地下水灌溉與養殖，使得嘉南農田水利會各個地方水利工作站人員，不必分區調配地表水供農民灌溉，竟日無所司事，尸位素餐，還被記者拍到上班喝酒打麻將，這像話嗎？日本如果繼續殖民統治台灣，此種事情根本也不可能發生。走筆至此，只有喟然長嘆了。

（台灣時報/2012/10/11）

遭統戰的中國民族服飾展

「中國民族文化宮」藉佛光山佛陀紀念館舉辦少數民族服飾展，將屬於南島語族的台灣原住民十四種服飾也列入展出，此事經媒體披露及原住民抗議，但佛光山還是甘願作為中共的統戰工具，繼續在其二樓展出原住民服飾。

日昨，筆者參加公教退休協會舉辦高雄市佛陀記念館與台南市國立台灣歷史博物館參觀之旅，筆者在紀念館二樓參觀之際，恰遇新加坡來台自由行的華人，跟他們談起移民國家的一些文化概念，他們均認為自己是新加坡人非中國人，頂多說自己是華人而已，他們還告訴筆者，很不喜歡缺乏公德心且有霸權思想的中國人，也不可能會說新加坡文化是中國文化的一部分。

在與新加坡華人交談之際，剛好旁邊有位跟蔣介石敗退來台的退伍老伯，大概聽到我們的對談，感到不爽，因此質疑我們的祖先從那裡來？筆者告訴他美國與瑞士都是移民國家，沒有人說美國人也是英國人，或瑞士人也是德國人。老伯悻悻然離去後，新加坡華人也對筆者談及不同意這位老伯的看法？

為什麼連戰、馬英九、許歷農、郭冠英、王曉波、李敖、唯覺、星雲這些人會走向大中國民族主義？認為自己是中國人，並說台灣文化是中國文化的一部分。此與他們非出生在台灣，具濃厚的懷鄉情結，以致違逆人類學重視「全球本土化」（glocalization）的可貴取向。夫如是，為台灣的長治久安，不被中共吞併，是否需要制定如美國般法律，即出生在台灣才有資格選總統，以後不管那一黨執政，才不會再出現傾中賣台的總統。

（自由時報/2012/10/14）

虎頭蜂在校園中築巢太離譜

　　之前，虎尾中學在四樓的專業教室男廁外，洗手檯上方角落，因虎頭蜂的築巢，學生不輕意驚擾它，結果有五位學生被螫傷。無獨有偶，最近台南市建興國中學生也被虎頭蜂螫傷，而兩校的虎頭蜂所築的巢已達籃球大小。

　　筆者不解的是，學生經常活動的專業教室怎會有讓虎頭蜂築巢的機會？專業教室不外乎科學實驗室、工藝教室或電腦教室、視聽教室…等，這些地方都是學生經常造訪的地方，理應沒有讓虎頭蜂築巢的機會才對。

　　虎頭蜂被激怒後，群起攻擊民眾，嚴重者會致命，那已是一種常識。難不成冀望學校師生能與虎頭蜂和平相處，所以才視而不見？日本有所謂虎頭蜂達人，擁有安全摘除虎頭蜂的裝備與專業知識，台灣的消防人員也有此能力。不過，最近苗栗縣消防局公館義消，在大坑山區為摘除虎頭蜂窩，雖穿捕蜂衣但還是被螫死。

　　由這兩學校，以及義消穿了補蜂衣還被螫死之例，如果發生在日本，簡直會被笑掉大牙。學校有保護師生安全之責任，平素理應細察微末，在蜂窩未成形時就會見到虎頭蜂出入，早就應該處理，怎會讓其築巢成籃球之大小而不知？一校之長難道沒有責任嗎？

　　校園裡竟然讓虎頭蜂築巢，進而螫傷學生，實在太離譜了。這或許也是台灣校園的奇跡吧！

（聯合報/2012/10/19）

誰是台灣破產的最終受益者？

退休軍公教十八％優惠存款，一年利息負擔增至八０一億元，十二縣市無力支應，都由台銀墊付，縣市已積欠台銀315億元。

台灣目前總負債已超過台幣二十一兆元，達GDP的一百五十八％，早已希臘化。政論家南方朔日前提出警告，希臘破產有歐盟可靠，台灣破產難道只有靠北京來救？這樣的認知與筆者及大多數有台灣心者相同。搞終極統一的馬英九的心是卑鄙狠毒的，否則不會油電雙漲，造成通貨膨脹，課徵證所稅，讓經濟櫥窗股市成交量萎縮，一蹶不振。我們合理懷疑，馬英九刻意打爛台灣經濟，以利中共統一吞併台灣。

李敖曾批評馬英九人面獸心。馬英九當年在美留學時，於台灣留學生遊行抗議國民黨高壓統治時，拿起照相機蒐證，還對蒙面抗議留學生回眸冷笑，此鏡頭可看出馬英九反動的嘴臉。馬英九只在意陸生的健保及陸配縮短取得中華民國身分證的年限，他那裡在意「台巴子」的死活？

筆者身為十八％及年終慰問金的受益者，如果講了太多話總會被以前的同事批評自鳴清高。民進黨執政時改革十八％，拿月退的教師利息少了五、六千元，這下不得了，民進黨不論在立委、縣市首長及後來的總統選舉，可說兵敗如山倒，而當時扁家的海外密帳還未曝光。也就是說民進黨的兵敗如山倒，純粹是得罪既得利益的軍公教人員。

如同彰、雲、嘉農漁民貪圖眼前灌溉及養殖方便，違反水利法日以繼夜超抽地下水，地層嚴重下陷的結果，遇雨成災，且積水不退，還不是自己受害？如果台灣破產被中共接收，不但失去民主、自由與人權，到時還有十八％可領嗎？是否該把眼光放遠一點？

（台灣時報/2012/11/01）

有機栽培才是根本辦法

　　知名品牌「金墩米」自己送驗出含超標農藥，九百噸下架，但約七百五十公斤已被消費者吃下肚。過去二年來，北市及新北市均驗出菊花等花卉茶葉農藥超標，消基會公佈最新檢驗結果，二十件抽測的花草茶樣品中，半數被驗出農藥。之前，屏東縣爆發蓮霧被驗出含農藥-護汰芬，三百公斤的有毒蓮霧也被消費者吃進肚子裡。另台中縣破獲中國走私毒農藥原料，包括能致癌與影響腦神經的三苯醋錫毒原料。

　　在台灣，這樣的報導可說不斷地重複出現消費者眼前，但是又何奈？農委會及鄉鎮農會根本沒有教育及鼓勵農民施行科學與道德化的有機栽培，尤其鄉鎮農會推廣部門不但未教育農民有機農業的概念與技術，還大拉拉賣起農藥來，退輔會也投資農藥公司賺錢。之前，農委會推出農村再生條例，有機栽培項目有列入嗎？廠商自己送驗，農委會主委還為了到底含何種農藥，想處罰廠商。

　　台灣根本沒在研發農藥，大多從美國或其他國家進口再分裝。美國多為大面積農場，有機栽培不容易施行，而台灣與日本一樣，屬於小農面積栽培，所以應仿照日本施行有機栽培。君不見，台灣農村社區的街道上到處可看到販賣農藥的「農藥行」，足見農藥使用的泛濫，而在日本鄉村社區，筆者幾乎看不到販賣農藥的商行。

　　在官商勾結，法治不張的政治文化背景下，種下農藥過度使用及全面性污染的問題，當然也造成台灣住民的肝癌及洗腎者的高居不下。其始作俑者就是國民黨外來政權根本不重視環保，沒有真心對待、護衛台灣這塊土地與人民。

（自由時報/2012/11/05）

公平會跟民進黨一樣軟趴趴

　　中研院余英時院士認為壹傳媒收購案，是攸關台灣前途的大事，中共明目張膽透過台商收購媒體。他百分百支持學生的反媒體壟斷運動，認為是個義正詞嚴的要求。余英時警告在台中國人，中華民國的獨立主權是必須盡一切力量維護的。

　　之前，民進黨黨主席蘇貞昌與立院黨團總召柯建銘等立委，排排坐要求有法可管的公平會硬起來處理蔡衍明購買壹傳媒，是否涉媒體壟斷，應好好把關。筆者目睹此畫面真感到好笑。行政院公平會發言人孫立群指出，這起出售案市佔率過高，但還是要等簽約後才知道是否超過營業額門檻和市佔率限制。

　　筆者認為，米果加蘋果市佔率已達46%，還得等簽約後才知道嗎？根本就是以拖待變，心中已經有定見了，因為蔡衍明儼然是中共在台的代言人，馬英九與孫立群這些人都是主張終極統一的價值取向者，要期待公平會等簽約後才撥回，宛如緣木求魚。

　　我們看到「反媒體巨獸青年聯盟」學生夜宿行政院大門口徹夜抗議，實在很不捨與痛心。對照最大在野民進黨，自蘇貞昌擔任黨主席後，軟趴趴的樣態，簡直不像個反對黨，民進黨面對這些悲壯的學生應感到汗顏。

　　如果寄望公平會硬起來處理蔡衍明購買壹傳媒，期待好好把關是否涉媒體壟斷，等於請鬼拿藥單，沒有馬英九國民黨的縱容配合，這些親中賣台的台商敢買壹傳媒嗎？國民黨立委不但不敢到抗議現場聲援，也不願簽下反媒體壟斷承諾書，蘇貞昌或蔡英文難道不清楚原因嗎？

（台灣時報 /2012/12/01）

Part 4

台灣主權地位與認同
的省思

(2013-2017)

美麗灣開發案，負面法治教材

　　蔣介石敗退來台，帶來傳統中國式的官商勾結的文化，將日本統治台灣五十年，好不容易建立公德、法治與紀律、護生態的文化破壞殆盡。文化學者一致認為二二八事件，就是中國文化與台灣融合文化衝突的結果。

　　今馬英九國民黨重新執政後，大舉傾中，將中國大陸專制霸權、貪官污吏的文化又再度引進台灣，攪亂原本的一池混水。因此執政四年多以來，官商勾結文化迭起，林益世及最近的李朝卿案件，一連串的貪瀆事件相繼而生。

　　台東美麗灣開發案，環評的有條件通過，早就是意料中之事，是台東縣府為了讓其就地合法化，不得不的行為。試想，八個環評審查委員縣府就占了三個，分別為環保局長、建設處長、農業處長。因此，只要拉攏外聘二位委員，表決時就過半了。球員兼裁判的環評審查只是鬧劇一場而已。

　　先上車後補票，就地合法化或不斷追加預算，一向就是「中國」國民黨統治台灣五十四年多所使用的伎倆，但這是法治教育的負面教材，美麗灣開發案亦是如此。筆者贊同內政部長李鴻源的看法，該拆就拆，也聲援環保團體再次提告。更值得省思的是，如果台東縣長不是沒有台灣心，土地情的國民黨外來政權主政，會發生這種只顧財團利益，無視生態環境被破壞的情事嗎，一向支持國民黨的原住民同胞是否早就該覺醒了？

（台灣時報/2013/01/04）

推動買車必備停車位政策，
才是根本辦法

　　台灣超過十年的老車達一百七十萬台，占現行保有車輛總數五成左右。和泰協理黃明顯表示，國內老舊車比率是新加坡十六倍，英國的四倍。根據耶魯大學和世界經濟論壇所公佈的環境永續指標（ESI）中顯示，台灣機動車輛的密度全世界第五高。

　　台灣區車輛公會推動貨物稅修正條例案，針對十五年以上老舊車輛汰舊換新，貨物稅定額減徵四萬元補助，車商另提供一萬元優惠，共五萬元來誘導汰換老車，達到降低空污及提升銷售量雙贏。此案已經立院一讀通過，預計農曆前可完成三讀。

　　筆者認為，以此要降低空污只是杯水車薪，小兒科作法。政府如有心要解決空污及停車位難覓問題，應仿照日本，買車須備停車位，才是降低空污並減緩溫室效應有效辦法。憶想民國八十年，交通部長郭南宏提出此構想，公路法修正草案欲增訂「民眾買車須自備停車位」，並視地方發展狀況、車輛總類、使用年限等條件，以階段性目標及緩和漸進的作法，逐步強制施行。

　　落跑立委何智輝，當年為反彈的汽車業者提出緊急質詢，要求交通部重新檢討此案。企業家唯利是圖，毫無社會責任者比比皆是，反彈也是意料中之事。然撫今追昔，加上何智輝的落跑，足可印證政府官商勾結文化的嚴重。

　　斧底抽薪的辦法，就是推動買車必備停車位政策，其他都是頭痛醫頭，腳痛醫腳之計，十五年以上老舊車輛汰舊換新亦同，是汽車業者為善不足，仍著眼於消售量而非真心關懷台灣的環保問題。

（中國時報/2013/01/07）

他不是「台籍」教授，
只是客居台灣的中國學者

　　奇摩網轉載旺報的報導，六年前（2006）霍德明和其他二位經濟學者離開台灣投效北大，在台灣引起廣泛討論。迫於輿論壓力，當時的政府對大學教授採取彈性工資。

　　霍德明此次回台是為了動白內障手術。這種跟馬英九一樣吃水果不會拜樹頭，唯錢是問的學者，還恬不知恥回來對台灣指指點點，誆稱台灣感覺沒勁，說什麼台灣為了政治本土化，未繼續推動國際化。筆者要強調的是，全世界有那個國家不是先進行政治本土化而後才能推動國際化？此如同維護環境生態與發展經濟本應並駕齊驅，同時進行般。

　　霍德明到北大教書，自己就很國際化了嗎？恐怕未必吧！應該是說把自己中國化了。再說是誰執政後把台灣經濟鎖在中國，讓台灣經濟邊緣化進而逐漸崩壞？還不是與霍德明有相同中國文化基因的馬英九！筆者尊重霍德明的政治選擇，願意將所學奉獻給他心目中的祖國，但請不要侮辱及否定不計酬勞，願意奉獻給台灣這塊土地的經濟學者。

　　像霍德明這種心中沒有台灣，且與自稱在台灣的中國學者為數還不少，但讓人憤慨的是回台享用台灣的醫療資源，還不忘作為中共對台的統戰工具，這種學者會有多少國際觀，實令人質疑。

（自由時報/2013/01/10）

中國文化，
讓台灣的民主路走得很辛苦

在台中國人馬英九上台後，台灣本土教育經費逐年遞減，從前年的五千萬到今年只剩二千二百五十萬元，台灣母語支援教師的終點費及交通費也都遭刪減。多所大學的台文所不是倒就是併，學生畢業找無頭路！

這是無台灣心的馬英九們鄙視台灣融合文化的鐵證，如同當年用罰錢打壓台語般。記得否，二〇〇八總統選舉前，為了騙選票，馬英九說他燒成灰也是台灣人，死後要葬在台灣。選後馬上說它是台灣人，也是中國人，配合自稱在台中國學者，中華統一聯盟副主席王曉波對台灣文化的論述，說台灣文化就是閩南文化，是中國文化的一部分。在文化部成立時把「台灣」拿掉，揭幕致詞時，說什麼要打造具台灣特色的中華文化。

此如同二〇一二連任後，馬上拋出「一國兩區」合憲謬論，台灣一夕間由國家變成區域。凡此，可窺見馬英九心中無台灣，台灣只是他撈錢、騙票成為無能總統的過站而已，筆者可以預見，馬英九死後不可能在台灣入土為安，頂多如同兩蔣及他的父親暫厝台灣而已。

諷刺的是，馬英九兩個女兒都是美國人，夫妻也都擁有綠卡，卻要台灣人去當不光彩的中國人，去沐浴在自私貪婪，沒有自由、民主、人權，以及乏公德、法治的霸權中國文化，遠從六四天安門到最近的南周事件，在在見證中國文化的不民主及霸權遺毒。

更悲哀的是，不論是當八年台北市長或四年的總統，均看不出有顯著政績，只會搞爛台灣經濟及弱化主權的人，台灣人還是無法覺醒，不能明辨是非，讓其連任成功，這難道就是台灣人的共業嗎？

（台灣時報/2013/01/16）

依附國民黨的台巴子，
其從政的初衷

　　新竹縣爆發縣議員、立委助理與廠商勾結，以溢價浮報方式，利用配合款名目清掉業者庫存書籍及過時教學軟體，狠拿六成回扣，一千七百多萬採購經費，回扣竟超過一千萬元。

　　五位縣議員中就有四位國民黨黨員，另一位與顏清標一樣，雖打著無黨籍招牌，但大家都知是挺國民黨者。自一九四九年蔣介石敗退來台專制統治台灣後，從中國帶來官商勾結，拿回扣的文化就一直籠罩台灣，即使作育英才的學校文化亦是如此，從林益世到最近的李朝卿、卓伯源案件，其實只是冰山一角而已。馬英九國民黨批評民進黨是貪腐集團，然筆者早就斷言，其實，國民黨才是最大的貪腐集團。

　　這些郭冠英口中的台巴子，為何會頻頻出狀況？原因是依附在家大業大的國民黨中有利可圖，其從政的主要目的是想名利雙收，非為奉獻給台灣社會，至於服務人民，也只不過是囿於自己的樁腳而已。更何況，選舉花費巨額資金買票，選後當然必須拿回來。

　　值得注意的是，從國民黨跳槽到民進黨的從政人士，常不改其在國民黨內的買票或拿回扣習慣，因此也最容易出狀況，這是民進黨必須面對並防患者。筆者認為，如果檢調司法人員有節操及骨氣，心中沒色彩，不為升官而成為當權者剷除異己的工具，那麼台灣的司法才會有明天。

（台灣時報/2013/01/20）

連媽祖也傻眼

　　台中市補選結果，顏清標險勝一千餘票，很多人為民進黨說些好聽的話，認為陳世凱是征夷大將軍，雖敗猶榮。然筆者卻不這樣認為，咸認是民進黨的恥辱，黨主席蘇貞昌應向支持者致歉，甚至可以考慮下台。

　　理由是，馬英九執政以來可以說是天怒人怨，台灣經濟崩壞，主權流失，此在正常民主國家根本不可能連任，今連個區區立委補選都無法取勝，筆者相當懷疑明年七合一選舉，民進黨能否全面勝選？

　　蘇貞昌從省議員以迄今，可說身經百戰，對台灣人民的奴性，愛錢、怕死、喜當官，易受騙，難教育的民性，難道不瞭解嗎？否則沒有台灣心及土地情，不公不義的國民黨外來政權，早就應消失在台灣這塊土地上，還可以重新執政甚至連任嗎？

　　以此次選舉而言，顏清標是鎮瀾宮董事長，打的是媽祖牌，可說愚弄鄉民。而這些缺乏是非，無知的媽祖信徒都是他的死忠支持者，那會管你國民黨馬英九帶給台灣人民這麼痛苦！但媽祖應是慈悲，懷持公平正義，守護台灣的海神，她會認同拿人民納稅的辛苦錢，供顏清標們喝花酒找女人嗎？投給顏清標之子，不就是對不起媽祖嗎？道理這麼清楚，蘇貞昌為何不以媽祖之道，還治顏清標們之身？

　　靠這些天王，打政黨對決有用嗎？更何況民進黨還有陳水扁陰影存在。如果有用，親中賣台，歧視台灣融合文化，毫無政績的馬英九能連任嗎？筆者認為呼喚及教育自私貪婪，沒有正義是非的台灣人民覺醒才是上上策。

（台灣時報/2013/01/29）

連農業也要成為中國的邊陲、附庸嗎？

　　馬英九在「自由經濟示範區」搞出「農產品加值運銷中心」，將開放八百三十項大陸農產品上岸加工進入台灣，美其名是銷往國外，但有一成加工品還可銷台。看到這樣的規劃報導，讓唸過大學農學院的筆者，憤怒異常。

　　二年前硬簽定ECFA及總統連任選舉時，馬英九信誓旦旦說不會讓大陸農產品進入台灣，撇開大陸蒜或香菇等農產品早已走私進入台灣，今公然讓大陸農產品藉加工名義進入台灣市場，此惡質舉動根本就是在消滅台灣農業，讓弱勢的台灣農民情何以堪？

　　台灣可耕農地占國土面積比例，已低於英美及日韓等國，且由於地層嚴重下陷形成諸多濕地，以及二分半農地可興建豪華農舍，可耕農地早已持續減少中。農委會自今年起只能一期轉作補助，希望地主釋出農地，由自己耕種或租與他人，而成為小地主大佃農，今卻藉由「自由經濟示範區」，欲圖搞死台灣農業及農民。馬英九執政已近五年，把經濟希臘化而主權卻香港化，難道連農業也要成為中國的邊陲附庸或香港化嗎？

　　更何況，現中國大陸的農耕習慣，農藥的濫用更嚴重於台灣，公然開放大陸農產加工品進入台灣市場，對台灣的消費者是一種凌虐。以一千餘票勝選的顏清標，曾說過民進黨五人打他一人，並感謝台商返台為其子助選，自詡在地服務二十二年。今馬政府欲開放八百三十項農產加工品，現顏寬恆可以展現其服務鄉親的魄力了，顏清標敢得罪中共與馬政府，而為農民鄉親講話嗎？恐怕國共兩黨打民進一黨才是事實吧！

（自由時報 /2013/01/30）

談搶頭香及神諸祭典活動

　　曾幾何時台灣的廟宇開始有搶頭香活動已不可考。記憶中媒體不發達時，無法實況轉播，因此根本沒看到搶頭香活動，直至媒體發達後才更激發此活動。

　　此次大甲鎮瀾宮也舉辦搶頭香活動，衝很大，有人衝過頭再轉彎，當場滑倒香爐下，差點被人踩到，結果是由二十六歲年青人搶到。北港朝天宮有見於此，將所有香一起插入香爐，讓每個人都成為頭香者。這就是一種變革創新。

　　搶頭香是一種廟宇迷信式的民俗活動，期望搶到頭香會帶來整年好運。然筆者認為此活動不可長，因它是自私貪婪，不會為他人設想的行為。中國學者王桐齡認為中國人重財利，自古以來就把財與利混合在一起。搶頭香活動是台灣民俗文化的餘毒，如同新北市三峽區清水祖師廟年度盛事「神豬祭典」引發動保團體的抗議，這些都有必要隨時代進步、文化革新而加以改革。

（自由時報／1013/02/18）

不是核安問題，恐怕也是面子問題

核四預算從1697億一直追加到3300億，此固然是「中國」國民黨長期統治台灣的工程建設模式，此模式隱藏傳統中國政治文化，官商勾結，拿回扣的惡質習慣。

馬英九定調核四先追加四百多億，蓋完後再決定要不要運轉，施壓黨籍立委配合，此再次見證其一路走來反民主的獨裁本質，雖高達五二‧四％民眾反核，但馬英九還是要硬幹到底，此更凸顯其心中根本無台灣土地與人民。

硬要蓋完核四，另一層面的質疑是，自稱自己也是中國人的馬英九，反應出死要面子的內心問題。理由是二〇〇〇年，民進黨政府停建核四，被國民黨馬英九們操弄民粹，罵到臭頭而續建核四，因而引發主張非核家園，前主席林義雄對陳水扁不滿。今國民黨重新執政後，雖發生日本福島世紀性核災，但如果停蓋核四豈不被民進黨及反核人士譏笑！

筆者認為，台灣人民不能讓反民主及死要面子的在台中國人馬英九得逞，否則台灣人民及其後代子孫將陷入核災滅種的危機中，此必須嚴肅以待。

（自由時報/2013/02/23）

中生會理你台灣的民主自由嗎？

　　前總統李登輝應邀在興大演講，由於中生的發言引發台生噓聲四起，李登輝還要學生持寬大心胸「照顧他們」，說什麼現在很多人到中國拿學歷，不承認也不行。還說如同台灣人留美回來，不承認也不行。

　　筆者要問的是，美國會揚言統一併吞台灣嗎？更何況美國是民主自由國家。以到美國求學與到中國求學相比，簡直不倫不類。李登輝沒有站在台生求職、就業利益設想的說法，等於為馬英九親中賣台的教育政策背書。筆者相當懷疑是否因國安密帳被起訴，被迫向馬英九示好？

　　現馬英九還要擴大承認中國學歷及中生來台名額，如此不就更擠壓台籍學生在校工讀機會？以及擴大陸生碩、博士生來台分食教育資源及就業機會？就連外語領隊人員的考題也偏重中國，日本有關考題掛零。

　　筆者更要提出質疑的是，包括馬英九在內，台灣不知有多少人喝過洋墨水，但為了自己升官發財，選擇與專制獨裁的兩蔣政權站在一起？包括解嚴、總統公民直選及廢除刑法一百條，馬英九與關中們，那一項支持過？

　　夫如是，李登輝與馬英九一樣，寄望中生把台灣的民主、自由「帶回中國慢慢發酵」，恐流於理想式的一廂情願。而由中生稱李登輝為「地區領導人」、「先生」及恐嚇式的提問，也可窺知其受台灣民主自由洗禮程度，實在有限。

（台灣時報/2013/03/16）

連關公也來台統戰？

　　馬英九上台後，雖揭櫫不統、不獨、不武三不原則，然明眼人很容易瞭解，其實馬英九儘是配合中共，打造諸多有利終極統一的環境，不論在經濟、政治、教育及文化層面，幾乎全面跟中國大陸連結交流在一起，因此，不獨及不武是真的，不統只是用來騙選票而已。就如政治和尚星雲所言，「你來我往」就自然統一了。今連宗教文化也要連結在一起了。

　　問題是，統一後的一國兩制，真的對台灣是好的嗎？或許現今的香港可給我們答案。在傳統中國霸權文化的餘蘊下，即使孫中山推翻滿清建立民國，還是軍閥割據，無法實施民主政治。及至蔣介石敗退來台，扛著民主國家陣營招牌，但卻戒嚴統治台灣三十八年。台灣今天的民主、自由及人權，是很多人犧牲家庭、婚姻甚至生命換來的，絕不是從天上掉下來的。

　　在台灣廟宇林立的環境下，奉祀關聖帝君的廟宇可說汗牛充棟，關聖帝君在台早享有聖名，也受到信徒的祭拜。反而是標榜無神論的紅色共產中國，沒有宗教自由，在山西的關聖帝君恐怕無人聞問，一直坐冷板凳，所以才會出現在郭台銘的夢境，說想到台灣巡視一番。

　　筆者認為，若兩岸關聖帝君確是同一人的話，則不應有本尊或分身之分，既然大陸不重視您，乾脆就不要再回大陸，安身立命在台灣，捍衛在台灣的人民，唾棄不重視您的中共政權，起義來台，呼吸自由的空氣。

　　而郭董也應把大部分製造工廠移回台灣，讓台灣人民有工作可做，回饋供給你奶水長大，並致富的台灣土地及人民，這比讓老家山西的關公來台巡視更有意義。否則會讓人認為，只是配合中共作宗教文化的統戰罷了。

（台灣時報/2013/04/06）

舌尖上的美食含有毒素嗎？

　　中共中央電視台錄製美食行銷記錄片「舌尖上的中國」（A bite of china），據說收視率贏過八點檔連續劇。由沈春華主持的「從台灣看全球」節目也介紹此紀錄片，所謂美食專家敖幼祥更為此片擦脂抹粉。不過，筆者想從清潔與衛生的層面來探討中國人美食的製作過程。

　　包括筆者在內，到中國大陸旅遊，比較擔心受怕者為飲食的衛生與否。記得筆者第一次到廣西桂林旅遊時，同團者因食物不潔而壞肚子，到山東濟南旅遊時，其食物之鹹，令人咋舌。

　　在此記錄片中，我們也看到炊、鍋具的不乾淨，以及製作豆腐的不潔過程，以致產出的豆腐無法鮮亮潔白，包括覆蓋豆腐的白色棉布。此與日本或台灣人餐廳裡所使用的炊、鍋具幾乎沒有油垢與碳垢，可說潔淨無比，有很顯著的不同，台灣美食製作的潔淨過程顯然優於中國。餐飲的製作過程及炊具必須合乎潔淨，消費者才有健康保障，中國或印度人的餐飲炊具總讓人感覺沒有處理乾淨，佈滿厚厚的油垢或碳垢，有些掌廚人還認為這些油垢或碳垢是個寶，真令人匪夷所思，此為必須改善者。

　　祖籍山東，已故作家柏楊曾說過中國文化是髒與亂的文化，這也顯見在餐飲的製作過程中。筆者認為在行銷中國美食之際，一定要注入衛生與潔淨的過程元素，甚至食材必須是有機的，才配稱美食。如果舌尖上的食材有毒，例如含農藥殘餘，或含重金屬及其他環境荷爾蒙，即使外表新鮮，或什麼湯頭配料獨到，那也是為黑心食品的一環，不是嗎？

（台灣時報/2013/04/15）

台灣人民自食惡果

　　美國國防部直指台灣把軍購預算挪去募兵，台灣國防已經弱化。筆者認為這絕非危言聳聽，也不像馬系立委林郁方所言，美國不願意賣更新、更好的武器給台灣，還批評台灣國防預算不足，說美國是「偽善的作法」。

　　美國雖基於台灣關係法出售武器給台灣，讓台灣有足夠能力防衛自己，但也要考慮中共的反彈，敢說台灣把軍購預算挪去募兵，已是不簡單。問題是，馬政府有沒有像李登輝或陳水扁時代極力向美國國會遊說及爭取？明明是其主子馬英九怕得罪中共，弱化國防及外交，不去檢討馬英九，卻要美國檢討，真是莫名其妙，把國人當白癡。

　　更何況，馬英九那麼親中，執政四年多，大搞終極統一，以為「降中」就有紅利，台灣經濟就會起飛，兼能完成其父親「化獨漸統」遺願，何樂而不為呢？但結果呢？在如此親中的現實下，美國敢賣更新、更好的武器給台灣嗎？誠如中共將領所言，這些賣給台灣的武器，待統一後，終究還是中國的。

　　然其誰為之？孰令致之？不正是多數土生土長，沒有正義是非的台灣人，為了私利而無法覺醒，繼續與不義的國民黨外來政權，勾結圖利的結果嗎？

（台灣時報/2013/05/16）

胡適在世也會傻眼

　　民進黨立委昨於立法院舉辦「國文課程對文學心靈的戕害」公聽會。與會學者直指，國文教材長期太過強調大中國意識形態，致內容與生活環境完全脫節，難以引發讀者興趣，教學偏重文言文，讓文學欣賞淪為翻譯課。

　　台師大李勤岸教授也批評，現行的國文教育，定格在已不存在的古中國，看不到現代，也看不到全世界。教育台灣化聯盟社長鄭正煜建議國文課程應並重台灣文學、中國文學、世界文學，不能讓中國古典文學獨大，使國文淪為「中國古典文字符號學」。

　　此次參與者都是台灣文學系、所教授，因為他們具有可貴的台灣意識情操，也知道台灣文學不是中國文學的一部份，它有其主體性。它應以生活及發生在台灣土地上周遭的人、事、地、物的經驗作為材料，這樣的文學才有其價值及生命力。其實，從蔣經國說出他也是台灣人後，文學台灣本土化即慢慢展開，當年的鄉土文學論戰於焉興起，當然也被余光中、鄭愁予、楊牧、王曉波或張曉風等清一色外省第二代，懷持大中國民族主義者，把台灣當成過站，鄙視台灣文學為異端或者不入流，這也是台灣文學發展的窒礙。

　　統派總統馬英九上台後，教育部及文化部儼然成為其再度把台灣中國化的機構工具。積極倡導讀經文化，在高中加重中國歷史時數，把「中國（華）文化基本教材」改為必修。承認中國學歷及大舉開放中生來台求學，將陸配取得身份證由六年改為四年，且不必放棄中國籍…，不斷引進中國勢力欺壓台灣本土文化，親中賣台舉措，可謂罄竹難書。

　　第一位以中國籍得到諾貝爾文學獎的莫言（高行健是法國籍），

也是以其家鄉山東省高密市作為其魔幻現實小說取材的背景，可見文學無法抽離其居住的家鄉土地。文學台灣本土化有錯嗎？語言只係溝通及傳達情感、思想的工具罷了，應以流暢、簡便的白話文為主。胡適如果還在世，對馬政府加重文言文教學也會嗤之以鼻的。

（台灣時報/2013/05/22）

狼真的來了？

　　竹聯幫要角張安樂於民進黨執政時就已潛逃至中國大陸。民進黨執政八年，由於主張兩岸一中一台，與中國交惡。專制邪惡的中國，如同陳由豪般不可能將其引渡回台受審。但馬英九執政五年，自詡與中國關係交好，兩岸也簽署十八項去主權化的協議，但結果又如何？中國只把一些已經失勢，散盡家財，不再有利用價值的小咖遣送回台。

　　白狼張安樂在總統選舉時配合中國大陸力挺馬英九，中國政府根本不可能將他遣返，更何況，大陸不願將他遣返，根據大陸官方的說法，是白狼在中國還有許多事業，養了很多中國人，怕這些人失業。海基會不顧刑事局反對，在今年三月核發台胞證的公證書給張安樂，目的是要讓他回台投案不必上手銬，風光回台。可見只要政治正確，選舉時配合中共力挺馬英九，即使是通緝犯也能風光返台。

　　這就是自詡五千年文化的在台中國人馬英九們的教育價值。台灣的教育文化基本上是被國民黨說一套做一套的說謊習性搞砸的。一般而言，兩岸中國式的教育是失敗的，因為普遍不重視生活教育及道德教育，只重視升學，此當然與傳統萬般皆下品，唯有讀書高的價值觀有關。

　　這種不重視生活教育及道德教育的模式，與日本式的教育簡直天壤之別。這也是日本的社會秩序及守法習慣比台灣要良好之故，中國大陸更沒得比。不管三聚氰胺、塑化劑或最近的毒澱粉，都跟道德及法治教育息息相關。綜觀日本社會，發生此事件機率少之又少，難怪早期在台灣受日本教育的人，對中國式，說一套做一套的的教育方式無法苟同。

　　一個通緝犯，可以如此寡廉鮮恥，囂張到如此地步？然其誰為之，

孰令致之？不就是不義的國民黨外來政權統治台灣五十年，帶給台灣人民的價值及是非觀嗎？台灣人應深思之！

（台灣時報/2013/06/03）

馬政府讓中國勢力進入台灣
鯨吞蠶食

　　馬英九執政五年多，大舉傾中，跟中國簽ECFA，以及海基、海協簽定十八項協議，昨又簽服貿協議，以及未來欲簽互設辦事處協議。十八項協議被喻為十八條統戰大道，可說是去主權化的賣台協議，親中媒體還大誇兩岸問題是馬英九的強項，自欺欺人莫此為甚。

　　ECFA簽定將屆滿三年，當初吹捧一年可減免關稅九十億美元，從此可與他國簽FTA，結果全部跳票。累計ECFA早收清單上路二年四個月，台灣對中國商品出口，共減免關稅區區八‧四八億美元，至今沒有一個國家跟台灣簽FTA。更令人扼腕的是，就連兩岸問題都騙很大，都處理不好，完全沒有政績的馬英九竟然可以連任，此違反民主政治的原則。

　　名政論評論家胡忠信，面對馬英九執政以來的荒腔走板，質疑選給馬英九的台灣人應負責任，卻惑忘自己在二〇〇八年是如何挺馬英九，難道沒有預知馬英九連台北市長都做不好的人，如何治理台灣？難道也是後知後覺者？

　　馬政府倒行逆施的經濟政策，能搞好台灣經濟鬼才會相信。讓沒有台灣心，土地情，主張終極統一的「中國」國民黨執政，誰來當總統都無法讓台灣經濟起死回生，因為台灣經濟沒有主體性，台灣被認為不是國家，淪為中國的邊陲附庸，如何發展經濟？

（自由時報/2013/06/24）

團結欺侮台灣人民？

馬英九為了競選黨主席，雖同額競選，但深怕票數難看，十六日在台北市議會舉行「雙北挺馬」懇託會，結果郝立強還是與馬英九手牽手同台相挺。這一幕一定讓大多數台灣人民非常火大與不恥。

郝立強不敢挺身而出競選黨主席，改造國民黨，讓該黨走向民主政黨，這才是台灣人民之福，今不敢挑戰毫無政績的馬英九，還搞表面團結力挺，簡直視黨員及人民無物。黑箱作業的服貿協議，硬要全民吞下去，此種攸關全民利益的賣台協議，郝立強為人民說話了嗎？

尤其是有可能代表國民黨參選二〇一六總統的朱立倫，毫無正氣，還是懾服於馬英九的提名權，噤若寒蟬，這樣的人格特質，如何成為台灣人的總統，修正馬英九把經濟鎖在中國，出賣台灣主權路線，帶領台灣人民走向國際，進而繁榮台灣經濟？風骨遠不如其岳丈，黨國大老高育仁。

郝立強與馬英九手牽手同台，表態團結相挺。但如果是沆瀣一氣，助紂為虐式的團結，而不是團結在謀取台灣人民的利益上，此形同團結欺侮台灣人民，不是嗎？

（自由時報/2013/07/18）

官商勾結文化造成
嘉南平原生態浩劫

　　位於台灣西南，地勢東高西低，面積約四千五百平方公里的嘉南平原，是台灣最富庶之地。唯隨著日本戰敗，國民黨政府來台統治台灣五十年，由於把台灣當成反攻大陸跳板，未能真心對待台灣這塊土地。尤其蔣介石敗退來台，帶來官商勾結，貪官污吏的中國文化，造成嘉南平原的生態浩劫。目前嘉南平原生態二大毒瘤即地層下陷及農藥的濫用。

　　造成此二大毒瘤主要原因是，國民黨放任式，無法治效能的管理及官商勾結文化，當然也與中國文化裡毫無環保意識與公德心有關。

　　其一，農委會或鄉鎮農會與化學農藥、肥料公司官商勾結，短視近利，不教育及鼓勵農民使用有機栽培，三十多年前的大學農學院也沒開設有機栽培課程，造成今日農民為了省工及產量而大量噴灑農藥，包括除草劑，此與日本農民使用「生態平衡農法」栽培方式完全不同。

　　其二，台電與農、漁村社區水電行官商勾結，利用地方水電行幫農漁民申設電錶，申請用途，謊稱是噴霧農用，待電錶裝設完成後，農漁民即僱用非法鑿井公司打造深水井，日以繼夜抽取地下水，造成嘉南平原沿海地區地層嚴重下陷的慘狀。如屏東林邊鄉平均下陷二百四十公分，雲林西部沿海也下陷二百二十公分，遇豪雨積水不退而成災。尤其彰、雲、嘉高鐵沿線的地層嚴重下陷，已造成高鐵的行車安全。

　　以栽種稻米而言，亞洲栽種有機米以泰國面積最大，印尼次之，但就是沒有稻米王國的台灣。最近的報導，八十八％花粉驗出農藥，

台灣蜜蜂逐漸消失；澎湖伴手禮風茹茶包被驗出含殺蟲劑。另一則報導，雲林縣府責成鄉鎮公所禁用除草劑，竟然有鄉鎮長會說出「草會割不完」、「清潔隊會忙死」這種怠惰又無環保意識的話來？難道鄉鎮公所窮到沒錢買割草機？甚或只有台灣的鄉鎮才會長雜草，而日本或韓國的鄉鎮不會長雜草？這也難怪竟然台大醫院虎尾分院會用環境殺手—除草劑，來處理雜草，這些都是台灣環境教育的失敗與悲哀。

（台灣時報/2013/08/26）

好家在！談地層下陷與淹水問題

　　豪大雨來臨，筆者老家曾兩度水淹入一樓客廳。根據物理學連通管原理，只要路面水位高過家中客廳或浴室排水孔，雨水就會進入室內，直至水位與路面水位同高。很多靠馬路邊一樓住戶或商店，不明此理，還用沙包或擋水牆，欲阻止雨水進入，但往往徒勞無功。

　　室內淹水主要因素是地層下陷問題。原因是表兄在住家旁鑿井抽水灌溉歷二十多年，造成房屋下陷十五公分，在道德勸說及向縣府水利課檢舉無效後，筆者不得已向法院提起民訴求償，後才能迫使表兄封井。至今封井已逾三年，房屋不但沒有繼續下陷，還明顯上升起來，此次康芮暴雨帶來豪大雨也無遭殃。筆者歷經八七水災，試問，在當年還沒有地層下陷問題，中南部有如此嚴重嗎？

　　位處嘉南富庶平原的彰、雲、嘉、南由於農漁民超抽地下水灌溉及養殖，造成地層嚴重下陷，加上排水設施不良，每遇颱風下起豪雨即成水鄉澤國，財產損失慘重，始作俑者即殖民統治台灣五十年，沒有台灣心及土地情的國民黨外來政權，把台灣當成跳板、過站，巧取豪奪，放任台電與地方水電行官商勾結，俾讓農漁民違法鑿井抽地水灌溉及養殖之故。

　　治淹水不外排水及擋水兩大方式。成大水利工程系畢業，當過省府官員的內政部長李鴻源，趁此次中南部淹水大打政治口水戰。筆者要提出質疑的是，閣下治水政策及績效在那裡？當省府官員期間，曾否關心過地層下陷問題？台灣如果繼續被日本殖民統治，筆者敢說，嘉南平原地層下陷及農藥過度濫用問題絕不會發生。

（台灣時報/2013/09/02）

王金平終於被撤銷黨籍

筆者絕非事後諸葛，回台機場眾人的加油，已經有葉爾辛效應，更惹惱了沒有胸襟，無情的馬英九，堅定將其拔除。筆者早斷言，這是台灣人與在台中國人的政治鬥爭。試問，考紀會的委員有幾個是本省籍的？有人還寄望國民黨考紀會不一定會依馬意而為，那是對在台中國人的民族性不瞭解之故。當考紀會主委黃昭元操著外省口音，宣讀考紀會的共識決，就可知道到底誰是真正的國民黨員？

基本上，外來「中國」國民黨，是以跟蔣介石敗退來台的外省族群為主的禁臠，台灣人只是其統治工具而已。李登輝當台灣人總統受到李煥、郝柏村諸人的杯葛，後來才有主流及非主流之爭，以及新黨的出走。說白點，就是本土意識與中國意識之爭。此次亦同，藉關說疑雲清理戰場，挑起本土台灣人與在台中國人的政治鬥爭。

王金平自認自己是永遠的國民黨黨員，對國民黨沒有功勞也有苦勞，但因不是根正苗藍，所以始終被認為藍皮綠骨。王金平的下場，顯然只是李登輝的翻版而已。

筆者不會同情王金平。土生土長的台灣人為了一官半職，進而升官發財，毫無骨氣地，在擁有龐大黨產的外來政權國民黨吃香喝辣，到頭來只成為在台中國人的衛生紙而已，今落得如此下場算是咎由自取。在台中國人對收容他們的台灣這塊土地都不願認同，說台灣只是「一個地區」而已，到處顯現無情無義，心中只有大中國，王金平在馬英九這些人眼中又算什麼呢？

（自由時報/2013/09/12）

台灣意識與中國意識的鬥爭

　　筆者實在不願以族群問題來界定此次馬英九與王金平的鬥爭。核四公投及服貿協議或兩岸互設辦事處，這些無視滅種或出賣主權，並陶空台灣經濟的協議能否在立法院通過，將台灣帶向統一不歸路，才是馬英九及王曉波等在台中國人最念茲在茲的，也是他們用詐術取得總統大位首要執行的目標。

　　馬英九特別費案沒有公然關說嗎？筆者甚至相當懷疑，當年民進黨如果對蔡守訓等相關人員進行監聽，搞不好就會發現為何創造「大水庫理論」幫馬英九脫罪？

　　依在台中國人的民族性及霸權統治台灣的骯髒歷史，司法關說案件可謂層出不窮。請問，如果特偵組獨立辦案，為何此關說案在發布前，黃世銘還要向馬英九報告？美國或日本、德國⋯的檢察官會如此作為嗎？

　　用違法手段圖顯不法關說案，只是馬英九賣台集團醜陋的政治鬥爭戲碼而已。不顧國安及人民生計的黑箱服貿協議，憑什麼要台灣人民硬吞下去呢？

　　筆者不會同情王金平。土生土長的台灣人為了求得一官半職，進而升官發財，在擁有龐大黨產的外來政權國民黨吃香喝辣，到頭來只成為在台中國人的衛生紙而已，今落得如此下場算是咎由自取。吃水果不會拜樹頭，在台中國人對收容、養育他們的台灣這塊土地都不願認同，認為只是「一個地區」而已，可說到處顯現過客般的無情無義，那麼王金平在這些人眼中又算什麼呢？

（台灣時報/2013/09/16）

詹詠然重重打了馬英九耳光

　　詹詠然與中國選手張帥搭檔出戰「寧波女網挑戰賽」，當地播報員兩度稱她來自「中國台灣區」，她不斷要求更正：「我是台灣人，代表『中華台北』出賽！」數千網友在其臉書按讚，一面倒為她加油。

　　事後，詹詠然表示自己沒什麼政治立場，也不想煽動任何有關議題。的確，吃水果拜樹頭，自認自己是台灣人是天經地義，很自然之事，也不須要有人類學全球本土化（glocalization）價值觀素養。只有懷抱大中國民族主義，把台灣當成過站的馬英九等在台中國人，才會刻意拿憲法當擋箭牌，說出「一國兩區」或配合習近平說出「一中架構」，等於消滅中華民國的話來。

　　如果按照馬英九的邏輯，當地播報員稱詹詠然來自「中國台灣區」有錯嗎？詹詠然又何必抗議！君不見同樣與中國女將搭檔的謝淑薇，在溫布頓錦標賽，首獲大滿貫冠軍，坐其旁的中國朋帥表示不能接受「台灣是個國家」時，謝淑薇卻不敢吭聲，詹、謝兩人人格高下立判。

　　即使是兩蔣戒嚴威權時代，也一直說出中華民國民國「在」台灣，或中華民國（台灣）等，不會刻意說「台灣地區」字眼。但馬英九假藉發展經濟，以為「降中」就有紅利，因此承認虛構的九二共識，簽定ECFA，又黑箱作業簽服貿協議，或未來的兩岸互設辦事處，逐步將台灣推向「終極」被中共統一吞併的道路，如果說這不是賣台，什麼才是賣台！

（自由時報/2013/09/26）

互稱官職銜，
就表示互不否認治權？

　　APEC領袖會議，陸委會主委與大陸國台辦主任張志軍，於會場外自然互動、短暫寒暄，並互稱官職銜，陸委會將其解讀為互不否認治權的具體實踐。筆者認為這又是馬政府吹口哨，自我感覺良好的鐵證。

　　筆者要問的是，如果不否認台灣是主權獨立的政府、國家，為何選擇會場外寒暄？所謂的互不否認，就是我們不否認中華人民共和國是個國家，但中共絕對否認台灣是個國家，台灣只是個馬英九口中的地區而已。在國際上的任何場合，中共不會因國民黨馬英九如何卑躬屈膝而承認台灣是主權獨立的國家，馬政府只是不斷作賤自己而已。

　　試問，香港地方政府的公務員沒有官銜嗎？難不成要稱王郁琦主委為「王先生」才是矮化國格？陳菊市長為世運到上海訪問，上海市長難道稱陳菊為「小姐」嗎？

　　筆者合理懷疑，此次APEC領袖會議，王郁琦的突然加入團隊，一定是習近平刻意作球給馬英九，為將來的馬習會鋪路，順便拉抬其低迷的民調，唯有智慧的台灣人不會再上當了，明年七合一選舉一定要好好教訓出賣台灣的馬英九國民黨。國民黨外來政權沒有下台，台灣不會有未來，經濟也不可能起死回生，這是相當明確的。

（台灣時報/2013/10/11）

戳破馬統的謊言

　　馬統把兩岸間的航空線喻之為美國的國內線，還誇說因界定為國內線所以才能讓航空業者賺錢，這又再次印證馬統的謊言。

　　二〇〇八年，馬英九上台後就急急如律令，趕快開啟三通直航，但由於兩岸談判時，因本身的終極統一價值，屈就中共界定為國內線，所以沒有象徵主權的延遠權，台灣航空業者根本賺不到錢。二〇〇九年長榮航 EPS：-1.14；華航 EPS：-1.04。今年長榮航空無股利可發，因去年每股只賺 0.15；華航去年每股盈餘 0.01，所以今年也沒有配發股利。

　　兩大航空公司，今年前二季皆虧錢，華航虧 0.23 元，而長榮航虧 0.33 元，這是血淋淋的科學數據，筆者要請問馬統，三通直航後，如同簽 ECFA 後有讓台灣業者討到好處嗎？反而將台灣更多資金、技術及人才逕往中國輸送，掏空台灣經濟罷了！

　　一廂情願，投降式的表面和平並未帶給台灣紅利，充其量加速台灣香港化，消滅中華民國，俾讓中共順利吞併、統一台灣而已，今又藉服貿協議及自由經貿區、兩岸互設辦事處，變相讓中國白領勞工進入台灣，搶食台灣人民工作機會，如果說這不是賣台，什麼才是賣台？

（自由時報 /2013/10/21）

台資外移，中資進駐

　　台灣是全世界投資中國大陸最多的國家，由於馬英九的大中國民族主義情結，主張終極統一，圖利財團，因此改變民進黨執政時，企業對中國四十％的投資上限，且要相對投資台灣的政策，成為百分百可投資中國大陸，只留個空殼子「營運中心」在台即可。

　　此如同被喻為牙刷主義的高級官員，將財產及妻兒子女移往美國及加拿大，只留一個人在台灣當官，繼續領取台灣人民的納稅錢。馬英九的姐妹、兩個女兒都擁有美國籍，夫妻擁有綠卡，可說全家都是美國人，這種無能又沒有台灣心的在台中國人，根本沒有資格當台灣人總統，但具有奴性，容易受騙，及難教育的台灣人無法洞悉，才會讓其連任，繼續出賣台灣，這就是身為台灣人的悲哀！

　　台資不願投資台灣，大量移往中國大陸，今卻冀望外資投資台灣，尤其簽署黑箱服貿協議，讓中國人來台取代台灣人當老板，變相移民搞統戰，試圖影響台灣選舉，如果說這不是倒行逆施、黑心的經濟政策，什麼才是黑心的政策？

　　有黑心無良的總統，才會孕育出黑心無良的大統長基、富味鄉油品廠商，以及官商勾結的文化，因為兩岸同屬「中華民族」，同樣不重視環保及食品安全，同樣沒有公德心，這就是在「一中架構」原則下，台灣與中國互動頻繁，毫無區別性的結果。

（自由時報/2013/10/26）

不能逃避尖刀，就轉身來面對它

　　大文豪海明威說過一句發人深省的話：「如果你無法逃避尖刀，你就得轉身來面對它，戰鬥也許勝於死亡」。面對霸權中國，或許此話值得我們借鏡。

　　甘比亞無預警宣佈與台灣斷交，此戳破馬英九外交休兵的鬼話。馬英九國民黨重新執政後，自我感覺良好，在終極統一及馬習會的目標下，拿中華民國憲法作為賣台的遮羞布，斷然改變兩蔣及李登輝、陳水扁總統任內，力抗中共圍堵、圖謀併吞台灣的政策，全力配合中共之所冀，提出「一國兩區」及「一中架構」、「兩岸不是國際間的關係」，此種糟蹋國格，作賤自己，等同消滅中華民國的話來，藍綠選民對此均感不滿，否則滿意度不會降至九點二％。

　　馬英九配合中共打壓台灣意識，唯根據最近 TVBS 的民調，如果只能在統一與獨立作一抉擇，高達七十一％民眾選擇獨立，統一只十八％，足證馬英九愈打壓台灣意識，台獨聲音愈高漲。自由、民主與人權的普世價值不容馬英九親中賣台集團所能阻抗，如同香港，大多數台灣人不願接受中共霸權統治，成為「兩岸同屬中國」的說法。

　　台灣人民喜愛和平，但不是屈辱、投降式的和平，為了台灣的主權獨立，維護台灣人民好不容易爭取到的民主自由生活方式，即使要付出戰爭，我們也必須轉身來面對它，戰鬥也許勝於死亡。更何況，在國際現實下，中共敢輕啟戰端嗎？台灣人應向以色列人民學習，悍然拒絕馬英九的賣台及中共的吞併。

（台灣時報／2013/11/21）

誰讓台灣下沉？

齊柏林拍攝的記錄片「看見台灣」，讓國人看見傷痕累累的台灣。行政院成立「國土保育專案小組」處理揭露的保育問題。記錄片揭露的十六項問題，其中「超抽地下水」屬於經濟部主辦。

筆者願從農業大縣雲林縣談起。由於農、漁民在一分或二分地全面性的鑿井灌溉及養殖，造成雲林縣沿海地層下陷二百二十公分以上，僅次於屏東縣林邊鄉的二百四十公分，也因此才會有雲林縣口湖鄉一百七十多甲的成龍濕地，及嘉義縣的一千多甲鰲鼓濕地產生。這些溼地在五十年前都還可種植農作物，但因農、漁民經年累月違反水利法超抽地下水灌溉及養殖，造成農地鹽化，已低於海平面的結果。

雲林縣這幾年也配合經濟部改善此問題，包括責成省自來水公司不再抽地下水淨化，但民間的水療SPA或游泳池都是沒申請水權擅自抽地水經營。更讓人扼腕的是，如同農漁民的超抽地下水般，台電透過民間水電行幫業者申請電錶，根本沒有詳察其是否違法抽地下水，因此，台電可說台灣地層下陷的幫兇及共犯。

雲林縣府今年起要求地下水井登記列管，至今已有十萬五千多口登記，水利處長林榮川呼籲農民儘速登記。明年起沒有登記的水井被檢舉，查證屬實即依規定封填。筆者認為這樣的作法，遠水救不了近火，無法根本解決地層下陷問題。

諷刺的是，在縣府禁止新鑿地下水井命令後，許多原本農田在大圳旁未鑿水井，取用地表水灌溉的農民，乾脆趕緊鑿地下水井，不鑿白不鑿，反正縣政府也不主動取締，至於地層繼續下陷，遇雨成災，那就交給上帝處理吧！

有登記的水井就能就地合法，繼續日以繼夜的抽地下水灌溉嗎？

如果縣府這種心態不除，即使湖山水庫建造完成，地表灌溉水無缺，也無法要求農民封井。

　　日本統治台灣五十年，八田與一為何要建造烏山頭水庫及嘉南大圳灌溉系統？以日本人的工業技術無法鑿水井嗎？全世界有那個國家的農漁民會在自己的一分地或兩分地抽地下水灌溉或養殖？只有台灣有地下水資源嗎？年平均降雨量排世界前三名的台灣，本島就建了八十一座水庫及堰壩，居然沒有地表水可供農民灌溉，說得過去嗎？嘉南農田水利會的功能在那裡？這些都是值得深思並企待解決的課題。

（蘋果日報論壇/2013/12/03）

連申請世界遺產也要中國同意？

　　文化部長龍應台表示，希望台灣與中國共同申請世界遺產能列入海基、海協兩會議題。這種矮化國格的主張讓人覺得莫名其妙，更違背人類學重視本土遺產文化的價值。

　　這種認知不折不扣跟馬英九一樣，是大中國民族主義者，搞所謂的一中文化。馬英九執政五年多，在「終極統一」的核心價值下，大搞一中經濟、一中政治、一中文化及一中教育，一個國家沒有自己的主體價值，甘願成為中國的附庸、邊陲，台灣還算是個主權獨立的國家嗎？

　　龍應台在一九九四年，發表於中國時報，寫給李總統的公開信：「我是台灣人，我不悲情」文中提到，李登輝與司馬遼太郎的對話「中國共產黨把台灣省歸為中華人民共和國的一個省份，這是奇怪的夢呢！」，這句話她沒有異議，那為何連申請台灣的文化遺產也要看中國臉色？如果說沒有中國同意，就無法申請成功，那麼不要也罷！與中國共同申請，等於向全世界宣示台灣是中華人民共和國的一區或一部份，這是很清楚的意涵。遺產文化能與政治切割嗎？不要再拿所謂「一中」是指中華民國，來自欺欺人。「一中架構」的主張，根本就是在消滅中華民國。

　　龍應台有機會成為升格後的第一位文化部長，理應宣揚可貴、迥異於中國的台灣融合文化。吃水果要拜樹頭，才不會愧對喝台灣奶水長大，象徵出生在台灣，紀念父母親的複性名字—龍應台。

（自由時報/2013/12/15）

官商勾結文化的印記「新社莊園」

　　十二月四日（星期三），與之前任教學校的退休教職員多人，加上社區人士，共三十六人租一輛遊覽車，共赴台中市新社區參觀已舉辦四年的花海節。

　　一日遊的主軸放在新社花海，但「新社莊園」景點及一些菇園，通常也是行程之一。由於筆者這些年來一直關注農藥過度使用及地層下陷問題，所以很自然會懷疑此歐式古堡莊園是否合法及破壞水土保持？當然，同遊的老同事也是一臉茫然，不知其是否有違法之處？

　　果不其然，隔日在電視上看到立委黃偉哲爆料「新社莊園」非法佔據國有地七公頃，真是讓人驚心感慨。內政部長李鴻源針對清境農場一百三十四家民宿，說合法只四家，又遮遮掩掩不敢公布其名，可說為善不足。如果有種，真為台灣國土保育著想，就全面清查及公布全台違法濫墾、濫建者名單，配合檢調全面查處，不要雷聲大雨點小。

　　山坡地濫伐濫墾，造成土石流；嘉南平原超抽地下水造成地層嚴重下陷、河川盜採砂石，問題存在四十年以上，證明外來國民黨政權統治台灣五十六年，毫無管理效能及官商勾結文化的嚴重性，如同現今中國大陸嚴重的霾害，就是中國文化裡沒有環保意識，以及傳統官商勾結文化、沒有公德心及法治的民族性顯現。

　　在台中國人馬英九這些「爺們」，一天到晚高唱四書五經，輕視台灣融合文化，說台灣文化是中國文化的一部分，教育部還故意把中華民國首都標記為南京。如果說這不是流亡政府心態，什麼才是流亡政府心態？

（台灣時報／2013/12/23）

Part 5

其他層面

(2014-2017)

台灣人不怕競爭，
只怕被中共吞併統一

　　馬英九接見「國家建築金質獎」與「國家品牌玉山獎」得獎企業代表時，籲國人別怕競爭。在兩岸互不往來五十年期間，台商照樣提著00七手提箱，跑遍全世界，郭台銘也是這樣打天下而發跡致富，此期間台灣經濟發展比大陸傑出良多，台灣有主體經濟，不會被中共邊緣化，台灣錢淹腳目。

　　鄧小平採改革開放之路，走向控制式的市場經濟，台商為低廉勞工成本，不願相對投資台灣，即使在台灣也能賺錢，日月光及鴻海都是例子。甚至在馬英九親中賣台，圖利財團的經濟政策下，很多上市櫃公司把全部製造廠移往中國大陸，一個也不留台灣，台灣失業率亞洲四小龍最高，難道不是馬英九上台後，不當政策所引起的嗎？

　　台灣已成為中國第二大債權國，可惡的馬政府，最近還讓中國大陸來台灣發行寶島債，不掏空台灣資金不罷休，有朝一日專制霸權的中共翻臉倒帳，台灣能奈她如何？因為中共認為台灣是她的一部分。馬英九完全沒有國安危機意識，把台灣資金、技術與人才往中國輸送，讓台灣經濟崩壞，以利其終極統一目標。簽了無益的ECFA，還要再簽服貿協議，可說視台灣人民及土地如糞土，筆者絕對沒有過度形容他。

　　搬出只會高唱「營運中心」的老蕭又能如何？蕭萬長任行政院長時，背後有懂經濟，有領導力，又有台灣心的李登輝撐腰，財經內閣堅強，在「戒急用忍」的對陸政策下，才有不錯的GDP成長（平均六‧七％）。其實，學外交，乖乖牌的老蕭功勞不大。老蕭成了副總統，不是要當馬政府財經工程的總設計師嗎？結果呢？筆者從來就不看好

唯唯諾諾，在外來國民黨政權內吃香喝辣的，沒台灣人骨氣的老蕭，能提出什麼卓越的經濟政策。只顧財團利益，心中沒有台灣人民的政策不改，台灣經濟無法回天，公平正義社會也無法達成。

（台灣時報/2014/01/09）

從農業博覽會想起

　　日本戰敗及至蔣介石敗退來台，慢慢地台灣開始農藥的濫用以及鑿井抽地下水灌溉或養殖，此已行之四十年以上，完全顛覆日本政府在台灣建立五十年的農作習慣。始作俑者就是國民黨外來政權根本不重視環保，沒有真心對待、護衛台灣這塊土地生態與人民健康。齊柏林的「看見台灣」記錄片，驚見傷痕累累的台灣，足證國民黨政權如何糟蹋台灣這塊土地！

　　以農業首都自許的雲林縣府，為打造有機農業，開始實施有機肥、租金、驗證等費用補助，計畫在三年內，從二百七十公頃拓展到八百公頃，也積極培養有機生力軍。最近，共有一百六十名學員取得有機培訓證書，縣府的努力方向是值得肯定的。

　　運用台塑回饋基金四億元舉辦的農業博覽會，已突破九十萬人。肯定農業基本價值，鼓勵知識份子返鄉從事有機農業活動，脫離國民黨政府一向把農業視為工業的附屬品，犧牲農業來扶植工業，但又不重視及取締工業廢水污染問題，這是乏公德及失根的錯誤政策。博覽會對能源碳循環及生態平衡農法教育，也有諸多著墨。唯有機栽培業者，為避免有機認證無法過關，根本不敢取用已遭農藥或工廠排放廢水污染的河川地表水，大都鑿井取用地下水灌溉。

　　如果有機栽培面積不斷擴大，地下水用量就會增加，此更助長地層下陷的嚴重性，經濟部水利署、農委會或雲林縣府應提出解決方案，否則，恐怕擴展有機栽培面積，會更加深地層嚴重下陷的連結印象。

（自由時報/2014/02/19）

簽署服貿，才會走樣而被邊緣化

服貿審議，兩黨推擠混戰成一團。事後，經濟部長馬上說，服貿不過台灣會被邊緣化，聽了令人噴飯。厚顏無恥的馬英九說民進黨為打擊國民黨，犧牲台灣未來，說什麼一碰到大陸一切都走了樣，簡直鬼扯。

台灣經濟之所以崩壞，很多學者均指出主要原因在馬英九的全面傾中惡果。馬英九上台後，不論政治、經濟、外交、國防或文化均喪失主體性，一切以中國馬首是瞻，失去主體經濟的台灣，又如何發展經濟？江丙坤還曾大言不慚說經濟靠中國沒什麼不好，而這種人還當過財政部長及海基會會長呢！

跟中國簽ECFA時，中國拋出讓利說，而馬政府也吹噓經濟利多，更說從此就能跟其他國家簽FTA，結果呢？當時也恐嚇台灣人民，不簽ECFA會被邊緣化，如今證明簽ECFA後，更加速掏空台灣經濟。

兩岸互不往來期間，台灣經濟發展得比中國大陸好太多，不得不開放投資大陸後，但在李登輝的「戒急用忍」以及陳水扁的「積極開放，有效管理」政策下，保住台灣經濟命脈，GDP還能維持一定的水準，但在馬英九的全面傾中政策下，台灣的資金、技術與人才儼然被掏空，台灣經濟不死也會半條命，馬英九的治國能力在那裡？

跟筆者高中同屆畢業（民五十七年），學交通工程的張家祝配合馬英九旨意，強推服貿消滅台灣微型民生企業，更變相讓大陸人移民台灣進行統戰，影響選舉，居心叵測。

（自由時報/2014/03/14）

服貿只有「給」跟「取」的問題嗎？

央行總裁彭懷南發言挺服貿，把它簡化為 give 和 take 的問題，全球唯一五 A 級的總裁如此認知，而且完全不談警察用棍棒及噴水方式對付手無寸鐵學生，威權思想還是停留在彭總腦袋中，筆者對他很失望。

與處心積慮想併吞台灣的中國簽任何協議，跟與其他國家簽自由貿易協議不能等同視之，尤其要考量國安問題。give 中國的，是流失台灣的資金及主權，take 的是咱們的少數財團，或許有助 GDP 的微小成長（0.025%），但拉大貧富差距，可說得不償失，沒有分配正義，根本無法帶給台灣人民真正的幸福。

彭總裁舉面板 5% 關稅為例，更是諷刺。友達在民進黨執政時吵著要登陸，馬英九執政後遂其所願，但登陸後有賺錢嗎？群創、彩晶亦同，都是連續三年虧損，友達及群創去年每股賺不到○‧六元。這些面版廠在民進黨執政時都賺錢，前進中國反而虧損。面板關鍵技術都被中國偷了，如果銷售不出去，零關稅又有何用？

服貿協議是中共變相移民的政策，也是在台灣全面打造「統一環境」的協議，如果不是選了在台中國人，心中沒有台灣人民的總統，跟中共裡應外合，何以致此？有奴性而不知覺醒的台灣人自食惡果。

馬英九說服貿只是幫「人民」做生意，他所謂的人民是不是包括中國大陸人民？因為中華民國的領土涵蓋大陸，大陸人民也是咱們的人民，馬英九的思維不就是如此嗎？

（台灣時報 /2014/03/30）

挺台灣未來的統一嗎？

　　馬英九說是為了台灣的未來，必須通過服貿協議。在回覆太陽花學運訴求退回服貿，馬英九說挺服貿就是挺台灣就業市場、台灣經濟，說什麼退回服貿傷害台灣經濟很大。

　　筆者認為，馬英九所說的台灣的未來，內心深處指的就是「終極統一」，也就是透過經濟的統合達成最終的政治統一。追求統一價值的馬英九處心積慮配合中共不斷打造被統一吞併環境，所以才會不先簽貨貿而簽服貿，而且堅拒退回服貿。說可逐條審查卻一字都不能改，這算那門子的審查？與共產黨一樣，屬列寧式，專制獨裁的國民黨猙獰的面目逐漸顯露出來。

　　竹聯幫大老，中華統一促進黨總裁張安樂，幫馬英九圍事，主張一國兩制，隨行者都手執中華民國國旗，諷刺者為，當台灣被香港化，中華民國不就被消滅了嗎？到時這些開口閉口中華民國者流，一定又轉成手持五星旗了，真是可悲至極。

　　白狼爆粗話，說台灣人是中國人X出來的，說什麼數典忘祖，這種無知、霸權又敗德思維，是不折不扣在台中國人的嘴臉。惟大多數台灣人如同香港人般，不屑當自私貪婪，沒有衛生及公德，嚴重官商勾結文化，不光彩的中國人，寧願做有道德，善良又有創意及尊嚴台灣人，台灣人被「中國」國民黨統治已夠倒楣，還要共產黨來統治欺壓、糟蹋台灣人民嗎？

（台灣時報 /2014/04/05）

原來是濃濃中國心的院長夫人

　　行政院院長夫人李淑珍寄給友人的信，跟文化部長龍應台一樣，對學運先褒後貶，批立法院廣場像菜市場，學運領袖獨裁及虛無主義，懷疑與天安門六四學運有關，為她當官近六年，自稱自由主義學者的丈夫抱不平，咱們可理解。

　　如果我們進入台北市立大學網站，在屬於人文藝術學院的「歷史與地理」學系，李淑珍副教授的簡介，可知其畢業於師大歷史系及研究所，在美國布朗大學歷史研究所拿到博士學位。其研究領域幾乎都屬中國的歷史文化，相對而言，其台灣歷史文化的素養可謂相當薄弱。唯一跟台灣歷史與文化有關者為，發表在《當代》雜誌，探討「徐復觀外省知識份子在台灣史上的意義」。

　　綜觀其所發表論文，筆者敢說李淑珍自認是中國人，或自己是台灣人也是中國人，台灣文化是中國文化的一部分，此種主觀、制式的認知完全與馬英九、王曉波相同，難怪其夫婿會被馬英九青睞。如果我們把自由主義與中國歷史思想或儒家思想聯結，那是一種諷刺。孔孟的「民本」思想距離「民主」思想甚遠，更甭談自由主義，也就是在中國歷史思想上，根本沒有真正的自由主義實踐出現，現今的中國大陸亦同。

　　瞭解此，對於在台中國人馬英九專權、傲慢及高高在上，不願與學運同學溝通見面的霸權心態，我們就會見怪不怪了。

（台灣時報/2014/04/09）

逆來順受，自作自受

　　馬英九為自己在中華民國教育史上的地位，硬推出的十二年國教，在此次選填志願上已造成學生家長及考生的憤怒及悲愴。有學生各科成績都是A++，只有寫作五級分，本可以上第一志願，但今可能落入二、三志願，只因不客觀的作文分數。當然，同分比序也受到批評。

　　教育心理學家大都肯定「多元智慧」（multi-intelligence），憑什麼以國文分數來定奪？更何況作文分數，批閱老師主觀因素很強烈。陳水扁兒子陳致中，國中拿過台北市作文比賽冠軍，高中聯考卻因作文分數掉到第三志願。反觀馬英九一天到熟背四書五經，結果還得靠僑生加分去唸建中與台大法律系，無法靠實力為之。

　　嘉義一所私立完全中學，鼓勵學生留在自己學校唸高中，因此全部學生放棄會考，這是前所未有現象。十二年國教試圖消滅明星高中，降低教育品質，卻圖利財團所辦的私立學校或補習班。這也是馬政府一貫的施政作風，就是圖利財團而視弱勢族群如草芥，台灣貧富差距已達九十五倍（前後五％的家庭所得）。

　　教育本有促進社會階層流動功能，此中外皆然。如今選了昏庸的總統，還讓他連任，搞了不像樣的十二年國教，如今火燒到自己子女再來悲鳴，台灣人為什麼會這樣呢？

（自由時報/2014/06/12）

尉天聰「薄弱」的台灣心，
對照陳映真「堅強」的中國心

　　閱讀尉天聰與陳映真的作品，純粹是一種偶然與興趣，尤其尉天聰的批判性文章，以及後來投入關懷教育的情操，可說深得我心。直至2008年，筆者在中國時報文化新聞版，看到報導有關尉天聰與陳映真的寫作生涯，陳映真如何在尉天聰所主持的「筆匯」刊物寫文章。更令筆者興奮者為，他們兩人均畢業於台北成功高中，算是筆者的學長。筆者於民國54-57期間，遠從雲林負笈台北就讀成功高中，後與作家劉墉，立委李慶華、經濟部長張家祝同屆畢業（不同組別）。修習自然科學的筆者，從小學即熱愛文學與藝術，此性向一直維持到退休後的現在。

　　尉天聰於1935年生於江蘇，多出筆者十三歲。戰後，十四歲的他隨遺族學校流亡來台。進入成功高中讀書時，大出陳映真一屆。尉天聰自況放眼台灣，是唯一能珍惜陳映真才氣又敢批評他觀點的人。他調侃陳映真是理想主義者，愛一樣東西就愛他所有，所以對中共都不敢批評。對此，筆者頗有同感，陳映真雖是土生土長台灣人，但他的大中國民族主義，使得晚年的他也長住中國，而忘了中共如何鎮壓西藏、新疆其及他異議人士，跟馬英九及大多數外省第二代一樣，其大中國主義情結是受到其父親影響。以筆名許南村著作而出版的《知識人的偏執》一書，陳映真自己在代序「鞭子和提燈」一文中提及初出遠門作客那一年，父親頭一次去看他，在約十分多鐘的晤談中勉勵他，記得自己首先是上帝的孩子，其次是中國的孩子，然後才是其父親的孩子。此足可印證，他的大中國情懷深受其父親影響。而此種情懷也顯現在文化部長龍應台身上。

這是大多數外省族群的宿命。當年怕被共產黨鬥爭殺害，而被迫隨蔣介石來台，並非心甘情願而嚮往之，也因此無法真正認同台灣這塊土地，也就是台灣心及土地情異常薄弱，取而代之者為大中國民族主義的情懷。

蔣介石敗退來台後，台灣人口從250萬增加到600萬，學者謂之「難民潮」。至今台灣人口約2300萬人，人口密度躍居世界第二位。由於國民黨政府一向不重視環保，慣常性地犧牲農、漁業而發展工商業，統治台灣半世紀有餘，囿於管理效能的不彰，把台灣美麗土地搞得千瘡百孔，破敗不堪，此為讓人痛心者。

前者敘及與馬英九、龍應台一樣，陳映真始終無法拋開大中國民族主義，而走向人類學所重視本土化的價值趨勢，而這種情結大多受其父母親的政治價值觀影響。馬英九、王曉波、郭冠英、星雲、惟覺法師等人亦復如此，可謂不勝枚舉。學者羅伯森（R.Roberson）融合全球化（globalization）與本土化（localization）的價值，而提出全球本土化（glocalization）觀點，本土化（台灣化）才能培養愛鄉土愛國家的情操，是過渡到全球化的基石踏板，因為沒有本土化那有全球化？人類學家紀登斯（A.Giddens）認為全球化不只在那裡（out there），而是在這裡（in there）的現象，即為此理。遺憾者為，陳映真與馬英九、王曉波一樣是拒絕台灣本土化的，其本土化的意義是逐漸中國化而走向終極統一，台灣只是中國的一區或一部份，所以才會說出自己是台灣人也是中國人，台灣文化是中國文化的一部份的話來。

（蘋果日報即時論壇/2014/07/14）

成熟有正義感的于如岡

　　看到香港中文大學數學研究所教授于如岡，站出來檢舉蔣偉寧掛名的論文涉抄襲，筆者驚訝於其成熟及正義感。筆者於民國七十二年指導任教國中的學生科學研究，代表雲林縣參加全國科展，幸獲國中組化學科第一名，當年于如岡就讀台南市後甲國中，也拿到數學科第一名，而且是個人研究成果，得獎作品就是「網絡儀作圖的探討」。陳氏兄弟被指抄襲的論文就有于如岡擅長的網絡儀圖表。

　　早年，老師要指導學生科展研究常會遭到家長質疑，花費那麼多時間在實驗室工作，怕會影響學生課業甚或未來聯考成績，即使後來證明不會，但指導老師背負的壓力還是不少，于如岡當年還是考上台南一中，跟筆者研究的同學則上台中一中及北一女。後來的多元入學方案，不管推薦甄試或申請入學都加計縣市及全國科展成績，學生家長及學校老師才開始重視科展，甚至發生花錢請槍手製作科展的造假荒誕情事來。

　　愛因斯坦曾批評現在的專家教育不是教育，否則專家豈不是一隻訓練有素的狗！蔣偉寧不夠格當教育部長，其實連回交大教書都是不應該。只可惜于如岡學成後沒有機會回台貢獻所學，在港為中國服務，大概沒有權貴背景吧！此為遺憾之事。

（自由時報/2014/07/19）

蘇格蘭獨立公投，雖敗猶榮

　　蘇格蘭獨立公投落敗，一般認為民主先驅英格蘭，能讓蘇格蘭經民主法治程序，舉行「民族自決」式的公投，蘇格蘭雖敗猶榮，而英格蘭也取得世人的尊敬。

　　反觀專制霸權中國，動不動就以飛彈、武力洞嚇，平素在國際間打壓、騷擾台灣。華府智庫二○四九計畫室主任薛瑞福今表示，蘇格蘭公投對中國而言有很多可借鏡之處。倫敦將獨立的利弊都明確陳列，但並沒有威脅或用飛彈對準蘇格蘭，而且倫敦願意接受任何公投結果。

　　針對蘇格蘭獨立公投，行政院長江宜樺認為中華民國早已是主權獨立國家，所以不會去舉辦任何獨立公投。筆者不禁要問，如果台灣真是主權獨立國家，為何馬英九會拿憲法當擋箭牌，提出連兩蔣都不願特別強調的「一國兩區」概念，主權獨立的國家主權跟治權可以分開嗎？如果是主權獨立的國家，為何不敢提加入聯合國，在國際上被中共打壓為何不敢吭聲？南韓會說主權及於朝鮮共和國（北韓）嗎？

　　馬英九國民黨就是拿「中華民國」是主權獨立國家，而不是「台灣」是主權獨立國家來愚弄、巧詐欺騙台灣人民。不讓台灣舉辦任何獨立公投，那乾脆來個統一公投如何？國民黨外來政權敢嗎？

（自由時報 /2014/09/21）

公然買票，檢調能視若無睹？

　　中國生產黨舉辦挺連活動，其幹部在萬華新移民會館，手持千元大鈔發走路工。也在line群組公開表示，參加活動者可領一千元。「中國」生產黨可說是「中國」國民黨的外圍組織，而國民黨又是「中國」共產黨的外圍組織，可說是三位一體。台灣人民現已經知道支持國民黨等於支持共產黨，兩黨已是沆瀣一氣，狼狽為奸，這也是台北市連勝文民調一直無法拉起贏過柯文哲之因。

　　筆者很好奇，為何檢調單位還能視若無睹，不主動偵查？法院還是國民黨開的嗎？該黨黨主席盧月香自爆在二〇〇八總統選舉時出錢補助八千位台商及其子女回台投票，這些錢是否為國民黨所挹注？陸配利用台灣民主化所享有的集會結社自由，申請國共兩黨的外圍組織促統，崩壞台灣的選舉文化，檢調單位能視而不見嗎？

　　除可領一千元外，或可拿等值的電視棒，在台北市就可看到中國的電視節目。此讓我想起月中隨退休團體作北台灣生態之旅，夜宿淡水某家四星級旅館，居然可看到央視、天津、廈門…等五家電視台。看到無恥的邱毅接受央視專訪，大談中日關係，吹牛說自己如何熟悉國際政治。國民黨不斷配合中共統戰台灣，這種黨有存在台灣的價值嗎？

（自由時報/2014/10/24）

索忍尼辛的警語

　　中國軍事伸入南海，在南海人工造島，此不但引發美國會領袖屬批北京影響區域合平與穩定，違反中國在二〇〇二年與東協國家達成的南海行為準則，也牽動越南、菲律賓、印尼諸國的不滿神經。美國新任國防部長卡特（A.Carter）也公開表示，強烈反對中國將南海軍事化。

　　這讓筆者想起一九七八年，蘇聯流亡作家，諾貝爾文學獎得主索忍尼辛（A.I.Solzhenitsyn）提出對中共的警語。他提醒美國在跟中共交往中，絕不能再犯下當年對蘇俄政策相同的錯誤，在一九三〇年代提供經濟與技術援俄，協助史達林鞏固統治地位。他認為美國對中共的瞭解比蘇聯還少，因而認為中共是較良善的共產黨人，實施較良善的共產主義。如果美國採聯中制蘇，無疑是跟魔鬼結盟，重蹈二次世界大戰引進蘇聯抗德，結果把蘇聯扶植壯大的覆策。聯中制俄雖可使美國暫時喘一口氣，但索氏警告，總有一天中共會掉轉槍口，用美製武器集體屠殺美國人，就像高棉的屠殺一樣。

　　撫今追昔，親中賣台的馬英九國民黨政府將資金、技術與人才，努力往中國輸送，壯大中國。如今我們看到霸權中國在南海及世界各地不斷擴張勢力，且用一千多枚飛彈威嚇台灣，企圖吞併統一台灣，當年索忍尼辛的警語更具意義。

（自由時報/2015/04/11）

欣見政大學生罷唱黨校校歌

　　政大年度文化盃校內合唱比賽，包括政治系、民族系、歷史系及哲學系罷唱內容有「黨」字的舊校歌。政大前身為中央政治學校，首任校長就是蔣介石。唯後來在台復校並轉型為國立大學，是以人民納稅錢辦校，非拿國民黨黨產來經營，理應隨台灣民主多元化而修改黨校歌詞，才不會落入意識型態的黨化教育之譏。

　　筆者於 1987 至 1991 曾在政大教育研究所碩士學分班修習，在結業典禮上齊唱這首由陳果夫作詞的校歌，覺得渾身不自在。「實行三民主義，為吾黨的使命，建設中華民國，是吾黨的責任。…」等語，已然不合時宜，如今還讓學生一直唱下去，真是匪夷所思，難怪會遭到學生罷唱。

　　筆者也曾於 1992 在南台灣某報撰文，建議政大應隨台灣解嚴，走向民主多元化教育而修改校歌，可惜當年並未受到應有的重視（收錄拙著：教育思想起）。今目睹政大學生開始批判校歌的不當及不合時宜，筆者感慨萬分。

（自由時報 /2015/12/07）

山坡地硬開墾農地，
平原卻蓋別墅型農舍

　　921大地震後，山路毀壞，修護不易，因此從谷關就能通往梨山、福壽山及武陵農場，現遊覽車必須經雪山隧道繞道宜蘭才能到達。途經蘭陽平原（320平方公里），觸目驚心者為，美麗蘭陽平原的農村風光不再，取而代之的是一棟棟別墅型農舍，到處林立。

　　十五年前（2000），由於連蕭總統選情低迷，行政院在立法院王金平院長配合下，修改通過「農業發展條例」，二分半農地即可興蓋農舍，在國人掛羊頭賣狗肉的習性下，農地成為富人、財團炒作標的，蘭陽平原一棟棟別墅型農舍如雨後春筍而立，寶貴的可耕農地大量流失，蘭陽平原美麗不再。不只蘭陽平原如此，嘉南平原亦同。當年農委會主委彭作奎拒絕為此背書，悍然請辭。

　　台灣平原面積約佔三十九％，約為一萬四千平方公里。可耕農地佔國土面積比起日本、歐美國家來得少，可說彌足珍貴，可惜在國民黨外來政權重工商輕農漁的不當政策下，造成可耕農地的浩劫。據農業年報統計，2000年台灣還擁有八十一萬公頃可耕農地，迄今不到四十萬公頃，超過一萬六千筆新建豪華農舍，逾六成起造人非具傳統農民資格，且七成違規使用，沒真正務農。合約一千七百多座大安森林公園的農地流失。

　　諷刺者為，政府在梨山、福壽山及武陵農場陡峭的山坡地開闢農地，種植高冷蔬果，儼然破壞水土保持，卻讓寶貴的可耕農地任意消失，這是那門子的農業政策？再者，如同日本，小農面積栽培的台灣，農田就在住家附近，非如歐美百甲以上農場，有必要在二分地農地蓋

農舍以方便耕作？此種掛羊頭賣狗肉，圖利富人、財團的惡質農業政策，令人匪夷所思，難道不應即刻亡羊補牢嗎？

（蘋果日報即時論壇/2015/12/18）

故宮南院荒謬試營運

　　因應總統及立委選舉的到來，國民黨選情低迷，主建築外圍工地仍然黃沙滾滾，荒蕪一片，四處可見碎玻璃，大門光禿禿的故宮南院，二十八日就要開館試營運。這也可說是台灣奇蹟，國際笑話，只有一向不講究品質的中國文化孕育出的領導人才會幹出這種事，這種鳥事日本人或歐美國家是做不出來的。

　　日本統治台灣五十年，在台建造歐式典雅的公共建築，豈是支那國民黨來台後所建立醜陋外觀的建築物所可比擬！這也讓我憶起以前任教的國中遷校情景，校舍都還未取得使用執照，也無自來水，塵土飛揚，一切設施都是急就章，但在國民黨主政的縣長廖泉裕一聲令下，全校師生硬搬遷至未完成的新建校舍，把原有校舍拆掉，讓給同步遷校的國小來新建校舍，完全不考慮師生教學環境及品質。我們應省思的是，此種醜陋卑劣的情景，會發生在重視品質管理（TQM）的日本嗎？只有在中國文化薰染下的中國或台灣才會出現這種「吃緊弄破碗」的現象吧！

　　台灣人對國民黨外來政權在台灣統治期間的所行所素，是徹底反感及厭惡了。明年一月的總統及立委選舉，台灣人定會做出明智的抉擇。

（蘋果日報論壇 2015/10/29）

洪、黃誰是正港的台灣人？

　　洪秀柱為了黨主席選票，說她吃台灣米，喝台灣水，是正港的台灣人，是最本土化的人。洪曾提出一中同表，說不要提中華民國，否則會落入兩國論，這樣的政治主張說她是本土台灣人，誰會相信？她在考驗台灣人民的智商嗎？

　　洪秀柱素有小辣椒之稱，言談中充斥大中國民族主義思想，以及外省權貴把台灣視為當然統治者的心態。早期在反李登輝走本土化，提昇台灣意識路線之際，她跟郝龍斌一樣是新國民黨連線成員之一，雖自己父親曾因匪諜案而坐過國民黨的牢獄，但有斯德哥爾摩症候群的她，仍然選擇留在專制獨裁的國民黨。國民黨是列寧式政黨，主張終極統一，這或許是洪選擇繼續留在國民黨的重要原因，也才會附和一個中國原則。

　　至於代理主席黃敏惠，可說跟馬英九及洪秀祝都是在台中國人，否則身為本土台灣人，在政黨多元化後不會續留在國民黨，還說國民黨沒必要改名為「台灣國民黨」。洪、黃可說是沆瀣一氣，骨子裡都認為自己是台灣人，也是中國人，此如同福建、廣東人認為自己也是中國人沒有兩樣，黃、洪兩人敢說自己是台灣人，不是中國人嗎？因此，黃、洪兩人都沒有資格說是正港的台灣人。

（自由時報 /2016/02/06）

修法將農田水利會改成公務機關

　　立法院長蘇嘉全表示將修法，將水利會改公務機關，會長官派。對此，筆者雙手贊成。最近筆者家鄉的農田水利會工作站打掉重建，這讓筆者感慨萬千，咸認那是一種浪費，原因是目前的水利工作站根本是聊備一格，毫無功能可言。

　　之前，水利會首度徵才四百七十三人。看到這樣的訊息，不知要驚奇還是憤慨？眾所周知，鄉鎮農會及水利會儼然成為國民黨的選舉機器，或許也因為如此，國民黨政府才會縱容台電與地方水電行官商勾結，讓農、漁民長期違法抽地下水灌溉及養殖，造成嘉南平原嚴重地層下陷，遇豪雨氾濫成災。當然也威脅高鐵的行車安全。

　　全世界有那個國家，其農田路旁到處矗立低矮的電線桿，綁著供抽水馬達運轉的電錶？尤以彰、雲、嘉為最，此堪稱為世界奇觀。這就是沒有台灣心及土地情，把台灣視為過站、跳板的國民黨外來政權，殖民統治台灣七十年，官商勾結文化的成果。請問全世界有那個國家全面抽地下水灌溉及養殖？難道只有台灣有地下水資源嗎？即使是獨裁的北韓也不致如此。

　　由於農民全面性在自己的一分地或二分農地就鑿深井灌溉，各地方水利會工作站人員，再也不必調配地表水及疏濬排水溝渠，竟日無所司事，尸位素餐，徒坐領人民納稅錢，還被記者拍到上班喝酒打麻將，實在離譜至極。

　　農會及水利會進用職員，大都近親繁殖，靠關係拿錢錄用，考試只是樣板而已。如果改成公務機關，人員任用須經高普考或地方特考，素質會大幅提昇，不再成為會長或總幹事賣人情操弄人事及選舉的禁臠，利大於弊。　　　　　　　　　　（蘋果日報網路論壇/2016/06/06）

原住民族 VS. 中華民族

　　近閱日本學者宮本延人的著作「台灣的原住民族」，始發覺國民黨口中的九族（不含平埔族）是宮本研究分類出的。同是外來殖民者，鄭氏王朝及滿清總共統治台灣二百三十四年，何曾尊重過原民？或投注研究其歷史？只圖霸權欺壓並強迫漢化（如同對待西藏與新疆人民），硬要原住民改成漢姓（熟蕃），巧詐其祖先來自中國，是炎黃子孫。相較日本人讓台灣人瞭解自己的歷史與地理，國民黨應汗顏。筆者直到研究所畢業，只知高山族，卻不知台灣原民有個平埔族，有夠悲哀！

　　宮本延人誕生於日本信州千曲川河畔一個小農村，但他說台灣是他的故鄉。他在台北帝國大學的土俗人種研究系教學及研究，因此自稱台灣是他學問領域裡的誕生地。根據宮本的研究，有冒險精神的台灣原民是循著巴丹島、蘭嶼、火燒島這條路線，駕自製的獨木舟遷徙至台灣本島。巴丹島男人的髮型及丁字褲、無袖背心、頭盔跟雅美族是一致的。台灣原住民是南島語族，絕非中共及馬英九國民黨所稱中華民族，更不是炎黃子孫（黃帝跟炎帝也是捏造的）。

　　西班牙統治台灣前，漢人移民偷渡來台，如同荷蘭、日本人的移民都是少數的，漢人最大的移民是一九四九蔣介石的敗退來台，史稱「難民潮」。撮爾台灣曾是世界人口密度最高的國家，因帶來自私貪婪，官商勾結的中國文化，對台灣的巧取豪奪，法治不張的結果，造成台灣土地的千瘡百孔及空氣、水質的嚴重污染，比起日本的法治、環保、效能統治，視台灣為其國土的延伸而非過站，這是台灣人民必須深刻瞭解及省思的。

（自由時報/2016/08/17）

何只三農的問題

　　前監委吳豐山先生談及解決三農問題（農業、農村、農民），批評休耕制度，呼籲蔡政府進行二次土改，建議政府把台糖公司分佈台灣各地的五萬公頃大農場，劃分為每五公頃一個單位的小農場，讓有志經營農業的青年向政府設置的「循環基金」借貸購買或租用耕作機械等等。但卻忽略一些更該關注的問題，如二分半可興建農舍、農藥過度濫用及農漁民超抽地下水等不容忽視的問題。尤其二分半可興建農舍問題，可說比休耕更嚴重百倍，每年流失可耕面積何止萬千公頃？政府有做過統計嗎？看看蘭陽平原像麻疹般的醜態，甭談在五公頃為單位的小農場上，建造的寬敞舒適農舍的美景？

　　再說，超抽地下水造成嚴重地層下陷，衍生出嘉義縣1千多公頃鰲鼓濕地，屏東林邊鄉1千多公頃的光采濕地，以及雲林縣1百多公頃成龍濕地的產生結果，水利署有提出解決及未來預防辦法嗎？任由農漁民繼續違法抽地下水灌溉及養殖。姑且不論將來會發生行經彰、雲、嘉高鐵翻車風險。

　　高鐵區如果繼續下陷，則容易發生雲霄飛車問題，嘉南農田水利會本來就不該賣地表水給台塑賺錢，也不該放任農、漁民在1分或2分地全面性抽地下水灌溉，請問全世界有那個國家全面性抽地下水灌溉或養殖？不休耕，農民長期種植用水量及農藥量較多的稻米，除土地無法休養生息外，更加劇地層下陷後果，如果稻米生產過剩要銷往那個國家？

　　再者，內政部宗教司任由私家廟如雨後春筍繼續林立，可耕地或建地拿去蓋私家廟撈錢，是相當不良及不當的習俗，此也造成台灣是全世界廟宇密度最高的國家，任意燃燒金紙及香、放鞭炮，產生戴奧

辛污染空氣，危害民眾健康，值得政府重視及導正。

（蘋果日報即時論壇/2017/02/04）

談教育的轉型正義

　　中興大學已移除蔣介石銅像，連黨性很強的政治大學也即將效尤。雖是遲來的正義，但還是值得肯定。教育轉型正義涉及諸多層面，但移走蔣介石或孫中山的銅像圖騰是必要的，因為在民主、開放及多元，教育中立的校園裡，本就不該有政治銅像，這也是教育的崇高價值，為先進民主國家所重視及採行，試問史達林、希特勒或墨索里尼等人的銅像能矗立在該國的校園裡嗎？

　　民進黨全面執政，在六都中，只台南市長賴清德下令將全部中小學移走蔣介石銅像，其他五都未有動作，唯對賴清德的民調滿意度毫無影響，仍然是六都中第二名。其他民進黨執政的縣市根本也看不到動作。國立高中職屬教育部管轄範圍，縣立國中、小是義務教育，屬縣政府管轄，只要縣長敢處理，則水到渠成，當然由教育部行政命令統一處理更佳。

　　筆者國小畢業的母校，日本統治時期設校，至今百年以上，從未置放過天皇或總督肖像，但國民黨來台後，在國民黨籍張氏派系掌控的家長會，為了拍馬屁，在校門進口處打造蔣介石銅像，此不打緊，最近又在銅像身上漆上金粉，現任校長也是在張氏當縣長任內甄選任用之。民進黨執政的縣市都無法做出教育轉型正義，遑談藍營縣市！有在藍營縣當校長者，經常在報章大談教育轉型正義，但如果問他對移除蔣介石銅像的看法，他則緘默不言，足見教育轉型正義的曲折、困難。

　　教育是國家的根本及百年大計，愚民及洗腦式的教育終無法抵擋後人追求真理及真相的企求。最近，國史館將蔣介石檔案公開以還原台灣地位的歷史真相，就是鮮明的例子。

（蘋果日報即時論壇/2017/02/15）

呂讀台灣沒說的事

　　三立電視「呂讀台灣」節目，主持人呂捷在介紹板橋林家花園時，除談到當年陳誠把手槍放在林獻堂眼前的談判桌上外，還談及一九一〇年，大學者梁啟超來台二星期，有九天住在林家花園的五桂樓。遺憾者是，呂捷只談歷史，未涉及中國文化及民族性的觀照省思，對深受中國文化荼毒的台灣人民及執政者提出警告，尤其在習近平提出一國兩制方案，欲將台灣香港化之際。

　　曾遊學日本的梁啟超，在觀照日本與中國文化的差異性時，認為日本人公德重於私德，較會為他人設想，不像中國人自私貪婪，私德重於公德，而私德蓋過公德的結果，人心易趨於卑鄙、庸懦與巧詐。梁啟超進一步分析，中國人之所以私德重於公德，是因自古以來以四書五經為學習典範，其中卻以私德為本位。中國觀光客，被列為全世界最不受歡迎者，就能知悉其生活與公德教育的失敗。

　　除梁啟超外，在中國住了二十年的美國傳教士亞瑟・史密士(A.Smith)，曾以科學方法將中國人的個性概略劃分為二十六項，缺乏公德心、不會為別人設想、不誠實也涵括之。諾貝爾文學獎得主，英哲羅素(B.Russell)在北京大學教了十多年書，也對中國人的民族性提出批評；「冷漠、懦弱與貪婪」。中國學者王桐齡以民族性分析中國人個性，重財利是其中之一，中國人不但追求利，也有濃厚的求財思想，自古即將財利混為一談。日本從唐朝時就引進中國文化，從其平假名及片假名的書寫，或其借用漢字及音讀都可得知，但日本能取菁去粕形成自己有公德及法治文化，台灣也應如此，從鄭氏王朝直至滿清，二百三十四年殖民統治期間，已澈底被支那中國化，台灣人如果能醒悟，不再認為自己是中國人，或自己是台灣人也是中國人，不再對中國文化有盲從及憧憬，能取菁去粕形成異於中國的台灣融合文化，才

能浴火重生，走向公義的國家社會，守護自由民主，不被其霸凌、滲透及併吞。

（臉書，2019/06/04）

Part 6

散文與新詩

淺談羅素

　　世界上並沒有所謂絕對的真理，我相信人類歷史上最好的時代不是在過去，而是在未來─羅素（*Bertrand Russell, 1872-1970*）

　　英國哲學家羅素先生，已於一九七○年二月間與世長辭，享年九十八歲。他一生過的多彩多姿，毀譽參半，充滿傳奇性。在西方哲學史上要找到比羅素更偉大的哲學家，似乎並不太困難；但是要找出一位比他一生更多彩多姿的哲學家，可能是件難事。從早期害羞、孤獨的童年生活，到晚年的反越戰主義，在這將近一世紀的漫長生涯中，他所經驗，從事的工作無人能望其項背的。他出生於貴族，卻是貴族的叛徒；他仗義直言，敢說出別人不敢說的話，為了主張和平，一次大戰期間，在布列克頓的監獄裡過了六個月的囚犯生活。他幾度參加國會議員選舉，卻落了空；有過四度結婚的記錄，過的卻是清教徒式的生活。他是一位不可知論者（Agnosticism），曾被教會指為異端，卻深愛人類；它虔信基督，且比那種口是心非的基督徒較為真誠。他與人辯論起來，極盡尖酸刻薄之能事，但卻是一位最富友情的人。他酷嗜煙斗，平均每星期抽掉1／4英磅裝煙草一盒，〈祇在吃飯與睡覺時不抽〉但並未使他短命。他與懷海德（Alfred North Whitehead 1861-1947）合著的數學原理（The principle of Mathematics），被視為人類心靈之最高結晶，是數學基礎研究承先啟後的一個高峯，這部巨著傾注了他全部理性的情操與精力，花了十年的功夫才完成，證明數學可由邏輯推演出來。據說此書之難讀也是有名的，有人認為全世界真讀完這部書的人不會超過二十人。羅素一生有許多特色頗值得我們細心品味，我們無法一一遍述，現僅就個人對他有限的了解與體認，逐步做

個淺顯的描述。

和平鬥士，關心全人類幸福

　　一九五○年諾貝爾文學獎頒給羅素的評語為「從他那包羅萬象的
著作裡，我們知道他始終是一位人道主義和自由思想的勇猛鬥士」。
羅素曾自謂，有三種單純而強烈的熱情支配他的一生，它們是對愛情
的渴望，對知識的追求和對受苦受難的人類所懷抱情不自禁的同情。
又說：「苦就是我的一生，但我發現人生是值得活的，如果有人要給
我再活一次的機會，我將會欣然接受這難得的賜予」。他反對類似戰
爭的暴力行為，對人類的孤獨，貧窮和痛苦之存在，認為是一種諷
刺，而竭力要去減輕這些污漬。因此，從第一次世界大戰開始，就主
張和平。他之所以能夠熱愛整個人類，關心人類的和平與幸福，也
許與他童年時代的家庭教育有關。在他未滿四歲，雙親即相繼逝世，
受祖母悉心培育，過著溫馨却是孤獨的生活。童年的孤獨使他渴望獲
得人們的愛及養成深思熟慮的思考習慣。羅素一族有為公眾服務的
傳統，在他十二歲生日時，祖母送他一本聖經，上面寫着，「不要隨
着群眾去做壞事」。羅素本人，就在繼承為公眾服務的傳統下，終其
一生深愛着人類，為全人類的和平與幸福奔走。雖然，目前的世界，
並不能令人感到舒適愉快，痛苦與災難仍然壟罩著人類，但他相信人
類終將會從這些可怕的災難中解脫出來，並且進到一個比過去任何時
代更快樂更幸福的世界。他認為：「今日人類的痛苦乃是由於單純文
明技巧的發達而整體人類的文化智慧並未增加所致，道德與智慧的需
要是無法解脫的糾纏，惡劣的熱情使人類見不到真理，而謬誤的信仰
却一再為這種惡劣的熱情做辯證」。因而提出以「清晰的思想」（clear
thinking），「仁慈的感情」（kindly feeling）做為解除這些災禍，創造世
界和平的指針，他深信人類歷史上最好的時代不是在過去，而是在未
來。

鄙棄虛榮，學理、思想不斷更新流動

　　當羅素晚年發現自己名氣越來越大時，開始有點擔憂，同時他懷疑自己是否過分受人敬重了，他說：「我常常覺得那些受人敬重的人往往是無賴，因此現在每天早上我都憂慮在對鏡自照，看看我是否開始有了一副無賴的嘴臉」。（此指在英國方面，而在美國他仍受着一些無知者的攻擊）。絕大多數成名的文學家，哲學家甚至科學家，都常為着圍繞在自己身上的名譽而感到困擾。羅素亦不例外，因為他們熱衷的是真理的追求，理性的探討，從而鄙棄世俗虛榮。我個人即以為他最可貴處，乃是他有着一般人所未有的誠於認錯的勇氣。他的學理不斷更新，思想不停流動，因此任何人，若想寫一部暴露羅素弱點的書，將是輕而易舉的事，他常不惜以今日之我與昨日之我挑戰，所以經常會說出一些與他過去所說的互相矛盾的話，而來證明自己的錯誤。若一個人故意以羅素之矛來攻羅素之盾，這就顯見自己對於事體之認識不夠精深，以及自己的無知頑固罷了。一個哲學家之所以偉大，並不視其所獲得的結論為何，而是在提出進而探討這個問題之過程中，所表現的求真精神與道德勇氣。艾倫·伍德（Alan Wood）在羅素傳中說到：「哲學家存在的目的是提出問題，而不是回答問題，他們手頭未能解決的問題越多，他們的工作便愈有意義，那些講求實際而嘲笑哲學家的人，他們可以說是完全忽略了這一點」。羅素本人也說過：「哲學的價值大部分在於問題的本身，而不是在於問題的答案」。他自認：「我是渡着一種不同意的生涯」。（life of disagreement），易言之，句句顯見哲學之真價值，有勇於認錯的精神，與始終抱着懷疑或假設的態度，對於一個研究學問的人，實屬至要。

蘇俄之行與訪華觀感

　　一九二〇年，羅素到蘇俄訪問，才發現布爾雪維克理論與實際的

錯誤，這改變了他原來對共產主義的同情。談到蘇俄之行時，可由他所做的一句結論得知，他說：「當我一九二〇年底達蘇俄時，我發現那兒沒有一件事能夠使我喜歡或羨慕」。他形容蘇俄被功利主義所窒息，整個社會瀰漫着對愛與美的麻木與冷淡，感情方面的生活可謂已完全被忽視。他批評馬克斯主義過份強調經濟動機，而忽視國家主義、宗教、人性的自尊與權利的愛好；他認為馬克斯將自己哲學植基於仇恨、暴力和獨裁的力量，這與他的見解完全相反，他堅信要使人類進步，唯一可靠的辦法是增加人性中善良的感情並減少人性中的殘暴。他說：「馬克斯的哲學依照蘇俄當局的解釋，我深信至少有二個大錯：「一個是理論方面的錯誤，另一個是感情方面的錯誤。理論方面的錯誤在於他們相信人類唯一的權力形式，就是經濟力，而經濟力與私有財產是相依為命，共同擴張的。在建立這個理論時，他們完全忽略了軍事，政治與宣傳的權利形式，而且他們忘掉了一個大的經濟機構的權力還是集中在少數執行者手上，而不是平均分配到名義上的主人—勞動階級或股東身上…。總之，他們的做法不過是把昔日操在資本家手中的權力轉移到少數政府官員而已。另一個與情緒有關的錯誤在於他們假定：一個好的國家可以由淵源於恨的運動所促成…。因此，所謂清黨、大屠殺、集中營無一不是這種心理作用的產物」。

　　很恰巧的，羅素與杜威有一個共同的感受，即是不喜歡蘇俄，而喜愛中國。由於太過於直率，坦白說出旅俄觀感，結果失掉許多朋友，（包括艾倫利和曲範良二位好友），過去因反戰，羅素亦同樣失去很多知己。在此，我們對羅素的為人，追求正義的大無畏精神，有更深一層的認識。同年，羅素與其第二任太太勞拉（Dora Black）〈當時尚未正式結婚〉來中國講學，在北京大學講授「心的分析」和「物的分析」，對於當時的中國，羅素有很高的寄望與評價，他強調中國在未來世界中將扮演極重要的角色，他幾乎讚賞所有他在中國所見到的東西；唯一對中國人缺點的批評是：「冷漠、懦弱與貪婪。」他對中國文化有極大好感，他覺得中國和中國人都是令人愉快的，他說：「中國是一個

藝術家的國度，它具有藝術家所希望的優點與缺點」。他覺得中國之所以偉大，不是在數量方面，而是在文化方面。他宣稱：「我們從他們那裡學到的，比他們從我們這裡學到的更多，但是我們學習去了解的機會太少了」。他寄望中國能夠強盛到足夠抵禦外侮，而不致成為軍國主義者，並主張中國必須應用科學的方法去征服貧窮，但不要得到西方工業革命後的種種惡果。他以為當時中國的軍閥都是一群野心的土匪，把希望寄望在國父身上，羅素讚揚國父說：「他的目標在減少貧窮，但不是引起一場經濟革命」。唯一使我們感到不愉快的是晚年的他，常有傾匪的言論，這或許是年齡的因素，促使他一向敏銳的眼光走向昏昧。一個短期在華的外國人，能對中國有如此高的評價，我們又怎能低估自己呢？而五十五年後的今天，我們努力所得到的結果又是什麼，是否已消滅了孤獨與貧窮？是否有足夠的能力以自立？這些都是值得我們深以為慮的。

破壞性的婚姻與道德觀

自所羅門迄今，婚姻問題費盡了人們的腦力，使人們受盡苦痛，一世紀前，雪萊說道：「最妨礙人類幸福的結合制度，莫過於結婚」。關於此點，他和他第一任夫人是同意的，她是投泰晤士河而自盡的。儘管婚姻問題不斷困惱人們，但能結婚的，還是結了婚，能生男育女的，還是照樣生男育女，彷彿這是上帝的旨意。後來工業革命打倒了婚姻的舊道德，一夫一妻制已不再為人所歡迎（至少在西方如此），羅素為了解決這問題，著了一本書專論「婚姻與道德」。這書大膽，前進的思想，對性觀念的瀟灑看法，是有目共睹的，也曾為了此書的出版，被紐約法官裁定，禁止在紐約大學任教。他這些主張，大抵不適於我們東方人的生活、思想，尤其是中國之國情民性。並且我們敢說，他著作此書所得之破壞性多於建設性，它使本來就不太健全的西方社會更形混亂污穢。他主張男女青年應裸體相聚，這樣可以產生較

好的道德及體格，並增加康健美，他懷疑一切的禁律，污穢的文學及圖學不應禁止，如有合理的性教育，即不足為患。他贊成伴婚制，但猶以為未足。他以為不生男育女純是私人事件，如男女喜同居而不事生育，則他人不應過問。他主張男女在婚前應有性經驗，如此可以避免初夜的恐懼心理，他並以為做丈夫的對他們妻子的紅杏出牆的行為不要吃醋，羅素還說：「與人私通本身不應該成為離婚的理由」。

對於他這些提倡，我們唯一的批評是：它們是行不通的。因為事實上一般人免不了有嫉忌心與不幸福的情形，除非他們的結合不是基於真正的「愛」，要一個人內心永不生欲念，不生嫉忌，祇有極少數超凡入聖的人或極少數的冷血動物才能做到，一般凡夫俗子是做不到的。壓抑人類正當的情感而來實施「自制」，將是一件多麼不可能之事。羅素自己最有名的建議是：「假使大多數的大學生能有暫時不生育的婚姻，他們的生活不論在智力上，在道德上一定會更為完美」。當然沒有一個學校當局會歡迎他這種主張。我們覺得很多事情並不見得如羅素所想像的那麼合理，他對婚姻的看法並不能使婚姻幸福，何況一夫一妻制是有其存在的價值的。廚川白村在其「戀愛論」中對一夫一妻制的看法，最能代表東方人之色彩，他說：「一個人格和兩個人格完全結合到一起，這除了非常特殊的例外，是斷難存在的事，並且從人格尊重之革新理想上說，一夫多婦與一婦多夫都是根本的不能成立，那麼就發生一夫一婦之必要」。又說：「與戀愛結合之一夫一婦制度有密切關係的，就是男女雙方互相嚴守的貞操觀念，沒有貞操觀念，一夫一婦制度，斷難實現」。因此，一夫一婦制度在咱們東方，仍然為大多數人歡迎，並成為安定鞏固社會的基礎。甚至在西方，如杜法爾（E.M. Duvall）也以統計數字來證明婚前性經驗並非成功的婚姻的可靠基礎，貞操的維護乃是以後婚姻幸福的保證。根據洛克博士的研究，發現離婚的男子中，有婚前性關係的百分率特高。又根據美國家庭關係研究所報告：「女人婚前的性經驗並不對於她在婚後有良好的性適應有任何幫助」。我們只能佩服羅素有這種「前進、大膽」的

思想勇氣，他雖反抗舊規律，仍保持君子風格，這確是我們所要求的道德涵養。

羅素是一位世紀性的偉人，他一生多彩多姿的事蹟，我們實難以盡述，他最偉大之處，或許不是他在哲學上的成就，而是他有着熱愛人類的心靈，關心人類的和平與幸福。對他來說，愛真理與愛同胞是並行不悖的。他認為除非一個人的生命已經與世界的生命連繫在一起，否則他不能算是具有生命的人。一個人的存在，應該像一條河一樣，起初很小，兩岸的範圍也很窄，然後很快地衝過了岩石，越過了瀑布，漸漸地河床變大了，兩岸退卻了，一片大水流得更為平靜，最後沒有任何視覺與斷路，直接融入海洋中，毫無痛苦地消失了他們個體的生存。羅素不像大多數哲學家，他似乎已經在他的生活哲學的基本觀點中，發現了對他自己生活有實際幫助的東西。他經常把可能浪費在責備自己的精神轉移在他人身上，這很合乎健康原則，且能保持他超人的勇氣與愉快的心情，或許亦是他享高齡的原因之一。羅素有一次寫到：「一個人具有某種憎恨有時是相當必要的，但是這種憎恨絕不能發展為對人類的憎恨，因為要是完全沒有憎恨的因素混在裡邊，人往往會變得軟弱而缺乏活力」。

在本世紀的大思想家中，無論就學識說，還是就行誼說，羅素可說是一座理智的典範，同時也是一股溫暖的和風，他的著作就是這理智之光與溫暖之風交融在一起的最高結晶。在未來漫長的歲月中，透過無知的幫忙，任何人想站在遠處去攻擊他，將是一件很容易的事，若是碰到這種情形，也是不足為奇的。而我們這一代人所能回答的祇是要你多去了解他。至於他在未來哲學史上的地位，艾倫·伍德（Alan Wood）有它獨特的看法：「不管羅素過去在邏輯與哲學的發展上，立過怎樣的大功，也不管他曾使許多哲學上的黑暗地帶重見天日，我們仍然可以相信，他的不朽將不是基於以上的理由，而是依賴將來是否有人在他的作品中，發現某些根本的錯誤，說得更正確點，就是羅素在未來哲學史上能否獲得肯定的地位，部分是依賴有沒有後輩的哲學

家，從他所停止的地方，開始繼續追尋哲學的真理」。現在羅素已遠離他始終熱愛着的人類，他求真的精神與勇氣，將帶給人類一副極為清晰且永不磨滅的印象。對於人類將是一種生活的啟示，是一扇通向無窮宇宙而常開着的門。

註：此文完成1970年羅素逝世之年，爲紀念這位偉大哲人，筆者不揣棉薄，毅然完成此文。唯當年他對中國文化與民族性並未深入研究，尤其缺乏人類學全球本土化（glocalization）認知，以致無法目睹中國的「古拉格群島」。

問人生

假如果有人這樣地問，「人生在世，到底是為了什麼？它的真諦又為何？」我想很多人一定答不出所以然來。其所以如此，乃因人民常忘記自我的存在，及其存在的意義。也許，這並不因為他們不重視人生，而是無心去注意它。現在他仍靠著信心、智慧，他的雙手埋頭苦幹地工作著，手頭的錢是足夠的，妻子是賢慧的，兒子亦出人頭地，一家到處呈現安詳、和平與幸福，我們可說他的人生美好嗎？不見得，因為這只是他人生的基礎，他並沒有把「人生」提高到最高境界—即是推己及人，造福人群，亦即是孫中山所說的，聰明才智愈大者，……。因此，這仍稱不得真正好的人生。

的確，人生二字擺在人們腦海裡，是抽象且富誘惑力的，每個人有其所懷抱的人生意義，但這意義及理想之正確與否是值得我們深以為慮的。淺薄的人不會有好的人生，思想不純正的人也不會有好的人生，未有博大胸懷，熱愛人類的心靈，充沛的道德勇氣，永不屈服的理想主義，不會有好的人生。苟非如此，則我們這個「人生」意義則缺乏價值可言，社會即將進入衰敗狀態，因為我們個人的人生價值大小，將直接或間接影響社會的進步與衰退。

試想，當年狂人希特勒、莫索里尼和史達林諸輩不是懷著無限的「人生」理想而幾乎付諸實現？然為何至今仍然為人所唾棄？而近代的孫中山、愛因斯坦、林肯、羅素卻往往為人所崇拜與尊敬？此因無他，前者的人生出發點是惡的，也就是不正確的，因此帶給世人痛苦、殘忍與絕望，陷人類於冷酷無生命的深淵；而後者卻是為人類謀最大福利，給人類帶來新鮮與蓬勃的朝氣。綜合觀之，人生價值的大小，是視其是否修養自己，盡己心力而後造福人群而定。

剛逝世不久的哲學家羅素(B. Russell)，在「我為何而生」一文中言道：「有三種單純而強烈的熱情曾支配我的一生，它們是對愛情的渴望，對智識的追求，對受苦受難的人類所懷抱情不自禁的同情」。又說，「苦就是我的一生，但我發現人生是值得活的，如果有人要給我再活一次的機會，我將會欣然地接受這難得的賜予」。的確，生活在這與其說進步，毋寧說浮華靡爛的社會裡，有時我們會覺得多麼幸福，是天之驕子，但有時卻覺得好似社會遺棄了我們，周遭的空氣壓得我們透不過氣來，周圍的人用詐欺與不忠的手段而致富，而我們卻清貧如故，別人以鑽營方式往上爬，而我們卻仍舊沒有地位，也沒有權力，旁人常以諂媚的言詞而自以為很有成就，而我們仍因希望無從實現而陷於痛苦之中。

報上所載謀財害命，姦淫擄掠，貪官污吏，看破紅塵者層出不窮，甚而考試的失敗，和同學們的小磨擦，都會影響我們的生活情趣，覺得生在世上是一種磨折，而我們的人生意志因而沮喪下來，我想這是極端不應該，因為在任何國度裡均不可能有十全十美的社會，在人生旅途中，也不可能一路風平浪靜，隨心所欲，沿途荊棘密佈，猛獸橫行，被絆倒了再站起來，被刺傷了，抹去血跡，塗點藥膏，忍住痛苦再前進。不管周遭的人用手在乞求，在暗中行使詭計，但我們要重視自己雙手的神聖功能而向前邁進。其實，我們的行為沒有我們想像那麼重要，歸根究底，我們的成功與失敗，並沒有什麼了不得的，甚至刻骨銘心的憂傷也打不倒我們，似乎要結束我們生命的煩惱，也會隨悠悠歲月淡去，最後連煩惱的鋒利也消滅了。美國小說家修伍德・安德森在「寄子約翰」書中，告訴他兒子，無論將來他從事那一行，他總會發現別人冒牌，顯然也可以混過去，而且冒牌的人到處受人讚揚，冒牌的傢俱放在人家的住宅，冒牌的公共建築，人靠冒牌賺大錢。但他說，「那沒關係，你不能靠冒牌在田裡種出玉米來」。又告訴約翰，「你的生命像裝滿水的杯子，你要端著它在人群中走」。是的，我們不但要端著它，更要端正它在人群中走，一直走到成功的彼岸，完成人

生理想為止。

實現人生理想有時並非一觸可及。當年的尼采為完成自己內心的呼喊，毅然宣佈上帝已經死亡，遭受無數指責與咒罵；羅素於二戰期間，為了主張和平，在布列克頓的監獄裡過了六個月的囚犯生活(在此我們暫不論其主張正確與否)。耶穌亦曾經以犧牲生命獲得無限的崇高精神與榮耀。現在，我們心中已有此認知：「理想的實現，有時須付出極高代價」。一粒麥子，不落在泥土裡死了，仍舊是一粒，若是死了，就能結出許多麥粒來。有了這種認識後，在我們人生遭遇坎坷不幸時，才不致氣餒沮喪，才不致怨天尤人 。看到周圍的人以不法手段苟且鑽營，我們也不致嫉妒而懊惱，這樣我們才有機會重拾人生。梁任公於「為學與做人」一文中說到，「你懷疑、沉悶，便是因不智才會惑，你悲哀痛苦，便是因你不仁才會憂。你覺得不能抵抗外界的壓迫，便是因你不勇才會懼，這都是因你的知、情、意，未經休養、磨練，所以還未成個人」。他的意思是人生須具備智仁勇的三種成份，才是真正有意義的人生。

朋友，在這急遽變化的時代裡，生活的確是苦的，但我們要苦得有意義而且有價值，要把這個苦建立在為求心靈純潔，永恆的理想，及為人世謀福利的境遇裡，有理想、魄力與智慧者，往往能化苦為甘，即范希文所謂先憂後樂，到最後也可以說，苦即是樂，樂即是苦，苦樂實際上已合而為一了。

朋友，人生是短暫的，不管你是詛咒過人生，抑或謳歌過人生，人生終將在我們眼前幻滅的，何不把握這即將幻滅的人生，讓此微微生命之火，發揮更偉大更燦爛的光輝來。不知誰說過：「如果你面對太陽，陰影就會在你的後面」。

(興大生活/1971/05/30)。

植物醫生

　　「植物醫生」，同學們在苦悶之餘，經常會以此豪語自慰。這個新名詞聽來順耳，做來難。課堂上，一些繁瑣的理論，冗長的病原菌名稱，密密麻麻的分類，是最令同學們感到頭痛的；考試紙上怪裏怪氣的題目，實令人觸目驚心，徬徨無主。然而一提到野外採集標本，同學們即刻眉飛瞬目，情意飄飄，此因無他，一來可以暫時脫離窒人的實驗課，二來可以藉此遊山玩水，以舒胸懷，上山欣賞落日餘暉，紅霞返照的美景，足可抵償課堂上之精神折磨。「主任，這是什麼病呢？是什麼病原菌所引起的？」「老師！這種植物叫什麼名字，為什麼會有這種病呢？」同學們問東問西，你一句我一句的，求知精神可圈可點，然而到底人類的知識有限，現實社會又是主張分工專門，因此所獲得的回答常是令人不滿意的，有時老師在無計可施下甘脆來個小幽默：「這是枇杷呀！上面所長白色的東西就是長毛病；相思樹之所以有病，是因為相思得太厲害之故」。事實上，身為一位「植物醫生」正如「人類醫生」一樣艱難，可能還有過之而無不及呢！原因是幾乎所有植物皆有病，何況一種植物可能患上了十幾種病，其病徵，防治方法又各異，而人類並非都有疾病，所患的病也很有限，因此，要想做個通才的植物醫生可謂難之又難。可安慰的是，我們不曾被套上「庸醫」這個雅名，這大概有兩項原因，一是我們即使無法判斷病徵，對植物本身並無大礙，但對一位人類醫生來說，情況大不相同，眼光不銳利，心境不沈着，判斷一錯誤，即有致人於死的可能；二則我們看病純是義務性的，並沒對「病人」要錢，而一般無醫德的「人類醫生」卻常敲病人竹槓，即使他們沒把病人醫好，因而種種怪名詞經常會出現在他們頭上。「人類醫生」是社會裏較現實的一派，而「植物醫生」卻是

「理想」的一派，人類醫生的物質生活或許是豐富的，然而卻趕不上植物醫生精神之崇高，他們默默地為理想，為社會工作着，儘管報酬並不十分可觀。這也許是植物醫生與人類醫生最顯著的差別。

個人對病害並不十分熱衷，倒不如說對它冗長的理論，密密碼碼的分類，單調無味的實驗室感到心煩，這實是性向使然，難以勉強。儘管個人如此，但並不能減低它存在的價值，與其他部門一樣，它對社會貢獻無窮，挽救了許多農業上的危機，改善了農民生活與國家經濟，今天的洋菇、椪柑的外銷日本還替國家賺了一筆外匯呢！一位成功的病理學家，往往比一般學者更加辛苦，他們必須經常守住實驗室，博覽羣書，到處採集標本，以便有「新病害」之發現進而謀求解救之道。這是一種艱鉅之工作，正如一位藝術家必須忍受住世人之冷嘲熱諷般，然而他們的偉大處，就是能做出人所難能之事，其精神生活是崇高且神聖的，其對國家人民經濟之貢獻，也許比一些只尚空談，賣弄官樣文章之政客，欺壓百姓之高官顯要者更來得直接些。這也是我們唯一值得安慰的。

「同行相輕，自古皆然，」這是存在任何部門之怪現象，而以人文科學部門最明顯，君不見，人們為了爭一口氣，為了一個不太重要的事實，打了無數筆戰乎？費盡無數唇舌，換來的，卻只是「公說公有理，婆說婆有理。」十個字而已。我總覺得一位學純科學技術的人，更應該有博大胸懷，廣納羣見之雅量，不該存有先在主觀，以攻擊對方，勉強指出對方缺點來做為顯示自己高明的手段，這該是最為可恥，最令人詬病的一種行為。哲學家羅素曾說過：「世界上沒有絕對正確的東西」。科學的精神是：「苟日新，又日新」。是「以為人類謀最大福利為原則」，如此所產出來的東西才有價值，才能見其可貴性。這也是學純科學技術還得培養有綜合眼光與綜合能力，愛因斯坦之所以成為愛因斯坦，不僅是因他是數學家、物理學家，同時也是哲學家；馬克士威爾之所以成為馬克士威爾，正因為他不僅是電學家，也是個詩人，富蘭克林在電學上正如他在政治、教育上一樣有成就。愛因斯

坦曾感慨說道：「現在的專家教育不是教育，否則專家豈不是訓練有素的狗？」他之所以反對教育太專門，即是怕一些所謂的專家會因他們無意識的行為去摧殘人類，威脅整個世界和平幸福，陷人類於冷酷無生命之深淵。因此，學純科學的人，還得具有高瞻遠矚的眼光，熱愛人類的心靈；而學人文社會學的人，必須有科學的訓練，兩者相輔相成，為人類謀最大福利，則善莫大焉。

朋友，您願做個植物醫生或人類醫生呢？對此，您的認識與看法又如何呢？

興大生活（1972/6/10）

園藝 在藝術領域中所佔有的地位

一、前言

　　這裡，筆者所要談的藝術偏重於文學、音樂及繪畫、庭園設計方面。無可諱言地，由於園藝牽涉到藝術的領域極廣，我們既不能斷章取義，亦難以偏概全，只希望讀者由於了解、認識園藝在人類生活中所佔的地位與重要性，進而從事學術方面研究，期能喚醒園藝，改善園藝，促進園藝事業的研究與發展。大家都知道，科學與藝術相互連結的關係，正如人之心與肺一般密切，如果一個機關邊爾弄壞，那麼別的機關是不能正常使用的，真正的科學是研究並且使我們知道社會人中所認為重要的真理、知識。筆者有一個新構想，即是未來的園藝事業必須注重於整體性與全面性的發展，為國家社會，為全人類利益福祉園藝而園藝，而並非侷促在自己的小天地裡，為利益、報酬之多寡園藝而園藝，也許這個理想偏離事實很遠，但只要大家重視個人的力量，仍然大有可為，我們的目光要放在遠處，膽大而却心細的從事研究，更要拋棄門戶之見，才能達到國家園藝化，甚而人類園藝化。

　　托爾斯泰認為在歷史中，人類往往被大事捲着走，但索善尼辛（A.Solzhenitsyn）却不同意他的看法，而主張重視個人的力量，他覺得個人善意且具有建設性的干涉力量，其結果可以挽救和照顧別人。基於此，一個修習園藝者個人的努力及研究，其結果均能影響整個園藝事業，改善並促進園藝事業，達到園藝事業之全面化，整體化。

二、園藝與文化、音樂之相關性

　　一部偉大的文學作品，一首好聽的音樂，往往以田園風光，花草樹木為背景，細膩描繪，進而道出人性之善良，事物之真理。有時作者看到一朵盛開的花，一棵在風中婀娜生姿的樹木，配合作者當時的心境，與所處之境域，突然悟出一些人生哲理，而此種哲理有時竟能具創造性或者超越時空。例如我們在赫塞（H. Hessee）的作品裡或是在維娜・卡塞的文章裡（我的安東尼亞）經常會發現他們對於一草一木的歌頌，對田園風光的刻畫入微，甚至大文豪大仲馬（Alexzender）也以花的名字寫成名著「黑色鬱金香」（The black tulip）。所謂「惜花早起，愛月遲眠」；「記得綠羅裙，處處憐芳草」。古今中外，多少詩人豪客曾對花草樹木有過狂戀熱愛，藉着花草樹木給予靈感，想到此，我們似乎已聽到杜甫春望中的「國破山河在，城春草木深，感時花濺淚……」；王維相思的「紅豆生南國，春來發幾枝，……」李後主虞美人中的「春花秋月何時了……」；李白清平調裡頭「雲想衣裳，花想容……」；夜泊牛緒懷古的「明月掛帆席，楓葉落紛紛」。或是李商隱落花中的「高閣客竟去，小園花亂飛……」，也可想到魏倫〈Verlaine〉的「……薄荷茴香與早晨的捲縮草……」。它們是一首詩，也是一支歌，否則不會有貝多芬〈Beethoven〉的「田園」交響曲〈Symphony No.6 in F major. Op. 68 "Pastoral"〉產生，這是他在維也納北郊的海里金史塔特小村的田園中散步所得的靈感。此外德佛乍克〈Devorak〉的「新世界懷鄉曲」〈Symphony No.5（9）in E Minor op. 95 "From the new world"〉其寫作動機，背景亦相類似。

　　音樂中甚至有以花草名移作為歌曲主題者，在台灣民謠有「白牡丹」、「桃花嘆」、「採茶姑娘」、「桃花過渡」、「雨夜花」；在日本歌謠有「白梅戀」，「櫻花」，「庭園千草」。中國藝術歌曲有如黃友棣的「杜鵑花」，趙元任的「瓶花」，勞景賢的「五月裡薔薇處處開」，黃自的「踏雪尋梅」，夏之秋的「賣花詞」，劉雪厂的「柳條長」。在歐美有蓋

斯〈Ghys〉的孤挺花〈Amaryllis〉，舒伯特〈F. Schubert〉的「菩提樹」，「野薔薇」，〈H. Vermer〉的「野玫瑰」，Irish air的「夏日最後的玫瑰」，A. Macbeth 小夜曲〈三色薰花〉〈Love in Idleness〉，又如百花進行曲〈March Flower〉，春之花〈Spring-flowers〉，加島之花〈Isle of Capri〉，意大利花園〈A Garden in Italy〉，可謂不勝枚舉。此外，不以花草為主題，但歌詞却歌頌着花草樹木者亦頗多。總之，這些均表示出園藝與音樂方面之密切關係。園藝是一種科學性之工作，也是一種藝術性極為濃厚的工作，它牽涉到整個大自然，大世界，提供文學家及音樂家良好的寫作材料，不管這些材料是「人為的」或是「自然的」，它均在顯示着園藝在文學音樂領域中之地位。倘若我們把藝術的任務定義在「與人生幸福相互配合」範圍裡，那麼更加強園藝地位了。

三、園藝與繪畫、造園之相關性

如同文學與音樂，園藝亦提供畫家及造園者寶貴材料，我們看到畢卡索，梵谷的名畫，張大千的作品，很多以花草樹木為題材者，甚至蔬菜水果亦為畫家所取材。筆者常在懷疑，倘若這些以園藝植物為題材的作品不朽，那麼這些花草樹木，蔬菜水果是否同樣能不朽？它們原來是有生命的東西，加上人為的功夫，能投射到畫面上。正如一個人死後，別人為其塑像立碑般。但人是有頭腦，有心靈的動物，他們的精神可以不朽，而植物同樣是有生命的來西，能否有其精神不朽存在〈指生存的精神〉，目前的答案也許是否定的，但却值得深思。園藝與繪畫之密切自不待言，現在談到其與庭園之關係。開天闢地的時候，萬能的上帝開闢伊甸園，可為庭園之嚆矢。庭園是養生怡情的好去處，英國哲學家培根〈F. Bacon〉認為如果沒有庭園，即使是宮牆萬仞，萬棟雕樑，也不過是人為的劣品，社會開化的時候，人們總是首先建築高樓大廈，次一步才經營優美的庭園，把園藝看成更高級的藝術。

隨著知識文化的進步，人民生活水準的提高，建築設計技術的精進，現業已發展到屋頂花園方面之設計了，不是只囿於庭前庭後之修飾，道路兩旁之種植花草樹木。各種花草樹木之應用於庭園材料不勝枚舉，且依設計者之藝術眼光，對花草樹木習性之認知，配合着時令之變遷，因材，因地，因社會習俗、需要，經營狀況而施用，俾使庭園四季如春，適合人意，筆者並非專家，因而估且不論草花灌木之如何配合；草地中如何襯托出悠美道路，花壇之如何布置或是噴水泉，遮蔭，遮雨，衛生設備之如何設施或圍牆圓柱之如何雕琢。在此筆者僅介紹英國哲學家培根在其論文集裡，曾對花草樹木如何配合時令，使每一季節都有幾種美麗的花木以供品賞。其對灌木，土地之利用也有所論述，培根是學法學者，但他具有科學的探討精神，廣博的興趣，高超的目標與熱誠，對於庭園設計〈小庭園〉也有自己的一套看法，生在十六世紀的人，能有如許看法實屬難得。讀者若有興趣，可看看有關他思想言論之書。大學園藝系開「造園學」及「庭園設計」課程，讓學生對庭園設計有所認識，此自不待言。

四、今後的園藝真正去向與園藝學者所應懷抱的態度

隨著園藝技術之進步，組織培養之改良。無土栽培，蔬菜水果，各種花卉新，品種不斷育成，外銷市場之拓展，園產品加工技術之精進，屋頂花園之設計，使園藝事業進入一個新的里程。省產鳳梨甜橙外銷供不應求，據報去年南部青果外銷情形非常順利，輸出地點為日本、香港、東南亞。據高雄青果社統計，今年元月份共代辦屏縣生產鳳梨外銷六千箱，全部銷日本。台灣柑桔生產量民國六十～六十一年期已達二十七萬八千餘公噸，比十年前〈五十一～五十二年〉增加三、四倍，平均每年增加率達15%左右，為近年來高速成長的農產品。主要是由於柑桔生產技術的改進，單位產量提高，以及種植面積增加的結果。六十三～六十四年期柑桔生產計畫經省農林廳訂定，將推廣適

於製造果汁及製罐用品種，本年期生產目標為二九四，四○○公噸。豐原及新竹等地均設有集貨場與產品處理場，專門辦理外銷日本，為國家爭取不少外匯。此外，P.E塑膠網室蔬菜栽培，高冷地夏季蔬菜栽培，鼓勵市民利用空地種植短期蔬菜，這些均構成了近年來園藝事業的動向，是園藝事業專家配合着其他部門的人員努力的方向。站在國家人民利益之前提下，今後園藝學者更須加倍努力以赴，拓展內銷及外銷市場，期能使整個國家園藝化，進而人類園藝化。

然而，今日存在於農業界的怪像即是門戶觀念太過濃厚，分工太過專門，以致各部未能配合，各個專家都只掃自己家裡的雨雪，只顧自己家裡的門戶，結果往往使整個農業推展不能順利進行。這都是教育太過專門及一些所謂的專家缺乏高瞻遠囑的眼光與未具哲學性之涵養，沒有站在全面性之立場而自立門戶的結果。愛因斯坦曾慨乎言道：「現在的專家教育不是教育，否則專家豈不是一隻訓練有素的狗。」他之所以反對教育太過專門，即是怕一些所謂的專家會因他們無意義的行為去摧殘人類，陷人類於冷酷無生命之深淵。因此學純科學的人，還得具有高瞻遠囑的眼光，熱愛人類之心靈與充沛之道德勇氣。這也就是學純科學技術的人，還得培養綜合眼光與綜合能力，而從事藝術工作的人，則必須要有科學的訓練，兩者相輔相成。愛因斯坦之所以成為愛因斯坦，不僅是因他是數學家，物理學家，同時也是哲學家。馬克士威爾之所以成為馬克士威爾，正因為他不僅是電學家，同時也是詩人；富蘭克林在電學上正如他在政治、教育上一樣有成就。在我們社會裡亦不乏這種人，如陳之藩是位工程師，同時也是頗具思想的人，趙元任是位語言學家，也是音樂家、教育家。

事實上，高超的園藝事業並不是一種私人事業，也不是着重在私人的研究工作，應當存着圖全人類幸福，而不圖一階級幸福的意思。那時候園藝科學才不成為詭辯學問及各種無用智識，無形式的堆積，而成為有組織並且是有機的整體，有一定的「理智」任務，其他科學亦同。托爾斯泰在其藝術論書中曾這樣說道：「這些終身從事研究科

學的人〈包括數學、天文學、生物學、化學及工藝學和醫學〉以為自然科學範圍內的各種發明都是極重要並且極有意義的事情。然而他們所以這般設想的緣故，是因他們並沒向自身周圍看一看，並且也沒有看見真正重要的事情是什麼。……我們很喜歡，並引為自傲，因為科學使人利用泉水之力，而在工廠裡做許多工作，又能使人在深山裡鑿洞開路。然而我們利用泉水的力量來做工，並不為謀人類幸福，却祇為着野心家增加富足，已造成奢侈的器械和殺人的兇器，而我們用以轟山開道的炸藥却時常用在戰爭上面。可是我們如果能夠十分明白真科學的實在任務，能夠預防喉症，用X光來覓出身體上的細針，治好傴背和花柳病，發明多少奇異醫術，我們也就不以為驕傲了……」。由這段話，我們可以了解真科學之意義和它之所以必須與人生幸福有關的藝術相配合的原因。

五、結後語

　　園藝事業是一種科學性的工作，同時也是一種具有藝術價值的工作。藝術藉着科學助力消滅強力，以達真善美之境；科學的事業也要藉着藝術，從理性的範圍裏，移入情感的範圍裏，但此種情感必須如羅素（B. Russell）所言仁慈的感情（kindly feeling），逐步達到人生幸福。你可否曾經想到「懸崖菊」的做成；「單、双幹式」、「多幹式」、「直、斜幹式」、「攀石式」、「水盆式」、「寄植式」各式各樣盆景栽培，或是杜鵑、梅、公孫樹〈銀杏〉、胡椒梅、梨、海棠、榆、槭、櫸、櫻花、石楠、薔薇、百日紅、梔子、茶花或九重葛、榕樹，種種樣式之盆栽。或是「採菊東籬下，悠然見南山」之景，曾帶給人們多少情趣生活，多少情感上之昇華。許多室內瓶花，各種派門的插花、雕刻水仙花，或是以花的樣式製成各種布料衣物，裝飾品，或以蘭花提煉香水等。

　　這些都是科學性的工作，也是藝術性的工作，經過園藝愛好者之科學管理技術〈諸如摘心，摘芽，剪枝，嫁接，牽引，培土，施肥，

噴藥〉，而達於藝術之境界，也帶來了人生之幸福，文化之進步。夫如是，則園藝在藝術領域中所佔的地位，不言可喻了。

（1974/09/05）

島上冬天

馬祖冬天的天氣，一般說來要比臺灣來得冷，溫度經常在三—四度間，甚至有零下的溫度。當我換上戎裝，踏上征途，來到這裡之後，便有着一種異常的感受，此種感受係身在台灣本島的人所無法領略到的。不容置疑的，我們都是來體驗着一種戰鬥的生活以及培養出堅強的意志與信念的。親友們的熱淚與祝福，自身的憂傷與疑慮，現在，均在此凝成了一種智慧與成熟的結晶，而不久的將來，我們也即將帶着此種智慧與成熟的結晶，回報給我們的親友，並摻以我們堅強與冷靜的心告訴他們：在人生旅程上，我們的確不虛此行。

在十月裡，襯合着深秋和曦的陽光來到媽祖時。島上仍然到處呈現一片盎然綠意，金黃色的野菊花開滿遍地，點綴在山坡與陡峻的岩石峭壁間，如今，雖是嚴冬已至，島上的一切並不因為冬天的腳步，而印上褪色的圖案，正像這裡的居民不會因為隆隆的砲聲而驚魂喪膽；也正像一位平日訓練有素的戰士不會臨陣磨槍般。哲學家羅素說道：「憂慮與恐懼的征服，乃是智慧的開端」。

人們最不願見到者乃是心靈朝氣的窒息以致對於外界的事事物物，一切的變化感到無動於衷或者呆若木然，所謂哀莫大於心死，即是此理。看吧！冬天的馬祖，草木仍然青翠，並未為其寒卑；此正象徵與我們國運的恆常昌隆，民族文化的持續不墮，在此，我們也可以見到宇宙萬物的恆定性，更可見到國家民族的恆定性。

冬天總要過去的，如果我有足夠的禦寒衣服，冬天又能對我如何！同志們樂觀的說。但我却覺得應該這樣說：「如果我有足夠堅強的意志與信念冬天又對我耐何！冬天終究要過去的」。前者係以物質的力量來與冬天挑戰；而後者却是以精神的力量去戰勝冬天，兩者熟

重熟輕，則自有其理存在。

「事物的本身往往什麼都不值得；只有我們寄託上去的觀念才給他們以價值。」還記得法國大思想家梭維斯特曾如是說過。

清晨，準時六點鐘起床，大地茫然一片，空氣格外地清新；豆大的雨滴仍不停地下着，放眼望去，隱約可見幾隻海鳥棲息在沙灘上，間或徘徊着。漁民們照往常般，扛著漁網漁具，穿着雨衣雨鞋，邁向海踏上征途，在這酷寒的天氣裏，很羨慕海鳥與漁民們之自由幽情，更加讚賞他們的堅強意志—不畏風寒的精神信念。我也願藉著海鳥，帶着我思念之情給故鄉的親友們，告訴他們我在聖島的思念以及在聖島所鎔鑄出之堅強信念與意志。

氣候變遷導致溫室效應，可以改變氣候。未來「馬祖的冬天」或許會變成「馬祖的春天」但却改變不了我們心繫台灣家鄉。馬祖冬天的溫度早已凝固成我們堅定的意志與一顆聖潔的心靈，而此乃是最大的收穫啊！

（馬祖日報副刊/1976/01/03）

父與女

　　紅霞、餘暉映滿大地，南歸的雛燕在電線桿上點上了一連串跳躍的音符，啾啾復啾啾地；黃雀早已尋到春息搶先奔忙著。遠處，班鳩從彼端之相思樹林飛起，振翼翱翔於晴空裏；小老鼠也探出頭來進行它的例行公事。漁人們提着漁網漁具，扛着溢滿籮筐的鮮魚，吹着口哨，追隨着夕陽的腳步踏上回歸途。點點燈火，靜靜漁舟，襯綴在夕陽、薄暮之下，構成了一幅早春的色彩圖案，具有一種朦朧幻意之美，凡此種種，均清晰地告訴我們春天早已來到，春神早已降臨戰地，為戰地譜成一首戰神進行曲。

　　醫院前的廣場上，一位小女孩正挽着她父親的手臂緩緩走着。小女孩身着一襲深紅帶有彩點的上衣，黑色的學生褲；倚偎在旁的父親則衣衫不整，頭髮凌亂，面黃肌瘦，上着一件灰色大衣。他是個精神病患者，約兩叁星期前住進醫院裏。據村民說他家中現已分文不存，却留着一妻二女，曾經用菜刀割頸自殺過，為生命安全起見，不得不將他送進醫院。有人將他的病歸罪於魔鬼附身，站在文明人的立場，此固屬於無稽之談，自不待言。在醫院裏曾引起很多困擾，諸如他在病發時，會追人、罵人；有時會向停放於廣場上的吉普車或摩托車出氣，因此，醫院準備送往臺灣做徹底的醫治。小女孩約只十一、二歲光景，深炯烏溜的眼光含帶了不該有的憂鬱沉悶。要不是為了陪伴她生病的父親，在這個時候她可以在家裏溫習功課；可以在電視機旁看卡通影片或與別的玩童一齊去尋覓春的訊息，陶醉在餘暉、紅霞返照的美景裏；要不是她有了一位生病的父親，現在，她可能早已依偎於父母親的胸懷裏享受天倫之樂；或在晚睡前與她敬愛的父親互道晚安，然後醉入夢鄉。想到這些，我的思慮飄入無窮遠的境界中。

小女孩很沉着，很有耐性地繼續挽着父親的手臂在醫院兩旁的小道上踩着，偶而她會停下腳步，而後指著前面的標語、圖案解釋給父親聽，開懷開懷父親創傷的心靈。這位生病的父親宛如一隻被馴服的羔羊，仔細地、滿意地聆聽着他女兒的細訴，間或點點頭。的確，對於此種病人，除開有形的藥物外，或許還得借用親情的力量，來溫暖、安慰他受傷與敏感度特大的心靈吧！父女之親情是最自然不夠的了，它是一種天性；一種自然流露，其間沒有絲毫造作，沒有半點條件，是無窮的奉獻與無窮無盡的犧牲。人類持有它，倫理道德始能維續，國家社會文化始得發揚。今大陸倒行逆施，破壞家庭倫理制度，要兒女去批判鬥爭自己父母親，搞出所謂「父親，母親，不如毛主席親」之肉麻話來。共產主義者要人們放棄私人恩情之愛，轉移國家民族之愛，此種泯沒人性之瘋狂舉動是站不住腳的，且是自取滅亡。蓋因「一室之不治，何以天下國家為」？古人係以正德、修身、齊家、治國進而平天下的，此乃民族文化的精隨。家庭倫理不能確立，何以談其他？

　　小女孩牽着父親的手，繼續迎向那山坡小徑，夕陽將他倆父女的影子拉得長長地。禁不住野花香遍山坡的誘惑，小女孩蹲在地上，用她纖細的小手採摘幾枝花兒，裝在一個小玻璃瓶裏，然後送給她的父親，生病的父親面帶滿心微笑，伸出顫動的手接受這份愛的禮物，之後拉着女兒的手轉回小徑，這時夕陽殘照已沒，黃雀、班鳩業已歸巢；獨南歸的雛燕繼續唱出了相同音階的晚歌，唱活了戰地，唱活了這無窮的宇宙。

（馬祖日報副刊/1976/04/21）。

苦苓飄香

素來人們只歌頌着桂花或蘭花的香味，因而桂花有「桂花飄香」；而蘭花有「王者之香」之美譽，這大概係取其高雅韻致、清香怡人之故。但對於苦苓樹，却較少有人去注意它，去歌頌它的香味，此概因其香味中滲有「微臭」之故吧！然而海畔有逐臭之夫，我很欣賞其澀人的味道，含帶有警惕刺激的效果，不致像在欣賞桂花或蘭花，會使人沉溺於其中而不能自拔；也不像梔子花濃郁的香味，令人有將窒息的感覺。太過美好舒適的環境或太齷齪惡劣的日子往往使人沉淪墮落，迷戀自我，只有時常在順境與逆境之交相演替中，人們才不致迷失自己，渾擾方向，這也可說是人生得一種過程，過與不及的啟示。

苦苓樹勾起我回憶之門，使我想到故鄉，想到庭院前那一排綴滿小紫花的苦苓樹。兒時會與一些玩伴在其下擺「家家酒」，或捉迷藏或騎馬戰，踢毽子或學猴子爬樹，多少晨昏美景，在此徘徊流連；多少得意落寞的日子，在此靜靜流過，正像舒伯特所歌頌的菩提樹般，我曾在其樹皮上刻過寵句無數，歡樂和快樂時光，常常走近這樹。而年青時，我也曾在此做過許多甜夢，策劃未來人生遠景，很像卡繆所說的：「如果一個人年青時曾有過一次熱愛的經驗，則他整個一生便會耗費在重覓此種熱情與光明上面」。現我即是在此種心情下，來回憶重覓過去這些美好的時光的，然白日雖美麗，黑夜終將要來臨，咱們還是要面對現實，與現實挑戰，因為「如果你不能逃避尖力，則必須轉身來面對它，戰鬧也許勝於死亡。」想着想着，記憶中的故鄉，尤其那一排排綴滿小紫花之苦苓樹，似乎離我越來越遠了。

在聖島上，除開那片片之相思樹木外，最意見到者就是苦苓樹，經過嚴冬幾度之摧殘，抖落了滿身的綠意，如今隨着春息，再度披上

了層層深綠的厚衣，迎風舞展，向你示意，而當你走過它身旁時，惡香撲鼻，澀人心骨，讓你感覺春意濃濃，春心綿綿。苦苓樹是經得起考驗的，是懂得體驗生活、涵養靈性的，它不浮誇，不急燥，有耐心地靜立在那裏，接受了嚴冬的無情摧殘，日復一日，年復一年，待到春天來臨，它才綻出笑容，因為在獲得豐碩的果實前，往往必須付出痛苦的代價的。

啊！又見苦苓飄香，飄在春天，飄在五月芬芳的日子裏。

（馬祖日報副刊/1976/06/16）。

這條小路

這是我曾經一度迷戀着的小路，它的路面凹凸不平，大小石頭點綴其間，兩旁雜草叢生，野花亦開滿遍地，諸如牽牛花、蓮翹、花椒、美人蕉、野蜀葵、夾竹桃……許許多多知名與不知名的花草經常在其兩旁開放着，一年四季都是這樣瀟灑地，威風八面地擱在那兒，不知有多少農夫走卒，官史隨從，牛馬車跡在其上留下永恆的痕烙。唯經過無數寒暑變換，忍受多少風吹雨打，嘗盡許多人世間的酸、甜、苦、辣滋味，它仍然屹立不搖，坦蕩地展現在那兒。固然，它並非一條平坦的康莊大道，但也不是一條羊腸小徑，它只是那麼的粗放、自然、純真，沒有任何一點造作的色彩在其上襯托着甚或紮根着，一切來自自然，一切歸向自然，是上帝得心應手，巧奪天工的產物，在在均顯示着人間的真、善、美。曾幾何時，我在其上涉足無數，編織多少美夢幻想，緬懷及策劃自己未來人生遠景。

為了迎合社區發展與都市計畫，築路的工人將它拓寬了，並在其上鋪了一層厚重的柏油，兩旁開掘了水泥式的水溝，於是紅黃夾竹桃、美人蕉不見了，花椒、梔子亦遁跡無形，甚至兩旁的鳳凰、相思、油加利樹同遭摧毀，一、二人之力，頃刻間將幾十年歷史之樹木毀於旦夕。春天，再也見不到草木油然，鳥語花香，夏天，柏油路面散發出一股窒人的熱臭氣，咄咄逼人，人行奇上幾乎有被灼傷腳的危險，而秋冬之際，更無法見到落葉繽紛，草木在風中搖曳生姿，鳥兒啼滿枝頭之景。便利了車輛行人，卻破壞了大自然美景，也許它真能發揮「路」的功能與效用，但相對地喪失了自然的平衡，更加傷透了我的心，因為我知道，從此以後，再也無法在其「香徑」上獨徘徊了。

為了重新找尋一點自然的色彩，暑假裏，我默默在其兩旁栽植幾

棵美人蕉、夾竹桃、羊蹄甲、常春花、天竺葵等之類的花草樹木，用以再度點綴這條小路，再度重拾些兒真善美的韻味。然而，「樹欲靜而風不止，子欲養而親不待也」，無論如何再也無法保有先前的自然色彩了，甚至由於空氣汙染的結果，花草無心長好，到處呈現一片萎靡態，傷心之餘，我準備再開闊一條屬於自己心靈內的一條小道了。

（台灣時報副刊 /1977/08/20）。

一封長信

德利：

　　接到你的來信，那是在一度公務繁忙歸後的傍晚。卒讀你的信文後，我的思潮陷入無端悲苦中，許久許久，我想說出些什麼，但心思枯燥，心靈疲憊不堪，雙手早已顫動不已，實在無法即刻提筆。今早又恰逢假日，我索性不作其他事，獨自跑到山上去接觸更踏實的大自然，因為我知道，惟有它才是我們理智與情感諧和的歸宿。在我，若能讓自己在水畔或岩地、牧草地悠然徘徊漫步，那就是最美妙的時刻了。湖光、水色、太陽、暴風雨都是我的朋友，這些自然現象把它們美好的心聲告訴我們，也教育了我們，所以有很長的時間，它們之於我比任何人更來得親切和值得懷念，難道這就是自然主義者盧梭所倡「歸返自然」〈return to nature〉的教育理論印證嗎？你是世居城市裡的孩子，終日徘徊在喧囂熙攘的人群裡，震耳欲聾的機器馬達聲中，較少有機會去接觸到純真無邪的大自然，然而「純真無邪」正代表着你的天賦秉性，因而你才會感到痛苦，對這個世界感到絕望，你說周遭的空氣壓得你幾乎透不過氣來，人們都是帶著有色的眼光來看人，來衡量評定事物，父母親亟望你去學醫，走現實的路線，但這並非你的志趣所在。你說「死」並不意味著對某種事情的絕望，但起碼比現在的生活要來得舒服、愜意多了，像海明威的舉槍自戳，川端康成的飲煤氣自盡；以及三島由紀夫的悲壯自殉。但你不知道，這些正是存在於今日社會的危機，是尋不着生命安頓與滋潤的處所而產生的結果，而這些現象也正是今日科技當頭，人類道德標準渙散的下場。

　　但是，德利，你千萬不要有這種不明智的打算，你的純真無邪，心機潔淨，因而對現實起了反感，進而反抗，再進而去鑽牛角尖，以

死來求得自我解脫，這並不完全係你的錯，可能是你思想成熟後的結果。想想，在這世上若能多了幾個像你這樣「心機明淨」的人，則這個社會不知要健全和諧，繁榮進步多少了。一些類似暴力謀殺事件，傷天害理的事也可消失遁形。事實上，像你這種人也大有人在的，然他們為何不會像你有「厭世」、「絕望」的念頭呢？為何不像你如此悲觀頹唐，意氣消沉呢？此因無他，因為他們仍然認清自己責任的重大，他們對自己的存在，仍抱有無窮的希望、信心，就是以個人有限的生命力量去改造，喚醒這個浮華奢靡的社會風氣，他們乃是抱著積極的人生態度來貢獻自己微薄的力量，這本是有良心血性的知識份子應負的責任。孟軻曰：「天將降大任於斯人也，必先苦其心志，勞其筋骨，餓其體膚……所以動心忍性，增益其所不能」。不就是這個道理嗎？

你想走藝術的道路，走這種理想主義，但却賺不了大錢的職業，此在別人心目中，或許會覺得你不切實際，不知天高地厚，沒受過現實的考驗而自鳴清高，但別人無知狂妄之言，並不能絲毫減損你純真無邪，靈性剔透的理性本質的。也許你還記得，去年聖誕節那天，我們索性上山去了，在寒冷碎塊似的山脊坐下休息，眺望無邊的雲海，遠處廟宇的鐘聲和着附近的瀑布流水聲，不絕如縷傳來，我們在太陽光下躺著，或低哼歌聲或追逐白雲，山真真正正幻在虛無縹緲間了，望著這幅桃源仙境，你斬釘截鐵地說：希望自己將來能成為一位很出色的藝術家，藉著它，你要畫出人世間的真偽與美惡，勾畫出你超昇的心靈與苦悶的心聲。當時，我不但沒表示訝異，更是百般讚賞你的勇氣與遠見，我何嘗不知道身為一位藝術家，其間必須忍受很多磨折痛苦，飽受世人的冷潮熱諷，是件出力不討好的工作，但那又有何關係，一個人只要憑著良心血性去為人處事，能為人世間添增一些真善美的色彩，即使會令我們窮困終生，也是值得嘗試與安慰的。

你的偉大，正因為在平凡中能做出人所難能的事來呀！但是一向個性明朗堅毅，樂觀進取，且有見地的人，怎會忽然產生厭世、空無的念頭呢？難道忘記了當初的豪言壯志？抑或突然對藝術意念的改

變！或是不能忍受某些人的冷言冷語？你有個幸福的家庭，慈愛的雙親與敬重你的弟妹們，人生所追求的還有比此更令人艷羨的嗎？縱使你不能珍惜自己的生命，也該考慮到慈愛的父母與敬愛的親朋啊！相信一向理智有見解的你，一定不會做出這種「一失足成千古恨」的魯莽事來的。記得法國思想家梭維斯特〈E. Souvestre〉曾說過這樣一句話：「無論快樂或痛苦，也許多不是我們自發的，它有其社會環境作背景，但自己却往往是它的舞台」。英國小說家阿道斯‧赫胥黎〈A. Huxley〉也說過：「人生與其說是受環境的支配，倒不如說係受自己習性的擺佈」。想想這些話的涵意吧！此對你有冥思回味的益處的。

在此，我向你講個有名的神話故事，你知道薛西佛斯嗎？他遭受天譴，諸神罰他永無休止的推動巨石山上，由於巨石本身的重量又滾了下來。他們認為沒有一種比徒勞無功和毫無指望的苦役更為可怕的刑罰了，但他仍鼓足全身之力滾動著巨石，緊貼著巨石的面頰，肩膀承受住佈滿泥土的龐然巨物，雙腳陷入泥中，兩臂伸展開來，重新開始推動，當目地到達了，他又得眼睜睜地看那塊巨石以迅雷不及掩耳之勢滾下山去，他得再從頭推動，推向山頭，但最後這位悲劇性的主人—薛西佛斯，却體驗了連諸神都不曾體會到的喜悅，生之喜悅，因此他是幸福的，因為他可以主宰命運，主宰那塊巨石，它的生之意志係令人佩服的，生命之價值也存乎於此。「存在」雖是荒謬的，但為了生存，人生必須有意義，而且要活得更有意義。卡繆〈A. Camus〉認為荒謬感係由意義而生的。德利，你還年青，不要太過於相信那些仍徘徊在十字路口的存在主義哲學，你要把握住你寶貴的生命泉源，正如那位薛先生。

如今，我要建議你的是，再度去接觸大自然，我知道你經常累月為瑣事，為課業忙碌，很久未曾上山了，這是你產生對生命懷疑的部分原因吧！憤怒、焦躁、疑嫉、虛偽等惱人的罪惡，每每將我們美麗短暫的人生弄得支離破碎，這些污穢討厭的腫瘤，雖會使我們扭曲心態，但也可以將它們放在痛苦中治療。痛苦、憂鬱、幻滅等雖使我們

不愉快，然而並不是剝奪我們的價值和尊嚴而來，而是使我們更趨成熟，給予我們帶來光明而真正存在的東西，這要看你以何種心態去接受它了。因此，相信你經過這次內心掙扎後，一定會對人生的了解更深刻獨到，到那時我看到的你，已是脫胎換骨，非昔日之你了。上山去吧！惟有大自然才是我們痛苦心靈的最佳安頓處所，心靈醒覺的地方，我們要熱愛自然一如自己的兄弟，一如自己的生命，才能找出快樂的源泉。去聽聽山川、海洋或綠色具有蠱惑的道白，去看看形形色色的盎然綠意，橋下流水，鐵道沿線的蔥密林木，萋萋牧草，這些均能令你心曠神怡，心靈淨化，靈魂超昇。此時，你就會了解何謂生命，生命的真正意義、旨趣了。

　　德利，人世間的一切原不可能是十全十美，事事令人稱心快意的，容易得來的東西，不會保存太長久的。總之，我為你能有這次「內心的冶煉」，為你能有着「純潔心性」而感到驕傲，這乃是成長必經過程，相信你以後的生活也會因此更加豐富而有意義的，學學佛家之「清心寡慾」，「不思不想」，我們才會找到生命的旨趣，快樂的源頭。前些日子，一位摯友送我一幅書聯，其上寫著：「繁華事散逐香塵，流水無情草自春，日暮東風怨啼鳥，落花猶似墜樓人」。以此與你共勉之，共思之。

　　順祝學安

　　　敬愛你的 xx 謹上。

（雲林青年第二十四卷第十期／1977/12/16）

靜夜人語

寂聊的夜裏，萬籟俱靜，但聞吠聲幾許，夾雜着些清晰響亮，震撼心弦的對語：

「現在你長大會飛了，敢用這種態度、口氣對我說話，供你唸這十幾年的書是白費了。隔壁阿義伯常對我說，現在的年輕人書都唸在自己背上，倫理道德也不管了，你們只顧自己的看法、理想，老一輩的話都聽不進去了」。父親皺皺眉頭，傷心地對兒子咆哮着。

「爸，我出國的目的，純粹是為求知，學些新的科技，並非一味崇洋、媚外，學成後我還是要回來的」。

「回來！說得蠻輕鬆的，你會回來？對街那個阿松當初也不是說要回來嗎？現在一晃就是十年了。爸就只你一個男孩子，你媽媽與我年歲也大了，妹妹萬一嫁了，叫我倆如何去打發日子！」。

兒子低頭不語，像有很多話無從說起，兩眼乾瞪着傷心的父親。

「況且」，父親繼續說着：「我實在不放心你在異國生活，我們又非達官顯要者，外頭沒有親友，你在外若發生問題，誰來為你解決？十幾年來，你在國內唸書，爸已為你擔了很多心了，回想那時候你在外島服役，每當氣象報告，媽祖最低溫度為四度時，你知道那時我的感受嗎？」。

「你身為農家子弟，而爸書又唸得少，能供你唸完大學已相當不簡單了，你還要追求別的。理想！爸難道就沒有理想嗎？我的理想是能　親眼見到你成家立業，一家共享天倫之樂，爸與你媽就心滿意足了」。「但是，爸！人生還有別的意義，別的理想的；只不過我的理想與你們的理想互相衝突罷了，我人格保證要回來的」。

「讓他去吧！老仔，兒子長大會飛了，誰要他生在這個時代社會

嘛！我們還有這二甲多土地，不會餓死的」。

「不是怕餓死，是怕孤獨，怕寂寞啊！準不會錯的，現在的年輕人書只唸在背上。昧著良心，拋下親朋去追求那虛幻的理想又有何意義？不能肯定鄉土的價值，將所學貢獻給自己的鄉土社會，如何找到根的源頭？」，生氣的父親像一下子變成了一位哲人似地嘮叨着，孩子更加迷惑了，失望地張着嘴巴瞪着父親。

如同微風中的蠟燭，父親顫抖着兩腮，繼續嘀咕着，孩子像頓有所悟，趨向前，雙手緊握住母親乾癟的手，「媽！請原諒我吧！我早答應過您要回來的」。

夜很深很靜，靜得簡直讓人發慌，但聞遠處傳來一句回音：「天曉得你會回來的！」

（自立晚報副刊/1978/03/06）

雨過天青

　　趙媽媽竚立在 xx 國民中學大門口，已經很久很久了。惱人的雨還是不停的下着，急促地，毫不遮羞地，嘩啦嘩啦落在趙媽媽的傘上，更摻和着微風飄打着她左手所提青藍色雨衣。這種變換莫測的秋雨，像極了豪育的脾氣、個性，即是一般人所說「晚娘的面孔」，動輒爆跳如雷，摔東西，故意弄壞衣服，或者整天不作聲響，不跟人講話，也不吃飯，唉！家裏出個這種問題小孩，真是　令人頭痛的了。為此，趙媽媽不知付出多少心神在他身上，忍受他多少怪脾氣，甚至還帶他到精神醫院接受心理治療、腦波檢查，但仍未見起色，大夫總是告訴她，那是一種「抑鬱情結」，或是「自卑情結」所反射的結果；而每次，醫生都開了許多藥方，白色的，粉紅色的，灰色的……那麼大包小包的，後來，不知是藥物的原因或是情緒上的關係，豪育的胃也跟着不舒服起來，這使得他原本不穩定的個性更加不穩定了，而趙媽媽也更加憂心忡忡，如熾如焚，有時在束手無策時，就將它歸罪於命運的擺佈與捉弄人。

　　想想那已是七年前的往事了，趙媽媽本有一位溫順乖巧，聰明伶俐的女兒—文文，那是她與亡夫趙先生唯一的結晶，文文的誕生，曾帶給家裡一片喜氣，也點燃了趙媽媽的希望，那就是活下去的希望，與不願再嫁的希望。就這樣，母女相依為命，甘苦同嚐，共度過艱辛却是溫馨的七年光陰，這段期間，她白天在一所私立幼稚園看顧小孩，晚上還到一家食品工廠打雜，以此來為持母女倆的生活。後來，女兒上小學了，趙媽媽也有了點積蓄，她辭掉了工廠打雜的工作，在晚上專心陪着女兒做功課，看電視，照料文文的生活起居可謂無微不至，誰曉得九月的一天中午，就像極了今天這種鬼天氣，一位喝得醉醺醺

的計程車司機，將文文撞倒在校門口，待送至醫院時，文文早已奄奄一息了，縱令趙媽媽一再呼天搶地，昏倒無數次，也無法喚回女兒的生命了，蒼天啊！蒼天，您也未免太不照顧苦難的人們了。

　　隨著文文的不幸，趙媽媽唯一活著的勇氣，也逐漸暗淡下來了。照理說，少了一個女兒，也少了生活費用，減輕了教育負担，若以物質生活觀點來看，她是可以生活得更加寬裕的；然而，失去了女兒，等於失去了她的精神支柱，失去了一個家，而千萬的物質、金錢也無法彌補、抵償一個乖巧女兒，一個溫馨的家庭的。更何況，若沒有家，人類從何處去學習團結，學習奉獻犧牲呢？家是具有這種令人感到神祕振奮的效果的，即使是上帝的天空，也會是屬於具有同情心，且肯犧牲奉獻的人；而大地就像一永不散席，無比豐盛的菜肴般呈現在他們的面前。有一陣子，趙媽媽幾乎喪失了生存意志，她消沉頹唐，無心工作，阻咒這個「沒心肝」的醉鬼奪去了她的女兒，幾乎剝去她自己的生命，但女兒終究是逝世了，阻咒又有何裨益呢？不如面對事實，接受命運挑戰，人是經得起命運之神考驗的。

　　「領個兒子吧！」理智告訴趙媽媽，因為若能本著「幼吾幼以及人之幼」的精神，不是與自己親生的兒子一樣嗎？「視如己出」，該是最重要且最可貴的情操了。

　　「到孤兒院去領養一個吧！」趙媽媽首先想到的就是孤兒院，加上隔壁阿義伯以前常常告訴她，孤兒院有許多活潑可愛的小孩，他們小時後失去了父母親，但他們都是無辜的，這從他們天真無邪的臉上即可證明出。上一代的罪孽是不能加在他們身上的，這真是一個事實，顛撲不破，鐵一般的事實啊！就這樣，在一個天氣晴朗的早上，趙媽媽鼓足了勇氣來到孤兒院，辦理領養手續。

　　面對著這一群哭哭啼啼，吵吵鬧鬧的孤兒們，趙媽媽真的眼花撩亂，簡直不知道要選那一位好，她總覺得每個孩子都有其特色，並且每個孩子幾乎都是可愛的令人感到愉快的，這更加深了阿義伯所說的意義：「他們都是無辜的。」

要選個稚齡的，因為年紀較大，個性已定了型，將來的反叛性可能也較大，不容易教養，尤其以後長大了，若讓他知道自己是孤兒，是被人領養的，往往在他心裡上會產生劇烈的轉變，有的甚至拼命要尋找其親生父母，翻臉不認其養父母了；若選個稚齡的或尚於襁褓中的嬰孩，獎來長大了也不告訴他事情的真象，不就等於自己親生的嗎？趙媽媽以前常會聽到人家談論這些事兒，久而久之，也就懷起戒心來了。

「這個是上月才送到這裏的，其父母親均為大學生，因仍在求學階段，且男方最後並不肯負起責任，父母親也反對他們結婚，無可奈何之下，才透過別人送到孤兒院的，品系還算優良的。」看護小姐指着一位胖娃娃，笑着對趙媽媽說着。

「品系還算優良！這是那門子的介紹方法？若有品系，像蘭花、蔬菜、果樹一樣，知道了親代，還算孤兒嗎？喔！對了，一定是這樣子的，雖然有了父母，但若沒有人哺育，仍算是孤兒的，而孤兒院的任務、目標，即是扮演着父母親兼學校的雙重角色，來哺育他們，來照顧、養育他們，使他們能成個『人』，並且是具有完整心性、人格的人。」趙媽媽在內心裡喃喃自語着。她雖然沒有唸過什麼遺傳學啦、育種學啦，或是什麼教育心理學啦，但她是知道這個道理的，不過，她寧願不要這些理論，因為事實上在趙媽媽心中，每個孤兒都是可愛的，都是值得教養的。

就這樣，她領出了這位胖娃娃，也為他取了個名字—趙豪育，為了取名字，她也費了一番苦心，求神問卜，還被那些惡劣的神棍騙了一筆錢呢！豪育在她悉心照料下長大了，一直到了進入國小讀書都很正常，但不幸的事總喜歡降臨到這位慈祥的婦人身上。有一次，豪育與大夥兒正玩得興高采烈之際，突然一位玩伴告訴他：「你是私生子，你是領養的！」晴天霹靂，而從這天起，再也看不到豪育的笑臉，他整天縮緊眉頭，悶悶不悅，不但不願跟趙媽媽講話，還經常暴跳如雷，故意摔東西，或撕破衣服。原先趙媽媽並不知道原因，後來才曉得是

因為豪育知道了自己的身世而產生這種心理態度，而任憑趙媽媽如何解說與安慰，他扔然無法聽進去，始終我行我素，直到今天他已是國中二年級的學生了。

「豪育啊！你快別這樣了，領養的有什麼不好？媽還是待你一如親生兒一樣，這並不祇是因我沒有兒子，更要緊的是，你是無辜的；正如院內許許多多的棄嬰、孤兒一樣呀！」不只一次，她向無知的孩子如許哀求訴說道。

時間總能抹去一些痛苦的往事，也能印證某些一時無法見出效果的事實來，趙媽媽仍然不肯失去對豪育的信心，反而比往前付出更多更多的關懷、照顧，她堅信隨着歲月的輪進，豪育終有一天會悔悟過來的，他只是一時的昏昧無知，自卑感作祟，若能循序漸進，時刻加以引導，並且以身作則，豪育是可以恢復正常的態度的，若一味的歸罪於命運，於事何補！趙媽媽是有信心與耐心的。

站在雨中，趙媽媽盡是回想着這些辛酸事兒，雨勢漸大了，雨絲順著她臉上的紋路，沿著嘴角滑落下來。不知不覺中，下課鈴聲響了，同學陸續從教室裏姍姍而出。當豪育走出校門口時，早已瞥見到她了，她大步走上前去，並遞出手中青藍色的雨衣，意外地，當他接過雨衣時，並沒有用一種憤怒、焦灼的眼光來看她了。

（自立晚報副刊／1978/06/14）

敦厚與詼諧
——讀「千江有水千江月」

在眼淚、莞爾與無可奈何交織的情況下，讀完了蕭麗紅的「千江有水千江月」，一股空靈與惆悵湧上心頭。我感佩於作者在文字運用上的靈活，情節布局的玄妙以及構思之細膩精巧，尤被其文中處處流瀉之敦厚與詼諧氣息所浸淫，所撫慰。

作者雖不善於刻劃人物的心理狀況，我們固無法將其比之契軻夫、普希金或徐訐的小說，但作者在敘事、寫情、寫景的手法運用上卻是高明的。尤其作者在飽嚐、精研國學、佛學及民俗等知識外，將其融化、匯流於情節故事裏，可謂少見。無可懷疑的，作者是以他自己的生活歷練，生長背景——布袋，來構描小說題材。她是那麼會講故事，尤其民俗、童話故事。譬如說到搓湯圓，就有冬至湯圓可鹹可甜，甚至將其中部分染成紅色；七夕湯圓只能純白米糰，搓圓後，再以食指按出一個窩來。而按窩的目的是「要給織女裝眼淚的。」

貞觀在大街上看到小腳阿婆，正在門前燒紙錢，紙錢即將化過的一個瞬間，伊手上拿起一小杯水酒，沿著焚化冥紙的金鼎外圍，圓圓的灑下。而此等動作，被解釋為「沿得圓，才會賺大錢。」又端節的「午時水」可治瀉症、肚痛等病，以午時水放入菖蒲、榕叶，再拿來洗面浴身，肌膚會鮮潔、光嫩、雜陳不生。談到鄉下人做生日，二十歲以前是一枚雞蛋、一枚鴨蛋，二十歲以後吃豬腳麵線，而一枚雞蛋代表一隻雞，一枚鴨蛋代表一鴨。此外，向新娘討「馨香」也是像我們這種鄉下人所能憶及體會的。這些熟稔眼前的民情習俗，在她的筆下，生動活潑地耀現出來。誠如作者所言：「我們的民情、習俗，本來就是深緣、耐看的。」

至性之人，方能寫出至性的文章，而至性的描繪，方能觸動讀者心坎而賺取讀者眼淚。再寫貞觀父親因義竹鄉火災，身兼義消的他，捨生取義，從此與年僅十六歲，翌日要考大學的貞觀天人永隔了。從故事開始，至招父親魂魄回歸故土，事件描摹刻劃，異常成功，很自然地帶領讀者進入一種悲憫淒涼的境況，也賺了我不少眼淚。另外，寫貞觀與外公如何避開偷瓜的阿啟伯，它給人一種暖暖的美意在心頭，而另一層的深意——窮死不做賊，屈死不告狀，不也值得讀者深思嗎？綜觀前所敘，在在顯示出作者悲憫敦厚的心思，而這些「寶藏」，也是維繫倫常於不墮，滋潤萬千年文化的光華。

　　這部小說，除了有細緻深沉，敦厚載道之特質外，文中詼諧之氣息亦到處流露，使它讀來更像小說，更兼有影響人的效果，而其幽默詼諧的手筆，寫來自然而不流於低俗，讀之令人莞爾一笑。譬如，大信形容謝師宴吃得腦袋、胃袋一起下垂！形容澎湖冬天的風勁，露出半個頭，就會被刮得似「乘風離去」了。大信的么妹是姊妹中最兇的，有一次洗身時，在浴室內尖叫，原來是隻小老鼠在吃水，大信要她開門幫她捉，她說不敢動，大信只好說要爬進去，誰知她大叫著：「大哥！不行啊！我沒有穿衣服。」又大信的么弟才四年級，平時不用功，有一次老師教全班同學寫日記，他拿么妹的去抄，眾人笑她，他居然駁道：「我們是一家人，過的當然是同樣的生活……」其他幽默詼諧處頗多，無法悉數列舉。這些均讓我們見出，小說在敦厚裏，含有濃濃的詼諧調侃氣氛。

　　大信與貞觀感情觸礁而直走下坡，最是不能讓人信服了。它與實際情況有差，觸礁的理由不夠充分。貞觀的「矯情」，將大信所有給她的信物一併退還，又拿辦公室的同事黃字興來刺傷他。這樣的反應舉止，似乎與前面塑造的貞觀形象：飽嚐詩書，知書達禮，靈性剔透的女孩子不能配合。而大信自退役後直到出國前，居然無一信或打個電話給貞觀，這未免太不重視這段情了，他們相愛如許之深，而竟然無法通過彼此之間解釋而後再漂亮分手，這更是令人大感莫名，難道

他們的戀情也只不過流於世俗膚淺的模式嗎？說分就分，說合就合。這又與他們所共同體認的愛情最高境界：「問人間，情是何物，直教生死相許」。不能相稱了。所有這些，均令人感覺虛構的故事中，真實感不夠、不強。這是此文構思上的疏失。

這篇洋洋廿萬言之長篇小說，最可貴處在於其境界、寓意之高遠。文中到處流露著敦厚詼諧，包容與寬廣的庶民特性，到處呈現出綿延優美的台灣文化氣息，這些特性，氣息足以彌補其他缺失。走筆想至此，說「千」文是「平凡中之不平凡作品」，也就是這種原因了。

（收錄於青溪雲林文粹/1982）

永恆四重奏

亞瑟・尼爾遜正等著公共汽車。不久，一個矮小的老人走向他。「請問你手上拿的是中提琴嗎？」老人說。

「喔！是的。」亞瑟・尼爾遜回答：「這是中提琴。」

「啊！我想也是如此，」老人說。「我的名字叫史托福勒，告訴我你在四重奏中用過中提琴嗎？」

「用過的，這麼多年來，至少曾在一個四重奏樂團演奏過，但我們的第二提琴手死了，他掉進一個坑窪裡。」

「我了解的」，老史托福勒說。「後來你們只能三人演奏了！但這是演奏不得的，三重奏是不佳的。即使是貝多芬也知道三重奏是不佳的，『三』這個數字在任何事情中都是不吉利的」。

公共汽車還未到，兩人繼續談論音樂。史托福勒說今天是個晴朗乾燥的好天氣。樂器將能在此種天氣裡奏出相當優美的聲音。不知尼爾遜先生是否喜歡去知道怎樣個優美？……如果他不太忙的話？如果他願意，史托福勒確信他能找到另二個小提琴演奏者，而史托福勒自己演奏大提琴。

那時候，亞瑟・尼爾遜沒有職業，他想起他的妻子，但他不想回家去，因她討厭他的音樂和他的中提琴，她寧願吃也不願聽他演奏。所有她做過的事就是吃而已。

「我很高興演奏，」亞瑟・尼爾遜說。「我寧願演奏而不吃東西。」

這些話令老史托福勒很高興。他們倆人欲覓兩個小提琴演奏者。

他們駐足在一間棕色小屋前。「史蒂芬住在這兒」，老史托福勒說，「他是一位很好的第二提琴手」。

亞瑟・尼爾遜與史蒂芬先生握握手，然後三人走向史托福勒的屋

子。

　　一路上，史蒂芬先生說道：「我寧願演奏而不吃東西」。他的話不是初聽到的，所有的音樂家都喜愛聽他們說這種話。

　　老史托福勒講得最多，他非常高興，因為他已擁有三位四重奏的人，這以後將是令人興奮驕傲的日子。

　　老史托福勒將大提琴從自家門後取出，然後走向電話，「我決定打電話給雷那諾」，他說。

　　「他是第一提琴手嗎？」亞瑟·尼爾遜問道。

　　「豈止第一！」史蒂芬說，「他可以停止做任何事，只要你提到一句……四重奏！」

　　老史托福勒在屋子中央擺好四張椅子，他去取樂本，在他們坐下之前，門開了。

　　「各位先生，雷那諾就在此！」雷那諾，這位第一提琴手衝向椅子，然後坐下來演奏，「我們要演奏什麼呢？」

　　在這世界上，並不需要告訴任何四重奏者，開始時都會演奏一些海頓的曲子老史托福勒拿起他的大提琴置其膝蓋間就像他騎着一匹和善的馬越過田野。

　　史帝芬先生，這個第二提琴手在地板上踩他的左腳打拍子。

　　亞瑟·尼爾遜演奏著，像有種駛人和平世界的感覺—它是屬於世界的一種品類，只能被一位孤獨的提琴演奏者所發現。

　　雷那諾，這個第一提琴手演奏得相當起勁且具活力，但當音樂要求緩慢，他也會奏得很慢很柔和。老史托福勒猶如橡樹的根，當他們演奏莫扎特的四重奏「獵狐」，雷那諾是獵人，是狗也是狐狸，在他後面及周圍是其他的人—所有「莫扎特騎士」。樂音充塞整個山谷，其音由大提琴至中提琴一次再一次反覆地流洩迴盪着。

　　一天的日子過去了，「每個人都倦了吧？」老史托福勒問道。夜幕已垂下許久了。

　　「倦了！」雷那諾譏誚地說：「誰會疲倦呢？」

「我像花兒一樣清新」，史蒂芬說。

「我能演奏這種音樂到死為止」。亞瑟・尼爾遜說。

他們都知道自己所說的意義。在這裡，雖是四個人的談話，但就像一個人一樣。生命中從未像如此更令人振奮的了。

過不久，老史托福勒準備再使用大提琴。「等我們演奏完所有我們的音樂」，老史托福勒說，「我將給你們一個驚喜。現在來一些舒伯特的音樂如何？」

他們開始演奏舒伯特的音樂。一首A小調，有着美妙的行板主題，選自歌劇「蘿莎蒙」。當然，它導入一種死亡與少女的激奮，比任何活在地球上的女人更令人興奮。

黑夜過去，旭日東昇。他們繼續演奏，當他們想停下來休息時，他們又演奏所有貝多芬早期的和一些後期的作品，沒有人想到食物。他們只有一種飢餓—音樂。

隔天日暮，老史托福勒記起那件驚喜事，他好像有一位律師朋友，很喜愛收集音樂。喔！他旅行全世界，廣泛地購買所有種類的特殊音樂，他擁有他們從未聽過的音樂，甚至像所有馳名世界的耐雪兒四重奏〈Gneisel Ouartet〉。這位朋友現住「瓦斯里」，正想蒐集更多的特殊音樂。他們的四重奏樂團是否喜歡到他這位朋友的住處演奏呢？

「我們還等什麼呢？」雷那諾問道，他正把小提琴裝入盒子中。「我希望他有雷格的樂曲」，史蒂芬說。「我從未演奏過雷格的作品」。

到這位朋友家的路途中，因房子沒有電燈，老史托福勒買些蠟燭。但朋友家房屋裡是一新的音樂世界。

他們均坐下來，注視著所有音樂，當老史托福勒想到食物。「我希望無人是飢餓的」。史托福勒說，正希望他們沒聽到他的話。「我們將演奏所有這些音樂」。

他們開始演奏。四個人聚在一間空房間，四個人只活在室內樂的世界裡。這裡沒有聽眾，真正四重奏者是不需要聽眾的，他們需要的是樂器和樂曲。他們開始奏巴勒斯替那〈Palestrina〉和巴爾陶克

〈Bartak〉所有形式的樂曲。他們輕柔的撥弦，迂緩地撥弦，快速地撥弦。他們撥過史麥塔納〈Smetana〉的荒涼和悲淒，奔經布拉姆斯可愛的森林，發現史卡拉第〈Scarlatti〉的奏鳴曲。

前兩天的音樂是令人驚喜的，沒有任何事能比得上如此，在這位「音樂收集者」的家哩，在他的音樂寶藏中，這四個人只為一件事而活着，就是演奏再演奏。除了音樂，四個人不喜歡任何事或任何人。他們演奏再演奏，好像迷失在世界上，他們每個人寧願演奏而不吃東西—就只演奏。

許多天過去，律師朋友從瓦里斯歸來，他驚奇發現老史托福勒在他的房屋裡。這裡只有他、史托福勒和其他三人，且沒人會懷念他們，甚至沒人尋找他們。

他們仍坐着，四個人正等着演奏更多音樂。但他們最後的樂音已遠離，他們的樂器現在是永遠地寂靜下來了。老史托福勒仍握著他的大提琴。

這是老史托福勒完美的四重奏，四個優秀的演奏家寧願演奏而不吃東西，四位演奏家不需要回家而能永遠地聚在一起。這真是老史托福勒永恆的四重奏。

〈譯自美國之音短篇小説輯第一輯〉。

（雲林青年第30卷5.6期/1983/06/10）

手電筒的聯想

當和諧地簡化了一個人的人生，萬有的律令就一點也不顯得複雜了；孤獨都不算孤獨，貧匱不是貧匱，而軟弱也非軟弱。～梭羅～

在都市裏，手電筒的用途似乎並不廣大，也不太受人重視，只有遊山玩水、野營夜宿、行獵或夜歸人偶然用到。普遍的程度比不上蠟燭。即使是在停電的晚上，人們也寧願點燃蠟燭而不用手電筒，也許不單是它的照明廣度不夠，而是現代人較重視氣氛的結果吧！譬如生日蛋糕上往往要插上幾根蠟燭；舞會時，也常以蠟燭來添增氣氛；甚至在祖先的靈位前，也常擺上幾根蠟燭已增哀漆的氣氛。在鄉村裏，手電筒的用途廣泛而實際多了，例如農夫夜間引水排水，趕除田間蛇、鼠之類等有害動物；或者在六、七月盛夏的晚上，一些捕青蛙，捉野雞、野鳥、田鼠及捕蛇等悠閒之士，必然用到手電筒。如同佇立的路燈，手電筒照亮了人們的道路，引導人們走向理想的方向，只是路燈是「靜態」的，而手電筒是「動態」的。路燈具有穩定安謐與朦朧之美，手電筒卻有躍然奔放的節奏美。

隨着物質文明的進展，手電筒的型式、構造也跟着日新月異，更達到精巧實用。袖珍型的手電筒，內中裝上兩個小乾電池，可任意放入口袋內，攜帶方便。說也奇怪，在科技當頭的衝擊下，此種「半文明的產物並沒有馬上被淘汰掉，正如歐美的小孩子現還有人穿着吊帶褲般。手電筒的用途雖沒有探照燈、雷達、發電機的廣泛普遍，但是它所擔當角色的重要性，帶給人們福祉卻毫無遜色。

在馬祖服役時，使我真正體會到手電筒的益處，它真正發揮了應有的功能。幾乎所有的士官兵「人手各一」。馬祖的商店裏，有着各

種形色，精巧細緻，琳瑯滿目的手電筒。馬祖商人們大做起手電筒生意來，此為台灣沒見到的現象。馬祖是戰地，地勢險峻嶙峋，山路幽黑崎嶇，晚上出門必須攜帶手電筒才不會發生危險。有時，衛兵的訊號問答或查哨時也需用到它，其擔當的任務可謂重大了。在外島，每當我自己或看到別人使用手電筒時，就會很自然地想起父親那隻用了很久，古董式的手電筒來。

父親的手電筒式鋁質的，我已記不清它的來歷，或許是親朋送給他的，或者是自己購自商店的，外殼經常閃爍着亮光，在黑暗中尤其明亮，我常在懷疑是不是鋁質上塗得有發光漆。我家種田大約兩甲半，父親經常會帶着手電筒在夜裏去巡視稻田秧苗，看着秧苗是否需灌水或排水？排水孔有否堵塞？這必須立即處理，若水面蓋過了秧苗頭，秧苗無法行呼吸作用，往往會窒息而死，根本無法拖到翌日早晨的。在缺水的季節裏，必須自費買地下水（雲林縣設有地下水灌溉工程），買水的農戶很多，有時排在晚上供水。那時候父親也同樣需要帶着手電筒出門。有一次，舅父為了給水順序問題，和他人吵了架，幾至動起武來。舅母為此跑到家中告訴父親，父親從美夢中驚醒，帶着他心愛的手電筒飛也似的趕至現場，解除那場糾紛案，否則還可能會鬧出命案呢！在缺水的季節裏，農人可望給水之心，如同大旱之渴望甘霖來降，其情急心切可知。在我們這個小地方，父親享有「和事佬」之令名美譽，他凡事總先忍讓別人三分，犧牲自己成全他人。自我懂事以來，很少見過父親與他人有過糾葛，這是最令人難以相信的。也正因為如此，村裏的人都異常尊敬他。「我們不是為別人的感激而做事的。」父親常會對咱們兄弟這麼說。耶穌主張「愛你的敵人」，我不敢說父親已經做到了此點，但至少已完成了一半以上。

在花錢買水的季節裏，平時若情況好點，則約十一、二點便可回家，否則要一、二點夜深人靜始能回歸。小時候，我常自告奮勇要在晚上陪父親出巡秧苗，但大多會在以「課業為重」的前提下遭父親拒

絕，偶而一兩次，他勉強答應下來，既會令我喜出外望外，拉着父親溫暖而強有力的手臂，一股溫馨的暖流滲入心骨中。站在田陌中央，微光照在父親黝黑色的臉龐、肌膚上，泛成一種金黃的暉光，這時候我方體會出父親的偉大。其堅毅沉著，與世無爭，澹泊明志的心性，孕育了現今我為人處世的原則。有時候父親也會在田間放置一些捕鼠器，其靈巧迂緩，當有節奏感的安置動作，襯合着手電筒的微光，給這個自然的「黑布」上添增何等「幻意」的畫面啊！農人之偉大貢獻，有時不僅僅是有形勞苦的一面，他們甚至深入藝術的層面，這難怪法國革命之父盧梭要創言「農業乃是所有藝術中最早和最可貴者了。」他的「歸返自然」教育理論，曾經引起許多共鳴，因為人的天賦秉性，猶如植物的種子，必須要使此種子順其自然狀態發育，若強把其嵌入一定鑄型中，只有戕害他們而已。造成一個完整的個人和造成一部機器，一顆原子彈，其過程、方法是不同的。因此，我們要呼籲，讓所有的小孩子都去接觸大自然吧！因為大自然乃是孕育個人完整心性、人格的最佳場所。湖畔哲人梭羅言道：「妳一定要多多和田野山林交談。如果你為你的身體有所貪求，那就多多地把這種有益健康的東西吸進你的心意裏去」。即是此理。

最愉快的人，是毫無理由根據，卻過得很愉快幸福，正如一個人並沒有特效藥，卻活得健康。事實上，一個人只要深愛他的妻兒子女，在春夏秋冬轉換的過程中發覺情趣，不論他的人生觀如何，他必幸福。如今，父親年歲已大，而我也由於輾轉教書忙碌的關係，許久未曾注意他那隻手電筒是否安在？前些日子，父親在採玉米時，不小心被玉米葉割傷眼球住院，在接獲這則消息時，我瞪目不語，仰望蒼天良久。對大哥怨 之緒油然而生，他不該漠視父母親的勞苦，而讓原本在家幫忙農事的大嫂外出開設書局，加重父親的擔子。現只希望自己快快結婚，待兄弟分家後，擔負治家重責，或在鎮街上開個花店給父親照顧，也讓父親有個安怡的晚年，不再為農事操勞。而我深知父親心愛的手電筒不再派上用場了，但我希望父親能夠保存

他那隻古老的手電筒，好讓歲月的痕跡繼續刻劃在它上面，而無法刻劃在父親的臉龐上。

（收錄於青溪雲林文粹/1984）

小園香徑獨徘徊

　　很自然地，我又在這條小路徘徊了。「哥哥，看你又來回走五十多次了，大概又在想女朋友吧！」每當我在書房前小路來回踱着時，妹妹總是喜歡這樣嘲笑我。「是嗎？」面對她笑着，我老是不屑去回答。

　　的確，幾年來，這似乎已成了我個人獨特的生活習慣，尤其在向晚時分，西方剛抹上一層微紅，農夫荷鋤著笠，牧童吹着瀟灑的哨音回歸，紫紅色的雲片宛如西風飄忽，凝神觀望，會使你悠然意遠，忘却凡塵瑣事。貪玩的幾位小男孩像是忘記了已是近黃昏，仍然在沙堆旁繼續尋求他們純真幻夢式的理想；椰子樹在微風中婀娜搖曳，夕陽從它低垂破碎且稀疏的長葉中透出萬道金光，迷住了那電線桿上及枝梢上的小鳥，只見他們濛濃美麗的小臉兒在微風中上下、左右不停的擺着，却不發出一點聲響，也許牠們也正欣賞、享受着這一幅「近黃昏」的景色吧！這些詩意的畫面揭開了我開始徘徊的序幕。

　　或許你會問我為何如此徘徊或是否應該如此徘徊，這問題很難回答，也許我會告訴你，我是為尋找真正的自我，為了疏鬆心緒而徘徊；也許我會告訴你，我是為家事、國事、天下事而徘徊；或許我更會告訴你，我正為那遙遙渺茫，搖晃不定的遠大目標苦思焦慮而徘徊着。然而，親愛的朋友，你為何要問我這些問題呢？事實，說穿了，這也沒啥，我們每個人不都是在流連，都是在徘徊嗎？有些人在實驗室、教室裡徘徊，有些人在公司行號，機關團體裡徘徊，有些人却在五光十色，燈紅酒綠，迷人且富羅曼蒂克的歌台舞榭中徘徊着；而有人喜在沙灘上或小園香徑裡獨自徘徊着，只是每個人徘徊的方式、時間、地點與性質有異，而實際上都在徘徊且永無止境的徘徊啊！然而，我

親愛的朋友，你能告訴我何種樣地點的徘徊與何種樣性質的徘徊才是真正的意義，有價值的徘徊呢？我想誰也無法告訴你，誰也不敢告訴你一個滿意的答案的。

很高興又看到那位小婦人推着一輛嬰兒車在這條香徑徘徊着，他總是着一件藍色外衣，髮插着一根亮麗的銀簪，面部常帶着微笑，一副安詳慈愛的模樣，他微笑的面色連同這金黃色的夕陽一同灑落在這條香徑上，像是照亮了這條林蔭小道。車裡面的小孩蠻逗人喜愛的，圓圓的小眼，紅潤的臉頰以及那小巧的嘴，我很喜歡逗着嬰兒開心。

「這是妳的孫女嗎？」我問她。

「喔！是的，是我大女兒的，由於她在城裡工作忙碌，暫把嬰兒託我照管。你看，這就是我的成果！」她指著胖嘟嘟的嬰孩，有信心且得意地說着。

「那麼，伯母，您為何不去城裡與女兒同住一起，凡事也較方便嘛！」

「喔，城市裡車子太多太嘈雜了，空氣也不新鮮，倒不如在此安居來得好，我女兒也很孝順，每星期必來看咱們祖孫二人。」說罷，露出一副和藹安詳的笑容，我實在為她與世無爭的態度愣住了。

「一曲新詞酒一杯，去年天氣舊亭臺，夕陽西下幾時回？無可奈何花落去，似曾相識燕歸來，小園香徑獨徘徊」。不知怎的，總愛朗誦晏殊這首浣溪沙，是喜上了它的詞句美抑或意境美！喔！四年了，試問人生有幾個四年呢？一開始我就徘徊在這四年時間的流轉，實驗室、教室裡、圖書館、電影院、音樂廳，機械式地在這些固定的形式裡打滾，心想一個人總應該多做些什麼？尋找些什麼或貢獻些什麼？但結果總是在「心有餘，力不足」；「眾人皆醉，我獨醒」；「潔身自愛以遺世獨立」。這些老生常談，自私及自我解嘲的字句下打發過去了，如今，換來的，仍是一片渺茫與不斷的徘徊，我生怕自己此生就如此徘徊般地過去了，咱們赤裸裸地來到這世上，轉眼間也即將赤裸裸地回去，但不能如此，人生一定有某些有意義而實在的東西，或是值得

的工作，令我們去追求，去奉獻，只不過咱們無心去注意它，追求它或是尚未發掘它罷了。

「苦就是我的一生，但我發現人生是值得活的，如果有人要給我再活一次的機會，我將欣然接受這難得的賜予」。這位博愛堅強，秉具道德勇氣的英國哲學家—羅素，曾發出如此內心的吶喊，正如蘇俄流亡作家索忍尼辛所言：「痛苦必須忍受，沒有旁的途徑」。「好漢只死一回，孬種才死上一百遍」。是的，咱們希望，更堅信人生一定有值得去活的，去嘗試的東西，只是咱們太忙碌膚淺，太庸俗不智而不曾去注意它罷了。

那位小婦人的嬰兒車忽然不見了，這時我方覺察出夕陽早已西下了。明日這時刻，我將可以再度見到這位小婦人與嬰兒車，再度見到她仁慈悠閒的笑容，然而夕陽西下幾時回呢？想至此，不禁令人感慨萬千潸然淚下了。

（雲林青年第26卷第2.3期/1989/04/20）。

捕虺的人

「那個捉蛇的，要我用絲繩幫他繫住大蛇的尾巴。」姪兒急促地說。

「你千萬不能去做呀！那該有多危險！」是嫂子拉高了嗓音。

「到底發生了什麼事呀！那兒又見到蛇？」一面繼續讓墨綠色的浴巾揉動頸背，而猛烈的好奇心使我禁不住這樣問。猶記得幾天前的一個晚上，我在鄰人的幫忙下，第一次拿起鋤頭，在悸動的心情下，狠狠地往蛇頭一揮，只見蛇血四濺，而鄰人的歡欣終能償還安慰我這顆奔跳的心。當時，那條蛇口銜一隻小麻雀，蜷繞在庭院前旁，倉庫的水泥柱上，正吃得津津有味，而吠聲指示了勇敢的母親——那正是一條蛇，那真是一條蛇啊！

前景歷歷，幕幕湧現。帶著興奮之情，我盡快走出浴室，想一窺究竟。

捕蛇者汗流浹背，低頭彎腰，正跟一條巨虺搏鬥，母親與嬸嬸提著手電筒照亮了那層層堆堆的刺竹叢，好讓微光灑落在稀疏的竹葉間併竄入蒼穹內。捕蛇者用力繫緊膠線，我只能看到蛇碩大的尾巴，其頭部以上至全身的2/3均攀繞在「竹頭」間，並鑽進枯黃的落葉裡。刺竹由於年久未芟，早聚生成厚厚密密的莽叢，捕蛇的人怎麼樣也無法以他靈巧的動作將蛇拉出，蛇頭頑強地攀入「竹頭」裡了。

我接過嬸嬸手中的手電筒，集中照明度向著蛇尾巴與刺竹根叢，用一種悚動的心，也用一顆悲憫的心。

「請小心點，慢慢抓！」母親含帶顫動的語調告訴那位滿身大汗，動作急促的捕虺人。「先生！請您小心點，不要太衝動。」我跟著母親說。

捕蛇者穿過籬笆，繞過刺竹根頭那邊去了。只見他用手撥開竹枝

與落葉，像是在剝雲解霧，也像是在梳理千頭亂髮般，盡力找尋蛇頭，而由於蛇頭攀鑽的很深很遠，致他還是無法理出脈絡，他似乎更心躁了，於是又重回到這邊來，依蛇尾的方向調整角度來找，我緊握手電筒斜站在一旁，努力照亮了它，照活了他熟稔的動作，也照明了瀟灑淋漓的一幅畫面。他終於抓到蛇頭，我快叫姪兒拿鐮刀將蛇尾端繫著的膠線剪斷，以便他慢慢將蛇頭從刺竹叢裡拉出，他又是一副不在乎的模樣。

「嚇死人哪！那麼大的一條蛇！大概有百多公分長吧！」嬸嬸叫著。後又轉頭向母親擠擠眼：「妳養雞所生的蛋難怪會不翼而飛哩！」

「先生，請問您從那兒來的？」看他將蛇裝入白色網袋哩，我禁不住好奇。

「崙背！」他簡答。汗水不斷從兩頰流下，滴落在他青藍色的牛仔褲上，如同夜晚的珠兒般澄澈、明亮；也像喜極而泣的清淚。更像前幾天，伏灣在一家只擺四張矮桌的小吃店看著他人猛啃蛇肉而留下的汗滴。

「唷！我是崙中的教師哩！您從崙背走到這裡大概也有七、八公里路程吧！」「喔！這不算遠路，有時一個晚上我需走十多公里的路呢！我兩個孩子均在崙中就讀，大孩子叫廖文聰，在三年五班，功課不太好。」微光斜照在他瘦黑的臉龐上，映成一道堅毅的暉光。

「廖文聰！」觸電般，鬆散的思慮頓時集束起來，我腦海中浮起化學實驗室裡一副白皙枯瘦的形象，而這個形象洽清晰且巧妙地，圈圈鑲入捕蛇者的輪廓裡。

「廖先生，請進來喝杯熱茶，休息休息好嗎？」

「啊不！趁著這等天氣，我想多捕捉幾條。」他背起簡易的行囊，手持電筒，邁開腳步，消失在眸前。我似乎看到他逐漸溶入了永恆。

夜色更深更濃了，一片漆黑湧來，我意態闌珊地走進書房，而白皙枯瘦的形象始終揮也揮散不去。　　（收錄於雲林作家選集①/1992）

蚯蚓的氣息

颱風掠過，帶來綿綿陰雨，校園內較低窪處，頓成水澤，一片濕漉漉地。運動場及教室前的花圃也積水盈尺，貪玩的幾個學生，打著赤腳在水中追逐遊戲，水花不斷濺起，他們卻互以泥面相嬉視，扮鬼臉，其得意忘形之態，早將學校的生活常規拋到九霄雲外了。當第一節課鐘聲響起，走到教室走廊前，驚見一列列蚯蚓匍匐而行，儼然像在漆黑潛行的戰士，有些則早已遁入這低矮的教室了。我趕緊請值日生用水將它沖起，但值日生告訴我早已沖過數次了，牠們仍然一波接一波湧來。這節上的雖是理化課，這是難得的機會教育，我即便向學生談談蚯蚓的種種。

蚯蚓與水蛭、沙蠶均屬環形動物門，體圓長，全體分許多環節，有明顯的體腔，生活於潮濕的土壤中，但太過潮濕或乾燥的土壤，尤其是積水的土壤就不適於牠了，這也是牠們要列隊逃生的原因。別小看這軟綿綿，不堪一擊的小動物，牠具有與人類一樣的消化器官與循環系統，只不過牠的系統構造比較簡單而已。蚯蚓具有口、咽、食道與腔門，食物只能向後移動。嗉囊是牠貯存食物的器官，而砂囊卻像我們的胃，能攪拌並磨碎食物，腸壁細胞分泌消化酸消化食物，由腸臂細胞吸收，殘渣由肛門排出。蚯蚓的血液始終在血管內循環流動，這種閉鎖式循環方式與人類完全相同；而管狀的消化道與食物單向直進的方式又何異於萬物之靈的人類呢？除非我們被噎住或嗆著，否則我們是不願反芻的。

再者，恰與人類相仿，蚯蚓的血液內亦含血紅蛋白，一樣能攜帶氧。據研究，牠的血液一公升能攜氧六十五毫升，人血液攜氧也不過二百五十毫升，由此可知，其血紅蛋白之攜氧能力，還算驚人。小時

候，我經常懷疑，這軟趴趴，圓長長的醜八怪，如何能安然奮力爬行！後來學了生物，方知原來在牠的環節上都有環生剛毛（除第一節集環帶外），由於剛毛的存在，牠很容易固著於土壤或其他東西上，靠體壁的環肌和縱肌交互弛縮，身體遂得前行或後退。與哺乳動物一樣，牠行異體受精，唯牠係雌雄同體且是行體外受精，此乃相異處。由以上的證據，在在說明蚯蚓與人類同具有先天的高貴體質與構造，儘管如此，任何動物，無法與人類相比較者，最突顯的一點是——人類具有發達的大腦，因而能從事語言及哲思等工作，這也是其他動物受役於人類，甚至淪為宰割命運之由，蚯蚓又豈能例外呢？這真是一種可悲的結局。

如果我們能肯定生物的存在價值及其生命尊嚴，則更加能強化蚯蚓是有益動物的形象；牠能疏鬆土壤，使土質通氣、排水良好，以利作物生長，其所排泄出的糞便廢物，也是極佳的有機肥料。近來，市面上推出一種純蚯蚓糞粒肥料，它含有植物所必需的主要元素及微量元素，糞粒亦能改變土壤結構，其中的有機膠質能使密實的粘質土變為適度疏鬆，也能使疏鬆的沙土聚結，促進土壤的團粒化，以保持土壤之通氣性及排水性，並增加土壤保肥力。即使人類不能從生命尊嚴的角度來對待蚯蚓，則被人們搗死碎屍的牠，也是雞鴨魚、青蛙的上好食料，卑微的屍驅更是作物亟需的有機養分。最近，含有人異想天開，把蚯蚓引進餐廳食堂裡的菜單內，然我是不敢想像牠的風味及營養價值的。

鄉村的童年，對蚯蚓這種卑微的小動物最熟悉不過了。我們曾無情地把他遂成小段，套在釣鉤上，悠然等著魚兒「上勾」，然後回家，然後又把魚兒割裂煎煮。我們曾努力翻開濕土，則手無寸鐵之力的蚯蚓即刻就逮，而後一束束綁在細竹桿的長線上，在長滿野草的水溝旁，緊張地等待青蛙上吊。日落回家，忙將青蛙解剖，要母親煮碗清醇美好的青蛙湯。我們也曾帶著廢棄的鐵罐，到田間水溝旁用鐵耙翻找蚯蚓，待裝滿整罐回家，鴨兒們就有頓滿的餐食了。「弱肉強食，優勝

劣敗」，這似乎是一種進化的定則，是一種無情悲哀的定則，卻往往由人類導演，而人類本身的紛爭殘殺，又何嘗不落入此項定則的窠臼裡。唉！人類真是不折不扣的始作俑者啊！

這陣日子，家居後面的田地，在落花生成後緊接著翻土播稻，晚間推開門窗，清風送爽，也帶來陣陣蚯蚓的氣息，那是一股夾雜著芳香泥土的氣息。使我更加憶起童年的種種，就在這樣的播種時節裡，我在田邊捉蟋蟀，翻找蚯蚓，而父親則在水田裡，雙手緊握大齒耙，使勁地叱喝水牛，奮力翻開泥土，耙碎並攪拌濁泥，那時，我能清晰地聞到泥土的芬芳及蚯蚓的氣息。而今，機械代替水牛。而父親也已年邁，早無法做這種吃重的翻地耙土工作。最最無奈者為，父親已由中年邁入老年，我則由少年步入中年，然蚯蚓與泥土的氣息卻依舊，我始悽然地的體悟到，其實無情善變者，原是人與事啊！

（收錄於雲林作家選集①/1992）

不當的制度　加深城鄉教育不平

　　教育部長郭為藩先生最近表示，為均衡國教發展，教育部研擬「教育優先地區」指標，對教育資源不足地區實施重點補助，均衡國民教育發展。對於地方國民教育的補助，除繼續支持強化硬體設施外，也對軟體設施列入輔助。教育部研擬「教育優先地區」指標的動作，類似英國根據一九六七年卜勞頓報告的建議而建立的「教育優先地區」制度或美國的「及早開發計畫」（head start program）。然而，該制度除由英國中央直接補助學校建築與設備費用外，還調整其師生比例，給予教師額外津貼、配置助理人員……等。這些年來，在教育部極力補助地方政府國教經費下，很多偏遠國中、小的學校校舍、專科教室、廁所、飲水設施均有明顯改善與改觀，但就人力資源方面而言，仍亟待加強。一些不良的教育行政制度若不即刻修正就無法拉近城鄉教育水平，它不是單純的軟硬體設施改善，學校的教學品質就能提升的。譬如，學校充實了很多的科學儀器設備，但老師們不會用或根本不願意去用，東西還是閒置在那兒，甭談教學品質！偏遠小型國中、小面臨的是留不住優秀教師，教師流動性大，人力資源不足的問題，而不單是設備不良問題。很多人教了二、三年，一逮到機會就介聘至大型的國中、小去，他們都把偏遠小型國中、小當成「過站」或「墊腳石」，除了幾個住在地的教師。而教育廳又偏偏制定出不當制度來加深、助長這種留不住人才的窘況。

　　舉例而言，教育廳以班級數的多寡來做為國中、小主任組長的授課時數依據、標準，就是惡劣制度之一，這使得在偏遠小型國中、小任職的主任組長，每周授課時數遠比大型國中、小要多出一倍以上，弄得在小型國中、小的主任組長心力憔悴，疲憊不堪，這是一種壓

榨勞力，也是歧視、標籤化小型國中、小主任的不良舉止；此制度於六十六年即制定，十多年來一直未作修正，它造成小型國中、小留不住主任組長等行政人才，甭談學校教育行政健全或人性化。事實上，小型國中、小除學生數較少外，公文處理、學藝活動及交辦事項，比起大型學校幾乎毫無軒輊，因此，合格兼職教師授課時數，理應一致，超過部分則應付鐘點費，或在小型國中、小增聘教師而不是盡在大型國中增聘（現行每九班增一位）。再者，同一鄉鎮若成立二所國中，必須注意規劃學區時力求公平合理，避免造成大、小懸殊，班級數差異極大的國中，而間接造成教育資源的浪費。小型國中面對同鄉鎮大型國中的壓力，根本毫無招架之力。現代教育潮流應朝向中型國中發展（25－30班），如此，學校的訓導工作較易實行，師生間也較能有親和氣氛，這些都是實行教育行政工作必須注意並重視的問題。

我們常說，「中興以人才為本」，同理，要使小型偏遠國中、小能夠發展，讓文化不利學子能夠受到妥善的照顧，彌補其立足點之不平等，達到城鄉教育均衡發展的目標。很顯然地，只重視其建築設備的改善是不夠的。偏遠小型國中、小紛紛成為教師的過站，留不住優秀教師的瓶頸必須有所突破，教育廳局不能再制定出一些不符合公平正義的措施，來加深、加劇此種困境，如此，教育部研擬「教育優先地區」指標才有實質的意義可言。

（師友330期 1994/12）

過來人的「烤」試經

記得民國七十八年，於政大教育研究所暑期部碩士學分班進修的第一天，有學員建議所長讓任課的教授們可以自行決定學期分數的取得方式，或以讀書報告取代學期末編座位筆試的舊制。猶記得那位老師說，從小到大，經歷無數大大小小的考試，今大家都已是四、五十歲的人了，還得接受傳統的考試模式，真是個從小「烤」到老。當然，他有感而發的建議仍然礙於規定，歉難照辦。

考試是對自己吸收知識能力及用功程度的一種評鑑，有人自小聰穎過人是個考試能手，有人卻常為考試吃盡苦頭，挨受父母、師長諸多責罵與親友異樣眼光。真正能以平常心面對者又有幾人？這些人不是早已放棄就是胸有成竹，信心滿懷，而後者卻是考試致勝的秘訣，是屬於能唸書會考試型的人。

對於略帶神經質的我，不管有無充分準備，屆臨考試時，心理壓力大，緊張兮兮，無法視若無睹，以平常心泰然自若。小時候功課好，小學時代也拿個縣長獎畢業，並順利考入雲林縣一流的虎尾中學初中部，但等到考高中就沒那麼順利了，自尊心加上不該有的傲氣，不願屈就台南區聯考第二志願台南二中，致重考一次。高中重考時，雖同時考上省立台北工專土木工程科與台北成功高中，但由於虛榮心作祟，想拿個學士學位，致還是牽就第三志願，離鄉背井就讀台北成功高中。最糟的是，高中畢業當年，大學聯招考上興大農學院（私立中山醫科及高醫牙科都可上），被摒除於台大門外，非常不服氣，心想，總分差了五分，若數學再做對一題不就達成自己嚮往的自由學府嗎？於是休學重考，結果還是未能如願，只好羞愧地回原校就讀。

之所以想進台大，捨醫就農，原因是高中時即受到文哲的洗禮，

那時看李敖、王尚義的書，也涉獵胡適、陳鼓應及叔本華、卡繆、史懷哲的著作，理想主義加上年少的輕狂，富含正義感與同情心，在戒嚴的時代裡自然較嚮往台大的自由學風。未能如願進入台大當然心有未甘而興重考之志，然而終究還是事與願違。

想當年服完兵役後，恰遇縣府所屬肉品公司（屠宰場）成立，公開招募職員，筆者筆試第三名。但口試後卻被刷掉，縣長的麻吉省議員居然表示需八萬元就可如願。致先在員林台灣鳳梨事業委員會農務處工作，任助理技師。因喜歡教書單純環境，民六十七年毅然返鄉參加雲林縣國中化學科教師甄試，雖然筆試第三名，但口試與試教後屈居第八名（錄取十名），造成分發不順利，直到十一月才分發至崙背國中服務。民八十年，有資格參加教育廳主辦的國中主任甄試，終能一試即高中第三名（一般地區錄取二十五名）。然當民八十八年國民教育法修正後，加上凍省，校長與主任的甄試授權於縣市政府辦理（不正縣長即有透過口試操弄空間）。八十九年參加縣府第一次舉辦的校長甄試，卻因考試的不公而造成落榜，令人髮指的是，居然最後的考試分數也寄不出來。原先簡章說要錄取八人，最後臨時增加錄取縣長要的二名二人，更離譜的是，副縣長及教育局長均擔任口試委員，此足堪蔚為世界奇觀，是深受中國文化荼毒的甄試過程。

校長沒考上實非戰之罪。落寞之餘，獲知中正大學教育學研究所實施推薦甄試提供在職進修的機會（正規班），即興試試看的想法，在二十三位應試者只錄取三位的情況下，初選第一名，口試後還幸運能列居第三名而獲錄取就學機會。五十一歲才唸研究所，是班上十八位研究生最年長者，能與年青的六年級生同窗一起鑽研教育學的二年充實又緊湊的時光，絕對是個人難得的求學經驗。

喜愛閱雜書，興趣層面廣泛的我，對於教科書特定的知識及被限制在某些範圍裡，應付考試的知識並不感興趣，雖討厭聯考制度，但為了某些傳統的目的及虛幻的目標，仍然必須咬緊牙關面對，或許這是生台灣的學子共同的宿命吧！又有幾人自外於命運？但當時面對錄

取率只有百分之二十的大學聯考，我們還不至於藉助咖啡提神苦讀。

　　海明威說道：「若你不能逃避尖刀，就得轉身來面對它，戰鬥也許勝於死亡」。面對考試無法迴避的命運，也只能作如是觀吧！

　　如同卡（A.Camus）筆下的薛西弗斯（Sisyphus）面對生命的苦難與折磨，欣然向現實挑戰並忍受生命的負荷。或許我們面對無法迴避的考試命運，也只能作如是觀吧！

（青溪雜誌，496期。2004/10）

崙中追憶

回憶如同品茗，有一種甘澀的感覺，又像咖啡裡的咖啡因帶給人刺激與興奮的效果。民國六十七年，筆者毅然回雲林縣參加國中教師甄選（化學科），幸獲錄取而後分發至崙背國中任教（鍾江明老師退休），此期間兼任導師與設備組長職務。民八十年考取國中主任，於八十二年經縣府分發至馬光國中任職輔導室主任，越一年改任教務主任。直至民國九十三年五五專案退休，在崙中服務十五年，馬中服務十一年，因此崙背可說是筆者的第二故鄉。

教育是一種志業，非僅職業而已，崙背鄉就只一所國中，無可諱言者為，早期很多經濟條件較優家長，對國中辦學有所存疑，因家長們都聚焦在智育上，也就是要看學科表現，即是每年高中聯考成績，這是很現實又無奈的事實。家長們較不會去思考五育必須均衡發展，包括生活道德及技藝教育的表現，然這是教育的根本重點。教育家赫欽斯（R.Hutchins）認為學校教育的主要目標在於「道德」與「紀律」；杜威（J.Dewey）揭櫫「教育即生活」（Education as life）。生活及道德教育向為日本及德國中小學教育所重視者，也是其人民幸福及強國之道，卻是台灣中小學教育所忽略者。基於此，如何在五育均衡發展過程中，也能配合實際，凸顯出學生在升學考試成績的卓越表現，贏得家長信任，不再將學子送往縣內及縣外私中求學，浪費金錢外，還得嚐盡小小年離家思鄉之苦，已然成了一校之長相當大的挑戰。

崙中在歷任校長苦心經營下，已奠定相當厚實基礎，在升學聯考的表現也相當亮眼，曾有學校老師子弟在北聯成績排名前三名，以及每年參加台北、台中及台南聯考，上第一志願者眾多，因此也逐漸獲得學區家長的信任，願意將子弟送往崙中就讀，此為可喜可賀之事。

至於筆者，小園丁配合學校行政與教學，略盡棉薄之力而已。擔任設備組長之際，整頓圖書館及理化、地科實驗室，致力科學教育工作，也因此在民七十七年幸獲省府工作模範獎。

因筆者有感於在虎尾中學初中部就讀時，理化教學實驗相當稀少，學生無法由作中學（learning by doing），造成學生對自然科興趣缺缺，此非自然科教學的真諦。直到高中北上求學，化學老師做較多實驗，才開始對化學產生興趣。有鑑於此，自己從事教職後，除平素課堂多教導學生操作實驗外（課本每個實驗都操作），也參與教育部國立科教館每年舉辦的科學展覽競賽，常在週末或例假日，或第七節課輔後進入實驗室，指導學生操作實驗到晚上十一、二點，在實驗室與學生共進晚餐。因此從民七十二年開始到八十二年離開崙中，陸續獲全國科展國中組化學科前三名及佳作共六次，只有一次改做應用科學，縣科展雖拿第一名，但到全國展卻遭滑鐵盧，連佳作都無。筆者轉到馬中服務後，因自己擔任教務主任，為拋磚引玉，於民八十四年再度帶領馬中學生科展研究，獲全國科展化學科第三名（第一名從缺）。民七十九年，還在崙中服務時，承蒙徐明昇校長厚愛，呈報縣府特殊優良教師，而獲教育廳師鐸獎榮譽。撫今追昔，這些都是筆者在崙中任教十五年期間留下可貴及淒美的回憶。

為學之道無他，求其放心而已，咱們也可說，為師之道無他，求其良心而已。已故佛學大師臧廣恩教授說過，好心的人才能成為優秀的教育家，誠哉斯言。崙中在現任曾校長帶領全體師生，承繼前人的戮力經營腳步，苦心擘劃下，早已成為社區的精神堡壘，肩負起社區移風易俗的教化功能。在歡欣迎迓崙中創校六十年慶之際，也預祝未來崙中能更輝煌燦爛無比。共勉之！

（收錄雲林縣立崙背國中創校六十週年紀念特刊/2019/03/20）

台灣文化優於中華文化

國民黨籍候選人不管韓國瑜或立委，喜歡揭櫫中華文化，拿中華文化來說項。朱立倫在新北市幫鄭世維輔選時，談到發揚中華文化而不提台灣融合文化，是對社會及人類學文化的無知，還是輕視台灣人所建立的融合文化？一個對台灣本土文化缺乏認知及肯定，滿腦子大中國民族主義思想，追求大一統者，跟習近平有什麼區別？又有什麼立場與資格參選台灣人的總統？口口聲聲說中華文化而不強調台灣融合文化，不承認台灣文化的主體性，已經落入中共的統戰伎倆，認為台灣文化是中華（國）文化的一部分。

無可懷疑者，台灣文化是融合文化，中華文化只是台灣文化的元素及成分罷了，台灣文化包括中華、西方、日本及原住民….等文化，尤其台灣被日本統治五十年，已經融有很濃厚的日本文化。兩岸隔絕五十年，各自發展出自己的生活及道德文化內涵風格，台灣融合文化早已優於中華文化，尤其是屬公德層面的衛生及環保文化，雖然猶待提升。

中華劣質文化透過在台中國人蔣氏父子及馬英九執政八年，刻意再度侵入台灣，腐蝕台灣文化，自私貪婪及官商勾結，走後門送紅包、拿回扣，詐騙集團興起，甚至兩岸聯合詐騙。梁啟超批評中國人私德蓋過公德，不會為他人設想，以至人心流於卑鄙、庸懦及巧詐，之所以如此，是因中國自古以來，以四書五經為學習典範，其中卻以私德為本位；柏楊說中國文化是醬缸文化，是髒跟亂的文化，請問韓國瑜及朱立倫，這樣的民族性所衍發出的生活及道德文化值得在台灣發揚嗎？

社會兼人類學家羅伯森（R.Robertson）提出全球本土化

（glocalization）價值觀點，刻意將全球化（globalization）及本土化（在地化）（localization）兩個英文字，合併成創新英文字（glocalization）。此凸顯本土化是全球國際化的基石，沒有本土化那來國際全球化？中共處心積慮想併吞台灣，強調台灣主體文化，撥亂反正，即中華文化只是台灣融合文化的成份而已，這種價值觀點相當重要。

　　雖然全球化在經貿層面上，對東亞開發中國家，在減少貧窮方面確有貢獻，中國也拜全球化而政經及國防崛起，尤其台灣在追求終極統一的馬英九主政八年期間，以全球化與和平糖衣，將台灣資本、技術及人才大量往中國輸送，創造中國人的就業機會，這是反台灣本土化的作為，此作為造成台灣國安大破洞，貧富差距擴大，薪資倒退至十五年前。今川普打貿易戰也是有感全球化造成美國的傷害，才走向本土性的保護主義，川普說中國偷走美國人的就業機會就是這個道理。

　　諾貝爾經濟學獎得主史迪格里茲（J.EStiglitz）提出對全球化的質疑。他批評國際貨幣基金（IMF）、世界銀行（World BANK）即世貿組織（WTO），這些主導全球化與經濟發展的官僚機構不夠透明，反而帶給開發中國家痛苦，照顧了富人，卻犧牲了窮人。依此，霸權中共也以全球化的一帶一路，讓非洲國家債台高築，宛然是另一種形式的經濟侵略。

（自由共和國 /2019/11/4）

上馬啓程，光明在望

　　最近雲林縣地方版常會出現台西「馬公厝大排」整治的問題，此往往會被誤以為「馬公厝」屬台西鄉，其實不然。此外，澎湖縣府所在地「馬公」也常會跟馬公厝扯在一起來聯想，這也是不對的。其實，「馬公厝」這個地方隸屬於雲林縣土庫鎮，現已改名為「馬光」。它與過港、竹圍、新莊、牛稠、後埔或石廟、大茖……一樣，僅係土庫鎮裡的地名而已。只不過前述這些地方僅涵蓋一個里，而馬光這個地方卻包含四個里，即東平、西平、南平及北平里。曾任教育廳長，現為陸委會主委的黃昆輝先生，以及曾代理新竹市長，現任省府委員張賢東先生，皆是馬光出身的農家子弟，在其他單位有成就者，亦不乏馬光人，尚可謂地靈人傑了。至於爭議性頗大，現任議長的張榮味先生，他代表任何地方發展過程中皆會有黑白、邪正兩道人物出現，山寨主也能養活一小撮嘍囉，以社會教育良善價值觀點言，無法列入有成就者。

　　前面提及馬光的前名是「馬公厝」。根據雲林縣文獻委員會編印的縣志稿史略篇記載，馬公厝是日據時期的地名，其前身為「馬崗厝」，是以拓殖者之籍貫而命名。小時候即耳聞這句口頭禪：「要娶馬光女，不嫁馬光郎」。由於馬光人良田甚多，所謂「大作」，男女均勤奮刻苦。但較不重休閒活動，嫁給馬光人作媳婦，真有勞苦可吃，而馬光女從小刻苦自勵，勤奮節儉，適合當媳婦。此句話可勾勒出馬光人草根辛勤的一面，但也可看出人性的「惡勞」及「自私」。隨著社會結構的改變，馬光人的生活觀亦有所改變，開始有釣魚、釣蝦場，及休閒中心的出現，家庭中也有KTV的設備與出國旅遊的風潮，不再只知勞苦而不知享受。

土庫鎮在日治時期隸屬台南州嘉義廳。昔時地主士紳輩出，現在的土庫街上，民風依然純樸與保守，鎮街上看不到一家理容院或酒家茶室，馬光亦然。說土庫鎮是全縣最乾淨的地方亦不為過。曾經有人在鎮街上開設茶室、理容院，但不久即因生意清淡而關門大吉。一般的尋歡客常會群集到附近的崙背、西螺、褒忠等地，找尋自己的樂趣。目前馬光四個里，看不到茶室、酒家或理容院，民風之純樸，可見一斑。但這不意謂馬光沒有流氓或瘸三，有馬光人在外地開設酒家茶室，但就是無法在本地經營。

　　值得一提者為，歷次選舉，馬光總成為黨外必爭之地，由於居民大都以農為業，而過去國民黨政府對農民的照顧不夠，加上其他施政的不當，以致孕育出強烈的黨外意識。省府委員張賢東先生，就是在馬光公民大團結下，順利進軍縣議員、省議員，後有機會被延攬成為省府委員。馬光人之地域觀念及地方意識之強烈，可見一斑。

　　馬光雖含蓋四個里，但文化水平及社區建設方面皆不如土庫，一切都距離土庫仍遠。馬光年輕學子必須遠赴位於土庫近郊的「土庫國中」就讀，直到黃昆輝任職教育廳長，配合第一位馬光人出身的鎮長，爭取到「馬光國中」的設立，現雖全校只十五個班級，但隨著離島工業區的開發，以及台塑六輕麥寮設廠，新市鎮的開發，人口將有逐漸回流的趨勢，相信未來馬光國中定能增至二十班以上，這是可以預期的。

　　土生土長於斯的我，對於這個地方，自然有一份牢不可破的眷戀，恨鐵不成鋼的懷鄉情懷，始終在我成長及負笈他鄉求學的歲月中縈繞不去，甚至在取得教育廳國中主任資格後，從他校轉至馬光國中任教，培育家鄉子弟，但受到黑又親中的張榮味派系制掣，阻斷任職校長之路。寄望馬光能一掃過去老是居於「附庸」的角色，成為土庫鎮舉足輕重之地，與土庫同步繁榮發展，晉身為雲林縣一個耀眼而高格調的好地方。

（台灣時報副刊／鄉土守護站）

春醉

一片綠撚碎長長的冬
冬天終於無言，被搯死了。
歲月的年輪映照心理的年輪
一圈圈的繫繞，像冬的圍牆
更像柏林的堵牆，而妳身陷東柏林。

       *   *   *

終於妳鼓足了勇氣，堅定信心
踏著凝重的腳步衝破了它，帶著人民的祝福
邁向春的樂土，重新塑造心理的年輪
沒有圍牆，也沒有邊界的年輪。

       *   *   *

南國的誘惑，只因北方的冷冽
呢喃的歸燕，也只傳遞丁點兒愛的信息
而魂縈夢繫，愁腸寸斷的訊息啊！在何方？究竟在何方？
昨晚，落雨的小樓，砸碎了舊夢
卻醉飲了一季綿綿的春。

（大陸瞭望/1980/9）

母親節——兼致五月

當時序悄然循指第二星期，您便
雍容相向，歡欣迎迓。
當杜鵑啼血未癒，您便
伸出慈母之手溫薰。
當我的書桌堆滿層層鄉愁
窗外有人放風箏了。

常常我枯立在風雨中呢喃遙喚
而含笑花總要在遠遠的籬垣相向。
詩幻的季節更兼此般無常的風雨
母親啊！我要在您定時定向的溫馨裡
綴滿紫羅蘭的馥懿及那康乃馨的清純。

母親的快樂並未隨五月的曦陽來到，
駝住太多的責任而滯留了五月的腳步
母親啊！您深摯憂悒的雙眸可曾投注
暖暖的五月，迷人瀲漾的五月。

（1981/05）

放逐者──致米洛斯教授

彷彿這世上只容納兩種人，那就是
自我流放與遭人放逐者，
人謂其皆具形而上的意義。
讓索忍尼辛離去吧！經瑞士而美國，
更讓沙卡洛夫跟進呢！邁出那罪惡之土。
高爾基深悶冷酷的格調，
怎容得下豪情悲憫的人權鬥士？

           *   *   *

您─米洛斯教授，有異於他們者流
絕然的勇氣含帶些而辛酸
就悽悽離開第一故鄉─波蘭
未尋求那「食蓮者的夢土」，切斷肢臂
企盼之心，凝結夢土上，欲覓急需接肢者。
自我放逐，究係怎樣的心態與意義
您全然蠟嚼，又何需他人做註腳？

           *   *   *

您的人民仍做無助掙扎，工潮綿延迭起
而侵略者鏖兵邊境，虎視眈眈
爪牙們怯懦忌憚，終不得不宣佈：「波蘭永遠是社會主義國家」。

冬日鐘聲低迴繞樑
您頻頻回首，數聲長嘆
鄉愁更加濃溢了。

後記：諾貝爾文學獎得主―契拉弗・米洛斯，係一位自我流放
　　　的波蘭詩人，現任教於柏克萊加州大學。他的詩含帶濃 濃的鄉
　　　愁，其反響超越了他個人對詩本身的關切。「冬日鐘聲」係他
　　　的一本詩集，它讓我們見到一個放逐者內心的愴痛，與穿透疏
　　　離感而領悟到的平靜。

（大陸瞭望/1981/10）

懷友
──給一位旅居日本友人

窗外，風比雨急
這樣的月份颳起這樣的風雨
很難想像異鄉的您
將是如何地無奈、焦躁，用一隻
很古典很繆思的禿筆
勾勒出綿綿的鄉愁與
細細的懺思。

「結婚就好了」您說
到現在我始敢相信
那真是一種冥冥緣
但非定數，只因我們不想
被宿命論者歸類，視爲不勞而獲的一群
「結婚就好了」或許我該認同您。

「靜岡」靜躺在富士山腳下
躺幾世紀竟躺出您──一個堅毅卓絕的台灣人，更兼
一脈相承的的精緻文化
去夏，在您很台灣的婚禮上
我們鮮有機會把話敘舊

或許「儀典」永遠就是：別人權充主人
而我卻相信，在靜岡
您永遠是：台灣文化的主人。

（1982/06）

巨擘
——聽索忍尼辛演講有感

深邃炯智的眸光裡，
嗅出人道與悲愴的氣息。
鏗鏘憾人的「給自由中國」宏聲中，
民主自由的無上榮光與可貴聞聲而來。
共產制度的暴虐與邪惡隨著唾棄心翻滾著，
單憑蠱惑人心的神話理論，
建立自欺欺人的「新階級」。

*   *   *

那有什麼好的與壞的共產主義？
一丘之貉兼沆瀣一氣才是真實吧！
本質就是仇恨、壓榨與殘酷。
中山堂大廳裡，索氏沉痛指出，
無名氏充斥中國的「古拉格群島」裡，
他們的苦難也許要在二十一世紀，
才能向世人宣洩。

*   *   *

強大的共產中國才是和平的保障？
夢幻的來源是由於精神與道德勇氣的淪喪。

哈佛的畢業典禮上，您率然道出，
是否應該指出，自古以來，
道德勇氣的淪喪就是覆亡之始？
啊！俄羅斯的良心，時代的巨擘，
請讓我們再向您一鞠躬。

（大陸瞭望/1981/11）

騎在雨中

還我一股青春泉源之力，
就能寫意，悠閒地蕩奔在雨中，
雨兒總也有妥協的空餘，
然而，它常喜乘人之虛或趁人不備，
浠瀝嘩啦喧鬧個不停，甚而日以繼夜。

        *   *   *

年青不只是一個階段，也不僅是個象徵，
它實質上就是一疊厚厚的鈔票，
我何嘗不能盡情地伸展開自己的雙臂
縱令霏雨飄打，無懼颸雨擺佈，
毅然，騎在雨中，並溶入永恒。

        *   *   *

年青總該是一種突破，一項強詞奪理的特權，
你不會爲這些「 霈」而蟄居斗室，
你只想踏出一條血路來，屬於自己心靈中者，
而始終無法擋住你去路的，是那
細雨，霪雨，霏雨，颸雨……無限個數不清的雨。
於是乎！你便騎在雨中了。

（收錄於青溪雲林文粹/1984）

鳳梨

波羅蜜，妳是天使的化身，
傳說中的傳說——屬於那古老的記憶：
葉薄而寬，兩旁有刺，叢心生果，
色黃味酸，有葉一簇，狀似鳳尾。
管他稱黃梨、王梨或是王萊，
任憑它四年二收抑是五年三收，
隨著季節的輪進、轉換，
春果、夏果、冬果次序結實纍纍，
過程中的過程——屬於那現實的冶煉：
萎凋、赤色、心腐、日燒、黑心、花樟、黑目諸輩，
總喜會成無數圈流與多個層層疊障，
之後，虎視眈眈，從四面八方，蹣跚而來。
終究，無數個牛鬼蛇神的逝去，只換來，
滿圈盎然的青綠、蔥翠。
啊！那是成長的軌跡，那是生命的痕烙，
波羅蜜，勇者就是妳的名字。

（收錄於青溪雲林文粹/1984）

驟雨後

(一)
午后的小麻雀總喜歡跳入陽光裏吱喳不斷，
灑遍了滿篇音符，卻都流入相同的音階
風兒也該知道，這是驟雨後的新景。
庭階的雛菊滿腔怨懟，滿腹狐疑：
為何妳如此無情，且迫不及待地
將我新抽的苞蕊抖落了一地？

(二)
關在陶盆地下室的榕樹，伸展鬚根
噓唏吐氣如同冤屈的囚犯向晚，以無助的
激情、亢奮，掐醒鐵石心腸的柵杆
而飄散的厚叶就同沾滿掌心的屑削駁落
更像敗舊的網絮仍牽人心魂
且重新梳理敗絮吧！只嗟雙手已軟。

(三)
九重葛啊！難道妳惑忘了新婚的承諾：
守住妳的妻兒，在任何環境下。
三角苞叶粉紅，如初嫁的新娘羞羞
只是，現在無人欣賞，無人垂愛了
就僅那些風圍住這些雨，世界頃刻改觀
而妳的意志便也癱軟下來。

（四）

怎敢相信，百枝蓮厚長的喇叭管也會僵臥，
昔日的孤傲挺拔，今只化爲僵倒濕屍
世事豈祇無常，妳終無法逃過輪迴多變的軌域
這也無須驚疑，只因妳竟日吹響
那隻斑駁凹裂的喇叭管
而忍心讓滑膩的「銅油」空溢　。

（五）

那邊，果然有一位小女孩跨步走來，
她緩緩蹲下，後拾起片片碎菊
塞滿繡花的口袋，也塞滿我的心
她清醇如菊的芳馨，陣陣
撲醉了我高突的鷹鼻，微微
清亮我迷濛的眸子。

（六）

也容我拾起一片殘菊、一只圓榕、一朵苞叶
擱在我的明窗前、書桌上、茶几旁
擱在我永不變的心靈深處。

（收錄於青溪雲林文粹/1984）

豬

總喜歡用你那肥短的嘴巴，嗅啊嗅的
想嗅出現實的齷齪抑或祖先的光榮
我訝異你真不安於現狀
竟然利用你那特有的習慣
將自家的污牆嗅塌了半壁，好讓
主人打發時間，多為你做些服務。

*　　*　　*

人們嫌你外貌髒醜，卻又喜歡你肥瘦的肉
多麼愚蠢自私的想法，難道這就是
人類的劣根性抑或發達的腦筋！
我們不懂，而你祇是可憐
可憐自己的無助命運，任人宰割
偈歌始終不響，那樣辜負你一輩子。

*　　*　　*

回歸自然，乃係動物之本性，人類如此
你又何能例外！常常
當你有機會從牢固的柵欄脫線而出
便那麼樣地樂而忘憂，哼哼劃過長空
四腳躍向肥短的嘴巴

齊併邁向遠方，而遠方有夢嗎？

（收錄於青溪雲林文粹/1984）

易動之心

是真正的晴空萬里，白雲片片
靠海的村落，簇矮的樹林
襯托著低矮的雲影
那是童年的景緻與記憶
易動的一顆心，是如此的絞繞翻滾著

原以為，那只是屬於濱海的天空
造物者的愧疚與補償的溫情
於是，追逐情空，追逐雲彩
從濱海到內路天空，始驚覺
除卻雲彩的高低不同，其他的感動相似

我利用折射原理來闡述雲彩的高低
也利用空氣水蒸氣含量的多寡
我們只目睹巍峨的校舍卻無視飛砂走石
慢慢地，我們覺悟進而擁抱，心境的清明
那就無所謂的偏遠啊！

PS: 與在偏遠學校服務者共勉之（1993/08）

病院掠影

伊伸出枯瘦的雙手向晚春醫院的窗口，
用戰悚、顫抖，努力數動鈔票，
像是數盡鉛華注事，而注事就刻在
伊「暴筋」、「胼胝」的手臂上。
終撼撼了白衣天使啾轉的語音，
更層層裹住我一顆忐忑的心。

＊　　＊　　＊

恰似南丁格爾熱切的舉止，洋溢著，
只乏她良善的意志堅那悲憫的心緒，
不斷叮嚀，殷殷吩咐：
「飯前白包填肚子，飯後紅包來佐理。」
伊暗淡傷神的雙眸，凝視著她泛白的臉龐
無助般將紙鈔抖遞了過去。

＊　　＊　　＊

噙淚觀賞這幕劇又何意義？
類似劇幕終究要演下去，堂皇地演下去，
猶似去夏某一傍晚，趁著紅暉，
含帶歉意目睹這幅景，
而至今，劇中真正的導演呢？

只知有個史懷哲氏，他立在我企盼的遠方
太過遙遠的遠方。

（媽祖醫院院訊第九期/1996）

樹化石

是偶然的奇蹟抑或生命的必然？
您儼然與頑石融合一體，
那樣渾然天成，拙樸中迸發藝術氣息。
透過人類的刻意想像，精細琢磨，您終能——
出線，擺放在文明社會中，那優美的展示臺上。
是產自東南亞的瑰寶，許是宇宙雪泥鴻爪，
得自人類的尋尋覓覓，才能重讀千萬年的歲月，
重新透視歷史，並體認生命。
讓咱們有機會與您相攜進入時光隧道，
恰似合金的鎔鑄，同類與異類的渾成，差異的只是——
您在異中求同。
有機與無機的相互鍥合，好讓萬物之靈的人類羞赧、慚愧。
祇因人類性喜相殘更兼肉弱強食，
而後將其醜陋的行徑，擲給歲月，還予天地。

（雲林青年第六期／1998／11）

西北雨

是妳觸動了旅行者疲憊齷齪的心弦，
卻驚遣不散滿樹黃雀兒的歡欣，
且讓我們闊步走去，
朝向一個未知的地方吧！

　　　　*　　　*　　　*

廢棄的工廠因妳洗淨鉛華
盈溢春的氣息，悸動而充塞旅人的心扉，
我們卻得在此駐足，短暫一如
黃雀兒的棲息，琴鍵上的鏗鏘。

　　　　*　　　*　　　*

也許這就是人生，恰似妳嘩啦而至，
卻寂寥遠去，不須伴歌而舞，
不須花團綴飾，
妳讓生命回歸其原本面目了。

（雲林青年，第六期/1998/11）。

歸燕

就這樣掠過北國冷灰陰霾的天際
略帶抖擻心悸，妳來到舊時的南方
從不安定而尋安定
因不溫暖而覓溫暖
此乃動物原本率真的天性
燕子啊！誰敢說妳能例外！

縱令哈薩克的燕子歌千迴百囀
何能唱出妳晶瑩剔透的一顆心
勻勻脖子，烏黑頭髮，纖瘦身段
襯托著那長長的燕尾服
是造物者的巧奪天工
更是自然界的美孕兒

在那高高的屋脊邊，塔頂旁
開始忙碌構築新屋，哺育乳燕
相傳那是富貴吉祥的降臨
人們仰望而不騷擾妳
高飛啊！燕子，低飛啊！燕子
待明春，攜家帶眷，再叩咱的新房

（雲林青年第五期/2007/09）

絮言

觸目所及，幾乎所有社區或花草植物都是有病的
如果存於心中者就是那麼一點淒迷與關懷
用一種顯微的心態，沉湎湎，甚而火辣辣地
病患已然漫波閃爍在你眼眸前了。
白粉病、黑點病、萎縮病、心腐病、輪腐病、簇葉病、雀巢病…無數
個數不清的病。

畫家喜為這社區及其涵育的動植物添加些兒色彩
一筆一劃，一點一潑，仔仔細細地，用一種清澈、磊落的心，更用一
種悲懷、剔透的心。然而啊！
病理家常帶著有色的眼光，在追尋社區生態的倩影中提出診治處方。

請看吧！更兼細思量啊！
洪水衝垮了房舍堤壩，沖散了濱海下陷社區的財產生命
療養院、救濟院、孤兒院裡躺滿了
貧病無依，哭訴無門的孤兒棄嬰。

米糠油、鎘米引起皮膚與痛痛怪症，延禍子孫，兼那
戴奧辛羊與直直摔落地的毒高麗菜悲鳴聲
或許這些均是病理家們企盼研究與診斷者
誰言象牙塔裡自有清芬的世界
掬把傷心的熱淚吧！請借我一條毛巾。
PS: 白粉病、黑點病、萎縮病、心腐病…等是植物病理的名稱。

（雲林青年，2007/11）

國家圖書館出版品預行編目（CIP）資料

根植鄉土,心懷台灣。 / 許錦文著. -- 初版. --
臺北市 : 前衛, 2020.06
　　面 ；　公分.

　　ISBN 978-957-801-915-7（平裝）

1.言論集　2.時事評論

078　　　　　　　　　　　　　　109006521

根植鄉土，心懷台灣。

作　　　者　許錦文
責 任 編 輯　番仔火
美 術 編 輯　宸遠彩藝
封 面 設 計　日日設計

出 版 者　前衛出版社
　　　　　104056 台北市中山區農安街153號4樓之3
　　　　　電話：02-25865708｜傳真：02-25863758
　　　　　郵撥帳號：05625551
　　　　　購書・業務信箱：a4791@ms15.hinet.net
　　　　　投稿・代理信箱：avanguardbook@gmail.com
　　　　　官方網站：http://www.avanguard.com.tw
出 版 總 監　林文欽
法 律 顧 問　南國春秋法律事務所
總 經 銷　紅螞蟻圖書有限公司
　　　　　114066台北市內湖區舊宗路二段121巷19號
　　　　　電話：02-27953656｜傳真：02-27954100
出 版 日 期　2020年7月初版一刷

定　　　價　新台幣350元

＊請上『前衛出版社』臉書專頁按讚，獲得更多書籍、活動資訊
　https://www.facebook.com/AVANGUARDTaiwan